La pensée et le mouvant

诺奖得主人文译丛

思想和运动

LA PENSEÉ ET LE MOUVANT

Henri Bergson
[法]亨利·柏格森◎著
杨文敏◎译

La pensée et le mouvant

北京时代华文书局

目　　录

第一篇　引言（第一部分）

真相的发展与真实的逆行运动

哲学的精确性

哲学最缺乏的就是精确性。各种哲学体系与我们生活的现实并不一致，对于生活而言，它们太庞大了。审视这些体系中的任何一个，选择一个合适的，你会看到它也适用于这样一个世界：那里既没植物也没动物，只有人；那里的人只会吃吃喝喝；在那里人们不睡觉，不做梦，也不胡言乱语；在那里为了完成抚养，人们一生下来就是衰老的；在那里能源重新走上消失之路；在那里一切都朝着错误的、相反的方向运行。这真是一个由如此抽象的概念构成的体系，它如此抽象，以至于如此广泛。其中，我们可以在真实的附近抓住一切可能的，甚至是一切不可能的。那些我们应当判定为令人满意的解释，应该是始终与其目的相一致的：它们之间没有空白，也没有可以容下其他解释的缝隙；解释是唯一适合目的的，目的也是唯一接受解释的。这些可能就是科学的解释，它包含绝对的精确性和完整的、发展的证据。我们还用赘述更多的哲学理论吗？

在我们以前看来，这个观点是属于例外的，这也可能是我们为什么在青年的时候热衷于它的原因。斯宾塞的哲学是要获取对事物的印象，建立事实的模型。毫无疑问，他的哲学是在模糊的普遍性中寻找支点。我们清楚地感受到第一原则的弱点，但这个弱点似乎坚持着作者也不能继续深化的、机械的“终极理念”。我们本来想重新研读他的作品的这部分，对它进行补充和巩固。随着我们力量的增长，我们也试图这样做。于是，我们总是被时间观念引导。在那里，有一个惊喜在等着我们。

时间的本质

事实上，当我们看到在进化哲学中起主导作用的时间是如何逃避数学问题的时候，我们会非常震惊。时间的本质是移动，当另一部分出现的时候，任何其他的部分就不会继续存在。为了测量而将部分与部分叠加是不可能的、不可想象的、不可思议的。毫无疑问，他在所有测量中都加入了一个公共的元素，并且，两个相等的量值能够直接重叠很罕见。同时，这种重叠对于那些保持着整体性质的某个方面或效果应该是可能的，这个效果、这个方面就是我们用来测量时间的工具。但是，在时间的前提下，叠加的思想将意味着荒谬，因为任何将要叠加在自身的时间的效果，通过测量，都会发现在本质上不会延续。

我们都清楚地知道从我们上大学开始，时间的持续就是用移动的轨迹测量的，并且数学时间是一条线。但我们却没有注意到，这个片面的操作从根本上没有超过所有其他的测量操作，因为它不适合我们想要测量的一个方面或者是一个效果。不过，在某些事情上它是例外的。我们测量的线是不动的，而时间却是流动的；这条线完全是被建立的，而时间则是建立者，甚至是使这一切发生的原因。时间的测量永远不会建立在作为持续的时间上；我们只依靠一定数量的间隔点或者时间，即时间虚拟的暂停。假设一件事将会在时间 t 之后发生，这只是表示我们将会计算，从现在到那个时候的、某种特定类型的、同时性的 t。在这同时性之间将会发生所有我们想要的。

时间可以变得越来越快，甚至无限；而对于数学家、物理学家、天文学家来说，没有什么会改变。然而意识的不同却是深刻的（当然，我想说的是不独立于大脑运动的意识）；对意识来说，从第一天到第二天，从一个小时到接下来的一个小时，不会再有更多的、疲倦的等待了。由于确定的期望，外部的原因，科学不能保持完满：即使当它建立在展开或者将要展开的时间上，它也会被当作被展开的，而这是相当自然的。科学的作用是供给，它提取并保留物质世界，这个世界有可能是重演和重算的，因此这个世界是不能持续的。于是，它没有依靠常识的方向，而这个常识则是科学的开端：通常当我们说时间的时候，我们是随着时间的延续在思考，但又不是在同一时间。然而，这个被科学取消的时间的延续，这个很难想象和很难表达的延续，我们能感觉到它，因为我们在其中生活。那么我们寻找的“延续”，究竟是什么？这个“延续”是怎么产生上述的意识的？这种意识不经过测量就不能看到持续，意识不停地抓住它，最后将自己作为目标；它是观众也是演员，它既是自身又是反身，它一直持续接近事物，直到凝聚的注意与流逝的时间不谋而合。

而这就是问题：我们同意识一起渗透到内部生活的领域，而这个领域却与我们无关。很快，我们就认识到联想心理学概念的不足之处，这个在那时已经为大多数心理学家和哲学家所知的概念，其实是意识生命人工重建的一个结果。谁能立即不带偏见地发表直接的中立观点呢？经过一系列的反思与分析，我们逐一克服这些偏见，放弃了许多我们以前不经批判就接受的观念；最后，我们认为重新找到了完全纯粹的内心的连续性，这种连续性既不是统一的，也不是多重的，它不适合于我们的任何一个框架。我们认为实证科学在此期间已经没有意义了，而这也是再自然不过的事情：其功能可能是向我们提供一个世界，为了方便行动，我们可以在这个世界中取消时间的影响。但是，斯宾塞的哲学，他的进化学说，要如何在流动中、发展中、在其内在的成熟中跟上实际的步伐呢？难道它可以对同一时间内产生的变化视而不见吗？

这个问题稍后将会带我们回到之前讨论过的、建立在实际的时间上的生命进化的问题；到那时，我们将会发现斯宾塞似的进化主义几乎要完全重建。而目前，对持续性的憧憬吸引了我们的注意。当仔细审视这些体系时，我们发现，哲学家几乎没有太多地关注这个问题。在整个哲学史上，时间和空间都被放置在同样的行列中，并且被视为同一类事物。因此，我们研究空间，我们确定它的本质及作用，然后，我们将得到的结论运用在时间上。于是，关于空间和时间的理论就这样同时形成了。为了从空间转换到时间，只需要改变一个词，即用“连续”取代“并列”。而面对实际的连续，我们却固执地转身离开。这是为什么呢？科学这样做是有其原因的；但是科学之前的形而上学，就已经采取这样的方式了，不过理由不同而已。通过审查这些教义，我们可以看到语言似乎已经起到了很大的作用。持续始终表现为不断的扩展。用以设定时间的词语借助于描述空间的语言。当我们呼唤时间的时候，其实是空间在回应。形而上学必须符合语言的习惯，而语言习惯本身却是遵循常识的。

如果科学与常识在这里是一致的，排除实际的时间，无论是自发的还是自我反省的理解，难道它不是我们应该追求的目的吗？这就是我们自认为通过学习人类认识的结构而能得到的东西。因此在我们看来，理解的作用之一正是隐藏持续的时间，无论是在运动中还是在变化中。

对运动之理解

理解是否与运动有关呢？理解是一系列连续的位置：先到

达一个点，然后是下一个，再然后是另一个。我们能对这样一种理解提出一个异议，即在这些点之间发生着某些事情吗？它迅速增添新的点，因此有着无限的延续。在过渡中，它转移着自己的视线。如果我们坚持，就会发现它是为流动性而安排的，在随着位置的增加而变得日益狭窄的间歇中，这种流动性重新生长、回来、离开，最后在无限小的地方消失。如果理解的主要目的就是准备并启发我们对事物的行为，那么这就是再自然不过的了。我们的行动只施加在固定的点上；而这就是我们的理解所要寻找的固定性；它想要知道这种移动变化现在处于什么位置，将来会处于什么地方，又会通过什么地方。即便理解标记出了通过时的时刻，即便它似乎在那个时候对持续性感兴趣，但在观察两个同时发生的虚拟暂停时，理解是有限的：它所考虑的移动的暂停，以及另一个移动的暂停，在这个移动中，移动的过程被看作时间的移动。但是，它想要处理的其实始终是固定性，不管是现实的还是可能的。越过这个将运动描绘成一系列位置的表述，一直跟随着它走下去，不加入任何观念去审视它，我们就会发现它是简单的，并且是一个整体。然后我们继续向前进；发现它恰巧与某些无疑是真实的、绝对的运动相契合，以致我们生产出了自己。

这一次，我们在它的本质中抓住了其流动性，并且觉得它与不可分割的连续性的努力混淆了。但作为一个特定的、将会被分割的空间，我们到处寻找固定性的理解，并假设运动会被运用到这个空间里（多么希望这个运动可以与不动性相重合），流动会交替着出现在它所经过的线上的每个点上。如果我们以较短的运动做一个完全不同的努力，我们最多还可以说如果它早些时间停止，那么它还可以存在。在那里，我们不会在运动中看到一系列的位置，那里只有一个点；运动的连续性于是在与每个位置相对应的瞬间分解了。但是，时间的片刻与移动的位置只不过是被我们的理解所捕捉的瞬间，这个理解即运动的连贯性和持续性。有了这些并列的意见，我们就有了时间和运动的实用的替代物，这个替代物要符合语言的要求，直到它适合于计算的要求；但我们只有一个人工重构，时间和运动都是另外一回事。[①]

对变化之理解

我们接下来谈谈变化。人的理解将变化分解成连续和不同的状态，这个理解被视为不变的。当我们的思考越接近这些状态时，我们就会发现它其实在变化，我们不停地思考：如果它不变，那么它又是怎么延续的呢？很快，理解用一系列更短的状态取代了它，而这些状态又反过来在必要的时候自我分解，

① 如果想要我们放映的电影在屏幕上移动，那么必须要将相应的不动的画面投影在屏幕上。因此我们可以说，正是因为有了这些静止的画面本身，运动才能在仪器上运行。

因此形成了无限的连续。然而我们怎么会看不到持续性的本质就是流动呢？怎么会看不到平行的稳定永远不会有任何持续性呢？我们发现，真实的不是这些简单地被我们捕捉到的瞬间的状态，沿着变化之流；真实的其实是流动，它是过渡的连续性，是变化本身。这种变化是不可分割的，同时它也是实体性的。如果我们的理解坚持要将它判定为不连贯的，给它增加一些不知道的支撑，这就变成了用一系列并列的状态来取代它。但是这种多样性是人为的，在这种人为中恢复了统一性。在这里有一个变化的不间断的推动，这个变化始终在一段绵延无尽的持续时间中坚持着自身。

这些反思使得我们的脑海中产生了许多的疑问，同时也产生了很大的期望。我们想，这些形而上学的问题可能是提错了；但是，正因为如此，我们没有更多的理由相信“永恒”了，这就是说问题是难以解决的。形而上学要回溯到伊利亚派的芝诺所指出的运动和变化中存在的必然矛盾，这些问题也代表了我们的理解。为了以更加细致的方式来解决由运动和变化的理解所引起的问题，我们吸收采用了古代哲学和现代哲学的成果。也正是因为这样，形而上学被要求寻找事物超越时间的现实性，即超越了时间的移动和变化。此外，还要寻找我们的感官和意识能感知之外的事物。因此，它不过是观念的或多或少的人工安排而已，是一个假设的建构。它声称要超越经验，事实上它只是用一个固定的、枯燥的、空虚的摘要，以及一个抽象的、一般的思想系统替代了运动的完整经验。这些思想来自于同一个经验，或者更确切地说是来自这个经验的最表层，而这种替代也可能日益加深，因而充满着各种启示。我们甚至可以说蝴蝶会出现在信封上，并声称这个能飞的、变化的、活着的蝴蝶，发现了它存在的理由以及它在这个信封的不动性中的完成。与此相反，拆开信封，恢复其运动的流动性、变化的流动性、时间的持续性。谁知道这些难以解决的“大问题”是否会在这个信封上解决掉呢？它们不关乎运动，也不关乎变化和时间，而只是一个被我们误以为是信封，或者与其相等的、某些东西的概念性的信封。于是形而上学也将成为经验。时间将会证明形而上学是不断的创造，是不间断的新事物的喷发。

这就是我们无法看到的、我们对运动和变化的一贯的描述。如果运动是一系列的位置，而变化是一系列的状态，时间是由单独的、并列的部分组成的，那么毫无疑问，我们仍然会说这些部分是连续的。但是这种连续与电影图像的连续相似：影片不需要改变任何地方就可能以十倍、百倍、千倍的速度运行。如果它的速度无限快，如果进程变为瞬间的，那么它仍然是同样的图像。因而这种连续不需要添加任何东西，反而是减去某些东西。这预示着缺失；这反映了我们看法的弱点——一幅一幅地审视电影的图像，而不是从整体上把握它。总而言之，时间因此被认为只是一个理想的空间，在这个空间中，我们将发生过的事情想象成是在一条直线上。此外，无论是现在还是将来，在我们看来，时间的一个障碍似乎是整体性：时间中的运转是这个未完成本身，它是一个负数量的增加。这些就是大多数哲学家自觉的或不自觉的思想。

此外这些思想还要符合理解的要求，以及语言的必然性和科学的符号。这些没有一个去努力寻求时间的积极属性。它们只是把连续性看作一个缺失的共存，把持续的时段看作一个永恒的丧失。因此，无论它们做什么，它们都不能代表新事物和不可预测性。我并不是说只有哲学家才相信连贯，这种连贯是现象与事件的严密的连贯，以致结果必须从原因中推断出来。在此说法下，人们可以想象未来的事物在现在就已经给定了，从理论上说它是可见的、不会增加的，因此了无新意。但是，即使这些既定了的未来的事物数量非常小，它们也都还相信自由意志，且已减少到在两个或几个部分中简单地选择一个。就好像这些部分都是事先指定好的可能，而意志仅仅是为了实现它们中的一个。因此，他们承认，即使他们没有意识到，但一切都是注定了的。这将是一个全新的行动（至少从内部看），并且不会以任何方式先于其实现，甚至是以尽可能纯粹的形式，他们对此似乎并不知道。而这就是自由的行动。但是我们应该换一种角度看待自由的行动，此外，这也是为了弄清楚不管是新的、还是不可预测的创造，我们说自由的行动它都应该回到纯粹的时间。

进化与展开

事实上，即便你知道你明天要做什么，你能试着在今天描述你明天将会完成的行动吗？也许你的想象力会唤起将要执行的任务；但是关于你将要想到，且将要体验到的、会执行的事情，你可能今天什么都不知道，因为你在明天才会明白你所走过的人生。此外，也将会加上这个特别的时刻，就是你明白的那一个时刻。为了提前填充明天的内容，你们只需要将今天与明天区分开，因为人不能在不改变其内容的前提下减少心理生活的任何瞬间。你能够在不改变其内容的前提下缩短乐曲的时间吗？人的内在心理生活就是这样的一种乐曲。所以，假设你知道你明天会做什么，你也只能预见你行动外在的布局：任何内在的事先想象都会占据一段时间，这段时间不断延伸，却会把你一直带到一个时刻。在这个时刻，行为会实现；在这个时刻，预见不再是问题。如果当行为完成的时候，它在其内在和外在中真正变为自由的，即它完全是整体性的创造，那么它将会成为什么呢？

因此，从根本上说是进化与展开之间的不同。在这种进化中，持续的语言与一种内在的增长相贯通，而在这种展开中独立的部分是并列的。我们铺开的扇子可能会展开得越来越快，甚至是在瞬间展开。它总是展开同一个刺绣画面，这在丝绸上就已经预示了。但是一个真实的进化是会完全从内在改变的，我们只能稍微加速或减速。其加速或减速正是这种内部的改变；其内容只是进化持续的时间。

确实，除了这些在不变的持续中的知觉外，还有一些硬件系统，在这些系统之上，时间只是一个过客。对于有些连续的现象，我们可以真正地说它们是扇子的展开，或者更好地说是一个动态的影像。因为可以事先计算，所以它们以可能的形式，先于其现实而存在。这些就是天文学、物理学和化学要研究的系统。作为一个整体的物质宇宙是这样的一个系统吗？当我们的科学假设它是这样，那只是意味着它忽略掉了一个问题，即在宇宙中，一切都是不可计算的。但是哲学不想忽略掉任何问题，因此哲学有义务观察到，我们生活的物质世界其实是我们意识的当代史。就像意识的持续一样，物质世界也应该以某种方式连接到现实的持续时间上。从理论上讲，将一个完全可以计算的系统的连续状态描绘在一部电影上，而这部电影可以不需要任何改变就能以任意的速度运转。事实上，这个速度是确定的，因为电影的进度对应着我们内在生活的一定时间段的持续，进度与内在生活对应，而不是与其他东西对应。这部运转的电影，因此是真正地与持续的意识相连接的，它也规范着运动。当我们想要准备一杯糖水的时候，我们说，我们不得不等待，直到糖融化掉。这个必要的等待就是有意义的行为。它声称，如果我们可以减少宇宙中的系统，并且时间对这些系统而言只是一个抽象的概念、一个关系、一个数字，那么宇宙本身就是另一回事了。如果我们能接受宇宙作为一个整体，这个整体虽然是无机的，但它的部分之间却是有机的，那么我们应该看到它不断采取新的形式，这些形式与我们的意识状态一样的新颖，一样的不可预测。

但是我们很难区分以下内容：真实时间中的连续和时空中的并列，进化与展开，彻底的新事物与早已存在的事物的重组，创造与简单的选择，这些很难区分，以致我们不知道如何一次性澄清如此多的区别。因此，我们可以说，在这个被想象为一个创造的、进化的持续中，有着永久可能的创造性，而不是仅仅只有现实。很多人不愿意承认这一点，因为他们总是认定，如果一件事在过去不可能实现，那么在将来它也是不会实现的。因此，在实现之前，它必须是已经有可能的。但是仔细一看，你会看到这里的“可能”是指两件完全不同的事情；并且大部分时间里，它总是在这两者间摇摆，无意间玩了一个文字游戏。当一个音乐家写出了一首交响乐时，他的作品在成为现实之前就已经是否可能了呢？是的，只要我们认为，没有一个不可逾越的障碍在那里阻碍其实现。

但是我们没有注意到，在“可能”这个词的负面意义上，我们已经走向了其积极的一面：我们设想所有发生的事情都可以通过某些非常灵敏的心灵而提前觉察到，因此，事情便以观念的形式先存于其现实，这就是艺术作品中荒诞的概念。因为自从这个音乐家有了他将要创作的交响乐的准确和完整的想法，那么他的交响乐就已经完成了。但是，即便它是客观的，即便它仅仅是虚拟的，交响乐在实现之前是不会以可能的身份存在的：它既不在艺术家的脑袋里，也不在其他与我们想法相似的观念中。但是，我们不能说宇宙中的任何一个状态与一切有知觉的生命是相同的。宇宙难道不比最伟大的大师的交响乐还要充满新意，还要不可预测吗？

我们仍然有一个坚定的信念：即使事情在发生之前没有被设想，它也应该存在。从这个意义上来说，在可能的状态下，事情能在一些真实或虚拟的理解中找到永恒性。如果深化这种感觉，我们将看到本质上这种感觉与我们的理解相同。事物和事件发生在特定的时间，观察事物和事件外观的判断只可能根据事物与事件自身而产生，因此事物和事件总有自己的日期。但是，按照我们头脑中所有真理都是永恒的这个原则，这个日期马上就会被抹去。如果这个判断现在是真实的，那么在我们看来，它必须一直以来都是这样真实。这个判断可能还没有被明确提出，但它在成熟之前就已经有存在的可能了。因此，我们对所有真正的判断给予一个追溯的效力，或者更确切地说，我们赋予它一个逆行的运动。如同一个判断已经先于组成它的条件！就像这些条件不会注明代表它们的物体的时间。仿佛这个事物和关于这个事物的观念、它的实现和它的可能性，都不建立在同一时间上，事实上它是一个真正的新形式，这种形式由艺术或者自然发明。

现实与未来

这种感觉有无数的后果。[①] 当我们对人和事的欣赏，充满着对真实判断的可追溯价值的信仰、对逆行运动的信仰时，这个逆行运动就不自觉地在时间中践行着曾经提到过的真理。通过唯一实现的行为，现实将自己的阴影投射到无限遥远的过去；因此它似乎已经在可能的形式下，先于其现实而存在了。在那里有一个错误，在毒化着我们过去的概念；在那里有我们参与未来的愿望。例如，我们想知道那些明天会成为艺术、文学、文明的东西；我们自己大致描绘社会的进化曲线；一直到我们能预测事件的细节。当然，我们总是能将完成的实在，与它之前的事件和产生它的条件相连接；但是一个完全不同的实在（不管是哪一个，它都是真的），从另一个角度看，也可以与同样的条件及事件相连接。那么我们就可以说在审视现在的所有方面，以便将之延伸到所有方向的同时，我们将得到所有的可能，而其中就有未来。

假设未来可以选择，它会选择吗？但首先，这些延伸本身可能就是新元素的增加，它由所有片段组成，是绝对不可预测的；其次，现在的某个方面不会像我们的注意力将之隔离的方

① 关于这些后果，关于一般的对真实的判断的追溯价值的信仰，关于真理的逆行，我们已经在 1913 年 1 月至 4 月在哥伦比亚大学的会议上说过了，我们在这里只谈一些迹象。

面一样，于是，需要在现实条件的集合中以一定的形式实行分割。而现在的各个方面是如何在其被创造之前存在的，通过随后发生的事件，我们的注意力可以实现剪纸的原始形式吗？因此回想起来，这些方面仅仅属于过去的现在，这就是说它属于过去；当它继续存在的时候，在目前它并不比过去更现实。在我们现实的现在中，并没有未来音乐家的交响乐。举一个简单的例子，现在没有什么能阻止我们将十九世纪的浪漫主义与经典的浪漫相联系，但是古典主义中浪漫的方面通过追溯效力只能摆脱曾经出现的浪漫主义。如果没有卢梭、夏多布里昂、维尼、维克多·雨果，不仅我们不会注意，而且也真的不会有昔日经典的浪漫主义了。因为古典的浪漫主义只有通过分镜头才能实现。在他们的作品中，某些特别的方面有着特别形式的分割，而这种分割在浪漫主义出现之前就已经不存在于古典文学中了。一个艺术家在组织这些无定形的云团以适应其幻想时，将会在飘过的云中发现有趣的画像。追溯既往，浪漫主义建立在古典主义之上，就像艺术家在云上得到图像一样；追溯既往，浪漫主义在过去就制造了某些征兆，并且通过前事有了对自己的解释。

正如我们刚刚提到的，我们需要运气，需要一个很好的机会，在目前的现实中，将有未来历史学最感兴趣的问题。当这个历史学家考虑对我们而言的现在，他就会特别寻求对他而言的、他的现在的解释，尤其是他的现在将会包含创新。如果这个创新必须是一个创造，那么我们今天就不能对它有任何概念。为了在这些它应该注意到的现象中进行选择，甚至为了制造分割的现象，并且这些现象是根据现实的指示而有的，我们在今天该如何遵循它呢？当今资本现象的出现其实是民主的来临。因为它本应是对同时代的、而不是对过去的描述，我们在其中发现警告的标志，这是无可争辩的；但是有可能，最有趣的迹象没有被它们注意，它们是否已经知道人类是朝着这个方向行走的？然而，这个方向的行程不会比另一个方向更明显。或者更确切地说，已经被行程本身创造的方向仍然是不存在的。我的意思是，通过向前的运动，人类已经逐渐设想并实现了民主。因此，警告的标志在我们的眼中并不是标志，因为我们现在知道行程，并且行程已经在进行中了。由于既不是因为行程或方向，所以也不是因为当这些现象发生时事实的部分没有被给予：这些事实还不是迹象。

让我们试着走得更远些。我们说，在这方面最重要的事实已经被同时代的人所忽略。但真相是，大多数的事实在这个时代并不作为事实存在；回想起来，如果我们现在能够复原那个年代，那么那个年代的事实对我们而言就是存在的，并且走在有现实组成的不可分割的路上。我们能看到一束以全新形式出现的光，我们称为民主思想。因此，根据轮廓而切割的有经验的部分，与一个伟大的画家的画同样新颖和不可预测的部分，将会成为民主的准备工作。总之，为了向我们的子孙解释他们时代的重要事件，需要通过先前的历史，这个事件应该已经被我们的眼睛所认识，并且这里不应该有真正的延续。我们向后代传递那些吸引我们的问题，那些我们的注意力考虑的问题，甚至是对我们过去进化的描绘，而不是传递那些将来对他们而言有意思的东西，这些有意思的东西是通过一个新兴趣的创造，通过一个他们注意力的新方向。最后换句话说，最重要的、现在的历史起源，将不会被完全阐明，因为只要过去已经被时代依据一个不能确定、同时也是不可预测的未来表述过，那么就没有人能恢复其完整性。

以橙色为例[①]，因为我们还知道红色和黄色，所以我们可以将橘色看作某种程度上的黄色，或者是另一种程度上的红色，并且可以说橘色是黄色和红色的合成物。但是假设，黄色和红色都还没有出现之前，橘色就已经存在了，那么橘色还会是由这两种颜色复合而成的吗？明显不是。对红色和黄色的感觉，随着意识的一些特殊规定，完全包含了一个神经和大脑机制，这些感觉是生活的创造，这些创造会发生，但也可能不会发生；无论是在我们的星球上还是在其他的星球上，如果从来没有人遇到过这两种感觉，那么对橘色的感觉就是一个单一的感觉；对黄色和红色的感觉也永远不会出现——无论是作为组成部分

① 目前的研究在我们之前的《道德和宗教的两个来源》一书中已经写过，在那本书中我们已经进行了相同的比较。

还是某个方面。

我承认我们习惯的逻辑会抗议，它说：“只要对黄色和红色的感觉在今天进入对橘色的感觉的组合中，它们就会永远进入，甚至即便是曾经有一段时间，这两种感觉都不实际存在，它们在其中也是潜在的。”但是，我们习惯的逻辑其实是一种回溯的逻辑，在可能或者潜在的状态下，它不得不把目前的现实移放到过去，使得任何现在组成的东西，在它看来，都必须是以前就一直存在的。它不承认一个单一的状态，在保持其本身的情况下，会成为一个复合的状态，因为进化会创造新的考虑角度，并因此而创造出复杂的组成部分，我们可以在这些部分上进行理想的分析。回溯的逻辑不愿意相信，如果这些组成部分没有作为现实出现，它们先前就不会作为可能性存在，一件事情的可能性从来都不是幻想（除非这个事情完全是一些事前存在部分的机械组合），因为在无限的过去，有曾经出现过的现实。它之所以以可能的形式在过去重新产生出目前的现实，正是因为它不希望承认以下观点：没有任何东西发生，有些东西是自己创建的，时间是有效的。在一种新的形式和一种新的品质中，回溯的逻辑看到的只是旧事物的重新安排，而绝对没有任何的新事物。所有的多样性对它而言都会分解为一定数量的单位。它不接受关于一个模糊的、不可分割的多样性的想法，也不接受纯粹的集中或定性，更不相信所有保持其本身的事物，随着新的考虑角度的出现，都将包括无数增长的组成部分。当然，问题不在于放弃这个逻辑，也不在于反抗这个逻辑。但是应该改变它，使它顺从，让它适应一段时间，在这期间新事物不断涌现，并且进化也是创造性的。

这就是我们首先要投入的方向。当然还有许多其他的方向摆在我们面前。在我们身边，为了从中心开始，为了重新抓住纯粹的时间，我们已经将自己置于中心。但是，我们集中精力于首先的方向，因为为了证明我们的方法，我们已经首先选择了自由的问题。因此，我们重新置于内在生活的流动中，在这里，哲学在我们看来似乎只是频繁停留在表面的冻结。难道小说家和伦理学家在这个方向上不会比哲学家更进一步吗？也许吧，但这只是因为必要的压力，他们才打破了障碍，目前还没有人想过要有条不紊地“寻找失去的时光”。无论如何，我们在我们的第一本书中只会给这个问题一些指导，我们还会在第二本书中界定和暗示，当我们比较行动的计划时——过去在现在收缩——在梦想这方面，展开着过去的全部，这些是不可分割的、不可破坏的。但是，如果它属于文学，并且这个文学想要从事在具体情况中对灵魂的研究，那么在个别的例子上，哲学的责任在我们看来似乎是通过自己，在这里提出直接即时的观察的一般条件。

这个内部的观察已经被我们的习惯所歪曲。主要的选择无疑是创建自由的问题——一个伪问题，它产生于对延长时间的困惑。但是也与其他事物似乎有着相同的起源，我们的心灵状态似乎是无数的，因此，它们中的一些应该有一个可衡量的强度；我们相信可以用能表明它们的词语来替代这些心灵状态，并且从此覆盖它们；然后我们给了这些心灵状态固定性、不连续性，以及词语本身的一般性。为了撕毁它，我们应该重新得到这个信封。但是，如果我们首先考虑其形状和结构，如果我们将之理解为目标，那么我们将不会得到它。它在本质上是空间的，并且它具有社会效用。因此在这个特殊的含义下，空间性和社会性，就是我们的知识的相对性的真正原因。移开中间的面纱，我们返回到现在，并且接触到一个绝对存在。

这些早期反思得出的结论，幸运地变为几乎是司空见惯的，但在当时却是轻率的。它要求心理学与结合主义绝交，而结合主义在当时，如果不是作为教条，至少也是作为一种方法，已经被普遍接受了。它们又要求另一个决裂，这个决裂我们只能模糊地看到。在结合主义旁边，有康德主义，其影响力与结合主义相比，同样强大、同样普遍。那些抛弃孔德的实证主义或者斯宾塞的不可知论的人不敢前行，直到他们对康德的知识的相对性的概念提出疑问。他们说，康德已经提出，我们的思想是在分散的物质上产生作用的，这个物质事先已经存在于空间和时间中，因此是特意为人类准备的：我们逃避“事情本身”；为了触碰到它，应该有一个我们不具备的直觉机能。

事情的结果恰恰与我们的分析相反，有一部分至少是现实的：我们可以在其自然的纯粹中恢复自己。在这里，在任何情况下，我们的知识材料没有被创建，或者被研磨、被改变，因为我不知道什么邪恶的天才，会将心理的尘灰扔到一个人造的容器中，例如我们的良知。只要是我们为了更大的便利而习惯了的约定，那么在我们看来就是“自我”。但它难道不是为了其他的现实，甚至是为了所有的吗？“知识的相对性”阻止了形而上学的发展，它真的是最初的、必要的吗？它会不会只是简单地需要理智与实际生活所约定的必要习惯：这些习惯被转移到观察的领域中，在所有安排的情况下，让我们面对着一个被歪曲了和重建了的现实；但是这种安排对我们而言不是不可避免的，它形成于我们所做的事情中，既然是我们所做的事情，那么我们可以取消它；然后我们进入与现实的直接接触。所以这并不只是一种心理上的理论。我们排除了结合主义，因为类似的理由，也是一个一般的哲学，就像康德主义，以及所有与它相关的理论。结合主义与康德主义，在它们的伟大的谱系中几乎被普遍接受，而我们就像累赘，阻止了哲学和心理学的前进。

于是我们继续前行。仅仅清除了障碍是不够的，事实上，我们开始研究心理功能，然后研究心理—生理的关系，然后是一般的生活，我们始终寻找直接的意象，因此消除了一些问题。这些问题与事情本身无关，但是却与人工概念的翻译有关。我们在这里不会陈述一个事实，这个事实的第一个结果将显示出外表看似简单的方法，其实是极端复杂；此外，我们将会在下一章进行简单的讨论。但既然我们已经首先考虑到精确性，并提出结论，那么在我们眼中，精确性是不可能通过任何其他的方法得到的。因为不精确通常包含一个非常大种类中的事物；此外，这些事物与种类，和已经存在的词语也是相应的。但如果我们能一开始就消除已经提出的概念，如果我们能给现实一个直接的意象，如果我们在考虑其细节的前提下剖析这个现实，那么为了表达，我们应该很好地建立新的概念。这些概念这次将被修剪得准确地符合对象的尺寸：不精确性只能扩大到其他的对象，这些对象也已经包含在其一般性中了，但当我们反过来思考它们时，除了这些概念，这些对象自身也应该被研究。

第二篇　引言（第二部分）

关于问题的地位

时间与直觉

我们之前对于时间的思考似乎是决定性的了，慢慢地，这些思考让我们用哲学方法建立了直觉，而我们面对“直觉”也犹豫了很长时间。但就所有构建了知识模式的术语而言，直觉仍然是最合适的，然而它也会引起混乱。因为谢林、叔本华和其他人已经在呼吁直觉了，因为他们或多或少地用直觉来对抗理智，所以人们可以认为，他们也能采用同样的方法，仿佛他们的直觉不是对永恒的直接探究，仿佛在我们看来，直觉与首先要重新找到真正的时间不是相反的。大多数的哲学家已经感受到概念思维在获得精神本质方面的无力，因此，有许多人都谈到了超理智的直觉机能。但是，他们认为理智在时间中运行，所以他们就得出结论说超越理智在于脱离时间时，其实他们没有看到，理智化的时间其实是空间，理智是在时间的幻影之上工作的，而不是在时间本身上。

消除时间是一种习惯性的、正常而普遍的行为，在我们看来，我们对精神知识的相对性正是来自于时间，因此，为了从智力活动到视觉活动，从相对到绝对，这里不存在需要脱离时间（因为我们已经脱离了它）的问题。与此相反，我们应该回到时间，恢复流动中的现实，且这个流动性是时间的本质。一个直觉声称自己在永恒中能动地、跳跃地遵循着理智，其实它只是用一种独特的概念取代了那些表示理智的概念，这个独特的概念能够总结一切，因此它也始终是同一的。我们以各种名义来称呼这样的独特的概念：实体、自我、理念、意志。因此，根据这样而理解的哲学，必定是泛神论的，它在演绎地解释一切事情上不会有任何问题，因为它会被提前放在一个原则中，这个原则是对于所有概念的概念，是关于所有真正的和所有可能的事情。但是这个解释会是含糊和不可靠的，这个统一性将是人为的，这个哲学也将会同样适用于一个完全不同于我们世界的世界。

一个真正的、直观的形而上学将会是非常有意义的，它会追随现实的波动！它再也不会拥抱事物的全体；但是它会给每个人一个解释，这个解释将会准确地、唯一地适合于每个人。它不会以定义或描述世界的统一性而开始，谁知道这个世界实际上是否是一个统一的世界呢？经验自身告诉我们，统一性如果存在的话，它会通过研究，作为结果而出现；我们不可能要求统一性在一开始就作为一个原则。此外，这将会是一个丰富而全面的统一,一个连续的统一，关于现实的统一，而不是一个抽象空虚的统一，它源自于一个最高的普遍，也将会成为任何一个可能世界的统一。于是，这是真正的形而上学，为了解决每一个问题，哲学将需要做出新的努力。没有一个解决方案可以以几何的方式从一个演绎到另一个，没有一个重要的真理不是通过已有的真理的延伸而获得的。我们应该放弃坚持一个原则中的普遍科学。

因此，我们所讲的直觉首先是建立在内在的时间之上的。它抓住了一个不并列的连续、内部的增长，以及一个不断延伸到未来的现在，在这个现在中就有着过去不间断的延伸。这是心灵与心灵的直观，没有什么能插入其间。折射角穿过棱柱，其中，有一面是空间，而另一面则是语言。这个状态将会从并列的词语变为词语，而不是从连续的状态到另一个状态，这就是不可分割的连续性，连内在生活的流动也因此而充实了。因此，直觉首先意味着意识，但是是一种直接的意识，是很难与看见的物体区分的意象，是有联系的甚至是巧合的知识。然后就是扩大了的意识，它挤压着潜意识的边缘，而潜意识会顺从，也会反抗，会听从，也会改口。通过黑暗与光明的快速交替，我们看到无意识就在那里，与严格的逻辑相反，扩大了的意识断言心理学是意识的存在，然而也存在心理学的无意识。但是意识难道不会走得更远吗？难道它只是对我们自己的直觉吗？我们的意识和其他的意识之间的区分，比我们的躯体与其他躯体之间的区分要小得多，因为是空间产生了直接的分割。轻率的同情与反感经常是预见性的，这表明了人类意识之间可能的相互渗透。所以，这里将会出现心理学的内渗现象。直觉将我们引入普遍的意识中，但是我们会与这些意识相融合吗？如果所有生命就是诞生、成长和死亡，如果生命是一种进化，如果时间在这里是一个现实，那么在这里难道不会有一个对生命的直觉吗？当然会有，还会因此而有一个关于生命的形而上学，这个形而上学会延长生命的科学。当然，科学会给我们提供越来越好的，关于组织物质的物理化学；但是在形成该组织的根本原因中，我们清楚地看到，它既没有进入机械论的框架，也没有进入目的论的框架，更确切地说，它既不是纯粹的统一，也不是分开的多样，以致我们的理解最终总是用最简单的否定来描绘它的特征。难道通过重新抓住我们意识的跳跃，我们还不能得到它吗？

让我们继续进一步的讨论，通过整个组织，那些没有被组织的物质在我们看来毫无疑问是作为可分解的系统，在这些系统之上，时间不用进入就已经溜走了，这些系统重建了科学，并且我们也可以理解它们。但是作为一个整体的物质宇宙，需要我们的意识，也需要它自身。这个宇宙要么是持续的，要么与我们的持续是相连的。它通过其起源或功能与精神相连接——无论是在一种情况或者另一种情况下，它通过它所包含的一切变化和现实的运动来重建直觉。具体来说，我们相信，差的观念，或者说流数术的观念，应该通过这种直观来启发科学。随着形而上学不断地将自己严格化，它就已经变为科学的了，这就是说形而上学可以用静态的术语来表达。总之，纯粹的变化，真实的时间，都是精神性的事物或者浸润着精神的。直觉就是达到精神，时间，纯粹变化的东西。直觉的领域就是精神，它想要在事物中，甚至是物质性的事物中，抓住它们对精神性的参与——我们向神祈祷，希望我们不会知道还有其他东西能混入我们的意识，即便它被纯粹化，被精神化了。正是这种人类的混合可以让直觉达到不同的高度，并且在不同的点上，给予哲学不相吻合的结果，但它们绝不是不可调和的。

直觉的本质

因此，我们不要求对直觉有一个简单的几何定义，因为这将太容易证明了，我们根据词义而采用词语，而这些词义不会相互进行数学的推导。一位著名的丹麦哲学家指出了四个这样的词义，但是我们在其中将会发现更多的词义[①]。对于那些既不抽象也不传统，但却真实和具体的东西，还有那些有着不可恢复的组成部分的东西，对于那些在现实中没有被理解、常理、

① 然而这些词义，不像哈格尔德·霍夫丁所觉察到的那四个词义，并未包含在其中。

语言切割的事情，我们只可以在它之上提出一个观念，其中包含着一些多样的、复杂的但不相同的看法。上帝守护着我们，让我们学会比较，从小到大，从我们的努力到主人的努力。但是功能的多样性和直觉的各方面，正如我们描述的那样，并不比斯宾诺莎的“本质”和“存在”，或者亚里士多德的“形式”、“权力”、“现实”等术语，更接近含义的多样性。在亚里士多德索引中浏览“形式”一词的含义清单：你会看到它们之间的区别。如果我们认为它们两个彼此之间足够遥远，那么它们看起来就几乎是相互排斥的。但其实它们不是相互排斥的，因为中间意义的链条会再次将它们连接起来。我们需要为了拥抱整体而努力，我们意识到我们是在现实中，而不是面对着一个可以把握的数学本质，这个本质可以在一个简单的公式获得。

然后，这里有一个基本的含义：直觉地思考就是持续地思考。理智通常来自静止，但它也运用平行的静止来重建运动。而直觉则来自运动，它提出运动，或者甚至把运动当作现实本身。它在静止中只看到了抽象的时刻瞬间被我们的流动性的精神所捕捉。理智通常专心于事情，在那里它看到的是稳定，于是它做出改变，增加一些意外。对于直觉而言必不可少的就是变化，有关事情，就如理智所理解的那样，这是命运中间的一个切面，被我们的精神用整体性替代。思想通常是作为已有元素的新安排而重新出现的；对它而言，没有丧失什么，也没有创造什么。直觉，与一个增长的时间相关联，在这里它感知到有一个关于不可预测的新事物不断的连续性；它看到，它也知道，精神从自身中得到的比它所没有的多，并且充满着精神的现实其实是创造。思维平时的工作是简单的，并像我们希望的那样延伸着。而直觉是痛苦的，并且不能持久。无论是智力活动或直觉，思维总是毫无疑问地使用语言，并且，直觉和所有的思维一样，最终通过栖身于概念来完成自身。如果我们采用它开始时用的概念，那就是时间，定性的或者不均匀的多样性，无意识——甚至是差别。但是那些本来已是理智性的概念就会立刻变得清楚，至少对于那些能付出足够努力的人是这样的。然而无论我们思想的力量有多大，来自于一个直觉的观念开始时通常是模糊的。而这就是两种不同的清晰度。

理智

一个新的观念可能是清晰的，因为它向我们呈现的是我们已有的基本想法，而它只是简单地将这些想法按照一个新的顺序排列。于是我们的理智，在新事物中发现旧事物，它觉得自己处于知识之国，它感到舒适，它“明白”了。这个就是我们所希望的清晰度、我们所寻找的清晰度，并且我们将会始终感谢带给我们这样清晰度的人。还有另一个清晰度，我们必须要忍受它，此外，久而久之它就不是必要的了。这就是一个关于全新的、绝对简单的观念的清晰，它或多或少地欺骗了直觉。

既然它没有组成部分，我们就不能用已经存在的元素重建它，此外，又因为轻松的理解在于用旧事物重建新事物，所以我们的第一个行动就是把它说成是不可理解的。

但是，让我们暂时接受它，让我们跟着它在我们知识的各个部分行走：我们看着它，它逐渐变模糊了，然后又变得清晰了。通过它，那些我们认为无法解决的问题将会得到解决，甚至自行分解，要么完全消失，要么落脚在其他地方。它为解决这些问题做了些什么，那么反过来它也会受益。每一个理智的解决方案都会和它交流一些理智的事情。如此理智化的清晰度，可能会重新重视一些问题，这些问题在被它使用过后将会重新服务于它；它进一步驱赶包围着它的模糊不清，它本身也因此变得更加清晰了。所以，我们必须对两类观念进行区分，一类观念保留着自己的光辉，并且立刻将它渗透到更细微的角落；另一类观念的光辉则是外在的，照亮了思想的整个区域。第二类的观念往往能够以内在的晦涩开始；但是它们撒在自己周围的光辉将会通过反省回到它们自身，然后更加深入地渗透自己；然后它们就拥有了启迪别人和启发自己的双重能力。

我们还需要给这些观念一些时间，而哲学家并不总是有这样的耐心。遵循语言中已有的观念是一件容易得多的事！这些观念已经随着自己的需求被理智建立起来了。为了更加方便作用于现实，这些观念依据应该追随的线索而与现实的片段相吻合。大多数情况下，它们会根据自己的优势来分配对象和事实，胡乱地将有相同需求的东西投入到同一个理智的格子中。当我们一致地对不同的看法发生反应时，我们会说，我们面对的是“同样种类”的对象。当我们在两个相反的意义上发生反应时，我们将对象分散在两个“异类”之中。于是，通过定义，那些可以整体解决的问题就会变得清楚，而那些不回到定义的问题就会变得模糊。这就解释了从直觉的角度看，哲学的争议中有着明显的不足。

我们来听听两个哲学家的讨论，一个倾向于决定论，另一个倾向于自由论：决定论者似乎总是有足够的理由，自由论可能是一个新手，而它的对手则经验丰富。决定论可以随意地为自己的理由辩护，而自由论为了证明自己的理由则要经历血与汗。我们始终说决定论是简单的、清楚的、真实的。它非常容易也非常自然，只需要收集所有现成的思想和已经完成的短语，例如科学、语言、常识、理智等，全都为它服务。一个凭直觉的哲学家的批判是如此易懂，它是如此肯定自己会受到欢迎，以致它总是会尝试新的开始。然而除非没有天生的不理解，没有对于所有不能归结为文的东西的私怨，没有对于所有确定为精神的东西的私怨，否则也是会有些遗憾的，但是发生这些情况也是很正常的，因为哲学也有自己的律法家和法利赛人。

因此我们分配给形而上学一个有限的对象，这个对象主要是精神，还有一个特殊的方法，这个方法首先是直觉。通过以上的讨论，我们明确地区分形而上学与科学，也因此，我们给予了他们一个平等的价值。我们相信它们都可以触摸到现实的底部，我们拒绝哲学家所拥护的、学者们所接受的，关于知识的相对性和达到绝对的不可能性的论题。

事实上实证科学是要借助于灵敏的观察的。实证科学先要取得素材，然后运用自身机能将素材抽象化、普遍化，最后将这些素材交给判断力、推理能力、理智来处理。对于以前纯数学的那些部分，它继续运用力学，然后是物理学和化学来处理；最终它到达了生物学的领地。实证科学的最初领域，也是它的首选领域，其实是惰性物质的领域。它在有机世界中不是很自在，在有机世界中，它的步伐没有在物理学和化学的世界中那么坚定；它喜欢生命现象中的物理化学，而不是生命本身。但是，当它想要到达心灵的时候会遇到很大的麻烦，这并不是说实证科学不能获得知识，只是随着它不断加大精神与物质之间的界限，这个知识也会变得模糊。依靠逻辑的唯一力量，我们在这个新的领域从来没有前进过，就如同我们仍然在旧的领域一样。实证科学应该不断地从“几何学的精神”转而求助于“灵敏的精神”，但总有一些隐喻性的东西存在于公式中，它们是如此的抽象，以至于当我们到达其中一个的时候，发现它抽象得，就好像理智为了理解和表达它，就不得不用物理性的东西来运输精神性的东西。与此相反的是，一旦实证科学回到惰性物质，来源于纯粹理智的科学就会发现自己重新处于实证科学中。然而，这并不奇怪，因为我们的理智是我们感官的延伸。

在进行思考之前，首先要生活下去，而生活则要求我们学会使用物质，要么使用我们的器官，它们是自然的工具；要么使用真正的工具，它们是人造的器官。在哲学和科学出现以前，理智的作用就已经是制造工具，并且引导我们身体对自然物体做出行为。科学把理智的这份工作推向更远，但是它并没有改变其方向。科学的首要目的是使我们成为物质的主人，甚至当它思考时，它仍然关心的是这个问题。科学理论的价值，总是通过它们给予我们的、面对现实的坚强力量来衡量的。但是确切地说，不正是这工具激励着我们对实证科学和理智的信心吗？如果理智的产生是为了使用物质，那么毫无疑问，正是在物质的结构上形成了理智的结构，而这至少是最简单、最可能的假设了。只要这个假设不会向我们证明：理智歪曲、改变、构造了它的对象，或者说理智只触碰到对象的表面，或者说理智只抓住了对象的表象，那么我们就应该坚持这个假设。

然而，我们从来没有借助于哲学掉入的无法解决的困难，以及当理智从整体来考察事物的时候所陷入的矛盾，来证明这个假设。如果理智是专门为部分的研究而准备的，但是我们却还声称它完全是为知识服务的，那么我们走向困难和矛盾就是自然而然的事了。但是这还说得不够，我们在考虑理智的机械论和科学进步的同时，却不能得出在理智和物质之间实际上有对称性、一致性和对应性的结论，这是不可能的。在学者看来，一方面，物质导致越来越多的数学关系；另一方面，我们理智的基本机能只有在它们应用到几何学的时候才会以绝对的精度发挥作用。毫无疑问，数学科学原本可以不采用希腊人给予的形式，同样，无论它采用什么形式，它都必须强制自己使用人工符号。但是在这个包含着大量约定的数学公式出现之前，还有另外一个潜在的或者暗含的公式，它对于人类精神而言是非常自然的。如果在一些符号上操作的需要，会首先使得数学对我们中的许多人变得非常困难，那么反过来，一旦克服了障碍，精神就会以一种它在其他地方不会有的轻松在这个领域内运动。

证据在这里是直接的，且理论上是瞬间的，并且为理解而做的努力常常是事实但却不是直接的。然而，研究的另一个顺序是：为了理解，应该首先做这样一个工作，这个工作是关于思想的成熟的，并且它在某种程度上与结果有关，这个工作基本上要填充满时间，并且从理论上说，它还不能被察觉为是瞬间的。总之，如果我们不把物质当作建立在我们感官之上的肤浅印象，如果我们赋予我们的理智一个它在其日常运行中就有的模糊朦胧的形式，那么我们就可以相信在物质与理智之间是有差异的。但是，当我们把理智带回其精确的轮廓时，当我们深化我们的感官印象，以便于物质能将其内在的结构托付于我们的时候，我们会发现理智的细节变得非常适合物质的细节。因此，我们无法看到，为什么关于物质的科学不能实现一种绝对。物质科学本能地认为，只要我们没有建立虚假的性质，那么物质与精神之间的距离，以及所有的自然的信仰都应该是真实的，所有的现象都应该是现实。于是，证明的责任就落在了那些宣称我们的科学是相对的人身上，落在了那些声称我们的知识歪曲、建构了其对象的人身上。而这个义务，他们可能不会去完成，因为当科学和形而上学都处于它们真正的领地上时，是我们将它们置于这些领地上的，关于科学的相对论的教义再也找不到其归宿了。

不用说，我们在这里讨论的相对论是为了排除科学的限制，这就是说为了排除科学进步在方向上的错误，它与爱因斯坦的相对论无关。爱因斯坦的方法本质上是坚持要为事物找到一个数学的表示方法，这个方法从观察的角度来说是独立的（或者更确切地说，从参照系统来说），因此，这个方法组建了一个绝对关系的整体。当哲学家们认为我们的知识与外部世界是相对的时候，没有什么比这些哲学家的理解更违背相对论了。“相对论”的表达其实不便于启发哲学家们在这里想要表达的意思。

给主体加入相对论的理论，我们就既不能赞成，也不能反对已经出现在我们各项工作中的形而上学了，这个形而上学有时间的经验，并且觉察到在用来衡量事物的时间和空间之间，有着一定的联系。为了提出问题，物理学家，无论是相对论主义者或者不是，都在那个时间中采取行动，那个时间是我们的时间，也是所有人的时间。如果他要解决问题，那么必须是在同一个时间内，必须在每个人的时间内，大家也会检查其解决方案。至于合并的时间与空间，时空的第四维，它仅仅存在于问题的立场和解决方法之间的间歇，这就是说只有在计算中，在最终的纸上它才会存在。鉴于它带给数学物理学的帮助，相对论的概念有着中心的重要性。但事实是数学是时空中的现实，如果不给后一个词即现实一个新的含义，那么我们是不会把它作为形而上学的现实的，我们只会把它看作不足的现实。事实上，我们常常是在经验中，或者在存在中用现实这个词，被观察到的或者能观察的才是真实的。然而即便是时空的本质也是不可能被觉察到的。它不能被摆在那里，也不能移到那里，因为我们采用的参照系统从定义上来说是一个固定的系统，在这个系统中空间与时间是独立的，并且实际存在、实际采取行动的物理学家其实是占据这个系统的人，所有准备采用其他系统的物理学家，也只不过是想象而已。我们已经写过一本书来证明这些不同的观点了。

我们不能在这里对这本书进行一个简单的总结，但是因为这本书经常被人误解，所以我们认为应该在这里重建文章的主要片段，并且我们会在文章中说明误解的原因。这里确实有某些点通常会逃避那些从哲学转为形而上学的点，并且这些点建立在现实之上，也就是建立在被感知到的或者可感知的事物之上，它在计算之前和之后都存在，空间与时间的混合只有沿着计算才能存在，除了计算，它就放弃了自己的本质，即便我们希望能够观察到其存在。

正如我们所说的那样，事实上它一开始就应该看到，为什么在相对论的假设下，不可能同时将有生命的、有意识的观察者与其他一些不同的体系结合在一起，为什么仅仅一个系统——它实际上是作为参照系统而被采用的——它能够包含真实的物理学家，为什么真实的物理学家与表象的物理学家的区别，在这一理论的哲学解释中，如此的重要，然而迄今为止，哲学并没有担心物理学的解释问题。而其原因也很简单。

例如从牛顿物理学的角度来看，这里有一个绝对优先的参照系统，一个绝对的静止和绝对的运动。于是，宇宙在任何时候都是由物质点组成的，有些物质点是静止的，而其他的则是完全被确定的运动所激活。因此，这个宇宙发现，在空间和时间中，自己有一个具体的形象，这个形象不依赖于物理学家的观点：所有的物理学家，都属于某个静止的系统，他们的思想是参照有特权的参照系统的，并且赋予宇宙一个形象，这个形象，当我们感知到它的时候会发现它是绝对的。如果出类拔萃的物理学家是那些居住在特权系统内的人，那么在这里就不会建立起这个物理学家和其他物理学家的根本区别了，因为当他们还处于其位置的时候，其他的人已经继续前进了。

但是，在相对论的理论中，不再有特权系统。所有的系统都是平等的，它们中的任何一个都可以构成参照系统，并且从此都是固定的。与这个参照系统相比，宇宙的所有物质点仍然有一些是静止的，而其他的则是被确定的运动激活，但这只是与这个参照系相比。接下来我们采用另一个系统，在这个系统中，静止的变为运动的，动着的变为静止的，或者改变了速度，此时，宇宙的具体形式就会发生彻底的变化。然而，宇宙在你看来不会同时具有这两种形式；你也无法想象同一个物质点在同一时间内既是固定的，又是运动的。因此，应该做一个选择，并且当你选择好了这个或者那个确定的形式时，你就把有生命、有意识的，事实上也是可感知的物理学，看作依附于参照系统的物理学，宇宙就是从这个参照系统中获得形式的。而其他的物理学，比如那些出现在宇宙所选择的形式中的物理学，它们都是虚假的物理学，只是被真正的物理学家想象为物理学。如果你给予它们中的一个（作为一个物理学）现实，如果你将设想它们是可感知的、积极的、可测量的，那么它的系统就是一个不再虚拟的参照系统，不再是简单地被设想为可能成为一个真正的系统，而本身就是一个真正的参照系统，因此它是静止的，你也会忙于处理世界的一个新形势，并且真正的物理学马上就不再是一个代表性的物理学了。

郎之万先生最后表达出了相对论理论的本质，他写道："相对论原理，在其有限的形式下，就如同在其更普遍的形式下，基本上只是对一个独立于参照系统的现实存在的肯定。通过运动，一些系统与另一个系统相联系，我们从中观察到了不断变化的前景。这样宇宙有自己的法律，并且坐标的使用允许赋予这些法律一个分析的形式，这个形式独立于参照系统，虽然每一个事件的坐标是相互依赖的，但是以其内在的形式表达是可能的，就像几何学对空间那样，这还多亏了不变的元素的引入，以及一个适当的语言的建立。”换而言之，相对论的宇宙是一个真正的、独立于我们的精神的，也是牛顿和普通人的精神外的绝对存在，不过，只有对普通人，甚至是牛顿，这个宇宙才是事物的一个整体（即便是物理学家，他们也仅限于研究这些事物之间的关系），爱因斯坦的宇宙只不过是关系的整体。我们在这里认为是组成现实的、固定的元素，其实包含着参数的表达式，这些参数全是我们想要的，它们不再代表时间和空间，因为在科学的眼里，它们之间的关系才是唯一存在的。因为如果没有更多的事物，如果宇宙没有形式的话，那么就既没有更多的时间，也没有更多的空间。为了重建这些事物，以及时间和空间（正如我们每次必须要做的那样，我们希望被告知一个确定的物理事件的情况，这个事件是在空间与时间的确定的点上被感知到的），还给世界一个形式是很重要的；但是我们会选择一个角度，采用一个参照系统。此外，我们选择的系统从而会成为中央系统。相对论的理论准确地从本质上向我们确保了，如果我们遵守它提出的规则，遵守我们在任何其他角度发现的规则，那么我们从任意角度选择的、世界的数学表达将会是一致的。一定要记住这个数学表达，因为任何事情都已经不再有时间了。我们需要修补时间，重建事物，但是你已经选择了一个参照系统，并且物理学家也会依赖于这个系统。目前不可能有其他的系统了，尽管其他的也有被选择的可能性。

我们也承认理智的界限有一定的灵活性，其轮廓有一定的模糊性，并且也正是它的优柔寡断，使得它在一定程度上可以适用于精神性的东西。物质与精神有共同的一面，因为物质表面的一些不确定会表现在我们的精神中，并且在表面上，以感觉的形式存在；而精神的其他部分，为了对身体产生作用，必须逐步下降到物质的程度并空间化。虽然理智常常转向外部的事物，但是理智只有遵循这个原则，才仍然可能对事物发挥作用，只要它不声称要对事物渗透得太深。

但是，想要将方法的运用推到精神的深处的愿望是宏大的，这个愿望在精神的表层仍然成功了。我们继续向前，将会得到的仅仅是精神的一个外表，这个外表仿照的是人的形体。总之，这两种物理构成了现实的一个完整的系统，这个系统有时被我们称为形而上学。为何我们看不到，这个既定的形而上学误解了精神的精神性，其实它只是与物质相关的事物到精神的延伸。为什么我们看不到，为了让这个延伸成为可能，我们必须在一个模糊的状态中采用理智的框架，这个模糊的状态使得这些框架能够运用到灵魂的表面现象上去，但是也正是这个状态迫使这些框架更接近外部世界的事实。是不是觉得很惊讶，这样一个形而上学，竟然同时包含着物质与精神，竟然能对一个近乎空虚和在任何情况都模糊的知识产生作用——几乎就像精神一样空虚。但事实上，它只能抓住灵魂表面的方面，它在物质上一向是模糊的，因此形而上学家们的理智必须要放宽其运作，并给予它足够的空隙，这样，它就可以无区别地在物质或者精神的表面工作了。

然而被我们置于科学身旁的形而上学是非常不同的。通过理智的唯一的力量，我们认识到科学深化物质的能力，同时它也在等待着精神。在这个适合它的领域中，科学想要发展思想的新功能。所有人都能注意到，在自己的知识中前进，比在外部世界的知识中前进更困难。除了事物自身，想要理解的努力也是很自然的；我们也让这种努力越来越方便，并且我们会使用规则。我们在这个领域中，必须要保持高度的注意，并且过程也会变得越来越艰难。我们相信我们能重新走上自然之路，在那里会不会有一些让我们惊奇的事情呢？即我们在自身内，并且我们的个性正如我们将要更好地了解的那样。从所有的角度来说，我们的精神在自然中就是一个陌生人，然而物质则是它所熟悉的，并且，在物质中，它有了家的感觉。但是，正是一定的无知可能会对一个人有用，这个人必须为了行动而表达自己，而这个表达则回应了生活必须要做的事。我们的行动主要集中在物质上，它比已经推得更远的关于物质的知识更高效。毫无疑问，为了更好地行动，思考我们将要做的，理解我们已经做了的，想象我们可能做的事是非常有利的，自然会邀请我们，这是区别人类和动物的特点之一，它完全是瞬间的印象。但是，自然只要求我们看一眼我们自身的内部，那么我们就会看到精神，但是这个精神准备加工物质，并且提前适应了物质，它致力于一些空间的、几何的、理智的东西。对于精神的、具备严格精神性的认识，让我们偏离了目标。相反的是，当我们在研究事物结构的时候，我们恰恰在不断地接近我们的目标。因此，自然改变了精神的方向，让精神走向物质。但是，如果我们愿意，从那时候起我们就能看到我们如何能无限地放宽、加深、强化某种印象，这个印象已经把精神让给了我们。由于这个印象的不足首先取决于它建立在某种精神之上，这个精神已经被空间化，并且被分配为理智的小格子；而物质也将会被放入这些格子中，让精神从它伸展的空间中，从它为了落脚而致力于的物质中脱离出来。我们将会把精神变回它自己，并且我们将会立即把握住它。正如我们所理解的那样，这个直接从精神到精神的印象就是直觉的主要功能。

此外，直觉只能通过理智而被传递。直觉不仅仅是一种想法；为了被传递，它还会将想法进行各种重叠组合。至少它会优先选择更具体的想法，而不是绕着一些印象的边缘转圈。比较和隐喻在这里暗示了我们无法表达的一些东西，这不是一个弯路，它是直接走向目标的。如果我们不断地说一门抽象的语言，即所谓的“科学”，那么我们能给予精神的就只是通过物质而得到的、对精神的模仿，因为这些抽象的想法都是从外部世界得到的，并且总是暗含着空间性的表象，但是我们相信它已经分析了精神。因此，单是这些抽象的想法就能给我们呈现出建立在物质模型之上的精神，并且引导我们通过移动来思考这个模型，也就是说，通过比喻，准确地理解词语的意思。我们不要被表象所蒙蔽，这里有这么一种情况，即形象的语言故意说出本质，而抽象的语言却无意识地说形象。只要我们靠近精神世界，那么印象就可以给我们提供直接的意象，如果它只是想要提出建议。而抽象的术语，它原本就是空间化的，并且是想要表达一些东西的，所以它常常把我们置于各种比喻之中。

形而上学与科学

现在对以上的讨论进行一个总结，我们希望形而上学与科学之间的不同是方法上的不同，我们不承认它们在价值上的不同。科学并不像大多数学者以前想象的那样低微，我们认为，建立在经验基础之上的科学，正如现代人所理解的那样，是可以达到现实的本质的。毫无疑问，它只是拥有现实的一部分，但是通过这一部分，有一天它就能到达现实的底部，在任何情况下，它都会无限地接近现实。因此，它已经实现了传统形而上学内容的一半，如果它不愿意继续用科学这个名号，那么它就可以称自己为形而上学。而传统形而上学的另一半内容仍然存在，这一半看起来直接回到了另一种形而上学，而这种形而上学也是从经验开始起家的，同时，它也能够达到绝对，如果科学不愿意将自己限制在剩余的现实中，那么我们便将这个形而上学称为科学。

因此，形而上学不是实证科学的顶端，它与科学思考的是同样的对象，但是它并不是想要得到更高的知识。根据哲学家们几乎不变的习惯，假设它们之间的关系是彼此伤害的：对于科学，我们判定它为相对论；对于形而上学，我们判定它不过是一个假设的、模糊的知识，因为科学早就有必要为自己获取那些我们可以知道的、关于其对象的精确的和肯定的部分。但是我们在形而上学与科学之间建立的关系却是相当不同的。我们认为它们二者都是一样精确和肯定的，或者它们可以变得一样的精确和肯定。形而上学和科学都是建立在相同的现实之上，但是它们都只抓住了现实的一半，所以，如果它们不标记出思想运动的不同的方向，那么在它们身上，我们随便就可以看到科学的两个部分，或者形而上学的两个部分。

正是因为它们两个在相同的水平上，它们就有共同的点，并且在这些点上，它们可以相互被证实。在形而上学和科学之间建立不同的头衔，却给它们分配相同的对象，也就是说分配给它们所有的事情，并规定一个从下面看对象，另一个从上面看对象，这就排除了相互的帮助和相互的控制，于是形而上学就必然看到一个浓缩的提取物，而科学则变成一个假设的延伸，除非它失去与现实的所有联系。然而，给它们提供不同的对象，例如给科学以物质，给形而上学以精神，那么因为精神与物质是相互联系的，所以形而上学与科学可以沿着它们共有的表面，相互认识，直到它们之间的联系变得更深。从它们两个方面得到的结果就会相互结合，因为物质与精神是相互结合的。如果这种嵌入不完美，那么在我们的科学中有些东西就需要纠正，或者是形而上学中的某些东西需要纠正，或者是它们两者中的某些部分都需要改变。于是，形而上学通过自己外在的部分，对科学发生着有益的影响。相反，科学将自己精确的习惯传递给形而上学，这种习惯会从外部逐渐延伸到中心。这是因为形而上学的行为也应该适用于实证科学，我们的形而上学将会是我们生活的世界中的形而上学，而不是一切可能世界的形而上学，它将紧紧抓住现实。

以上讨论意味着科学与形而上学虽然有不同的对象和方法，但是它们在经验中会相互交流。它们都将消除掉常用概念中的、通过语言传递的模糊知识。总之，为了形而上学，我们需要些什么，或者科学需要一些已经获得的东西吗？很长一段时间，通向实证科学的道路都被一种意图给阻断了，这个意图是想运用语言中的概念来重建现实。“低”与“高”，“重”与“轻”，“干”与“湿”，都是我们用来解释自然现象的一些基本概念，我们权衡、确定、组合这些概念，这其实是通过物理方法而产生的理智化学。当科学抛开概念来观察事物时，它本身看起来也像是在反抗理智；于是，理智主义就用基本的观念，先验地重建了物质对象。

事实上，这个科学比它代替掉了的那个糟糕的物理学还要理智化。当它是真实的时候，它就应该成为理智化的，因为物质与精神互相效仿，并且，在一个准确描绘出物质轮廓的科学中，我们的理智必定能重新找到自己的形象。物理学所采用的数学形式就是这样的，一下子，它更好地回应了现实，并且最大地满足我们的理解需求。真正的形而上学的立场将会变得不那么自然了，它还会开始摆脱已有的概念，并且将它们放回到经验中。但是内在的经验将找不到任何一个地方，在那里有着严格适当的语言。让它与最多的形象相连接的想法，对于它重回概念是非常有力的。但是随后，经验应该扩大概念，让概念变得灵活，并且通过它关心的特定的边缘，它应该宣布，概念并不包含整个经验。形而上学将会在自己的领域内，实现现代物理学在其领域内已有的形式。

不要指望这个形而上学有简单的结论，或者根本的解决办法。这个指望会要求形而上学坚持一个概念的操作，同时这还会将它置于一个纯粹可能的境地之中。然后，在经验的领地中，通过不完整的解决方法和暂时的结论，它的可能性就会越来越大，最终会获得确定性。考虑一个我们在传统形而上学中会提出的问题：灵魂比肉体持续时间更长吗？以纯粹概念来推理是很容易解决这个问题的，因此，我们想要给灵魂下 个定义，我们和柏拉图说的一样，灵魂是一个简单的整体。由此，我们可以得出结论说，它是不会自行消失的，因此，它是不朽的，它是纯粹的。只是，这个结论只有当我们接受这个定义时才是有效的，也就是说它是需要建设的。这个结论依赖于这个假设，所以它本身就是假设性的。但是，既然我们建构了一个三角的想法，那么我们就要放弃建构灵魂的想法。

我们来研究事实，如果经验，正如我们相信的那样，只建立了意识生命的小小的一部分，并且这部分是由大脑决定的，那么随之而来的就是，大脑的去除很可能会让有意识的生命继续存在。至少证明的要求现在就落到了那些否认继续存在的人身上，而不是那些肯定继续存在的人身上。我承认，这并不只是关系到生存，应该还有其他的理由，为了达到一个更高的精确性，以及为了给生存以无尽的时间，这次这个理由要来自于宗教。但是，即便是从纯粹的哲学角度来看，也不会有更多这样的理由了：我们将会明确地肯定——我的意思是没有对形而上学假设的服从——那些我们肯定的东西，我们不应该把它们作为是可能的。第一个论点有着决定性的美，但是在仅仅可能的领域中，它悬浮在空中。另一种则是不完美的，但是它却深深地扎根于现实之中。

一种新的科学总是随时准备着传授教义，因为只具有有限的经验，所以它在事实上的运作少于它在一些简单的、建设性的观念上的运作，于是它就演绎地处理这些观念。相比于任何其他的科学，形而上学在这个方面是更危险的。为了打开通向内心体验的道路，我们需要做一个清理工作。直觉的机制很好地存在于我们每个人身上，但是却被对生活更有用的功效给掩盖掉了。因此，形而上学家们首先要研究的就是已经置于语言中的概念，仿佛是从天而降的，这些概念向精神展示出一个超感觉的现实。于是就产生了柏拉图式的理念，乘着亚里士多德主义和新柏拉图主义的翅膀，它将会穿越到中世纪，有时不知不觉地，它就启发了现代的哲学家。

这些现代的哲学家通常都是一些数学家，他们的心灵习惯性地倾向于在形而上学中看到一个更大规模的数学，在拥有质量的同时，也拥有着数量。这就解释了大多数哲学家的统一性和几何性的简洁，以及关于问题的完整系统，这些问题最终也被提出，并得到完整的解决。但这并不是唯一的理由，我们还必须考虑到现代形而上学致力于一个与宗教的对象相似的对象。它是从上帝的概念开始的。它确认或者否认教条，因此，它认为自己有义务传授教义。虽然它建立在一个单一的理由之上，但是它有判断的安全感，神学家则坚持要将这种判断揭示出来。人们可以思考，为什么形而上学选择了这个出发点，但是这个思考并不依赖于它是否选择另一个出发点。由于它是在经验以外的纯粹概念上工作的，所以它很有可能被悬置于某个概念之上，我们可以从这个概念推出所有的东西，并且这个概念也包含所有的事物，而这个概念正是它所创造的上帝的观念。

上帝的观念

但是为什么会有上帝这个观念？自从亚里士多德将所有的

概念融合为一，并且提出了作为普遍解释原则的“思想的思想”，而这与柏拉图哲学善的理念是相近的，作为亚里士多德继承者的现代哲学家，也走到了一条相似的路上，这在必要的时候是可以理解的。比较不容易理解的是，我们称上帝为一个原则，但是这个原则与人类一向所说的原则的含义没有任何共同点。古代神话中的神与基督教的上帝并不相同，但是毫无疑问，人们都向它们祷告，它们也都对人类很感兴趣，无论这种兴趣是静止的还是运动的，宗教都认为这点很重要。但是哲学家称上帝为存在的情况也仍然有，其实质是要人们忽略掉人类自身对自己的保佑，就好像理论上上帝会接受所有的事物，但事实上，它却对我们的苦难和祈祷视而不见，装聋作哑。

继续深入探讨这点，我们就会发现一个对人类心灵而言很自然的混淆，那就是一个解释性的观念和一个已有原则之间的混淆。事物总是会回到它们的概念，而这些概念则将一类事物套入到另一类事物中，最后我们终于得到了一个关于所有观念的理念，通过它，我们以为一切都是可以解释的了。其实，这个理念并不能解释一些重要的大事情。首先，因为它接受把现实的部分分配在概念中，并且这些概念是社会已经寄存在语言中的，它还常常利用自己的方便实现这种分配；其次，因为这个理念对这些概念进行的综合操作是没有实际内容的，是纯粹字面上的。人们不禁要问，这些重要的问题是如何避开深邃的哲学家的，以及这些哲学家又是如何相信他们已经掌握了原则的特征，并且他们还可以用这个原则来解释世界。所以，事实上他们只限于按照惯例用一个符号来代表原则。说得更好些，人们是在给“事物本身”取名字，例如斯宾诺莎的实体、费希特的自我、谢林的绝对、黑格尔的理念，或者叔本华的意志，有了规定好的含义，这些词语会很好地表达出它们自己的意思。但是当我们将这些词语运用到事物的总体时，它们就会失去，并清空所有的含义。

为了不在最后才说出这些伟大的命题，意志只有与那些不愿意的人相比较的时候才称得上意志，这不是很明显的吗？那么精神又是如何在物质中凸显的呢，是否物质本身就是意志呢？把意志置于所有的地方就等于不把它置于任何地方，因为，辨别我感觉到的自身中的事物的本质——时间，喷涌，连续的创造——与我在事物中觉察到的本质，这里显然有重复，即可预测性和必要性的重复。我不在乎人们说“一切都是机械论”或者“一切都是意志”，因为在这两种情况下，一切都混淆了。在这两种情况下，“机械论”和“意志论”都变成了“存在”的同义词，也因此，它们成为彼此的代名词。这里就是哲学体系最初的弱点。这些哲学体系认为给“绝对”一个名字就已经告诉了我们什么是“绝对”了。但是，不得不说，当这个词特指某个东西时，它可以有一个确定的含义，只不过当你把它运用到一切事物上时，这个词就会丧失这个含义。

此外，如果你认为意志的意思是指我的愿望机制，或者像我一样的人类的愿望机制，或者甚至是与我的意识冲动相似的、有机生命体的重要冲动，那么我知道了这些也算是意志。但是，人们越增加术语的引申范围，就越会降低我们对于术语的理解。如果你把物质并入其引申的含义中，那么你就清除掉了物质对于积极特征的理解，正是通过这种特征，自发性与机械论、自由与必要才形成了对比。当一个词语最终用来指定所有一切存在的事物时，它就不再是指存在了。那么，当你不去老老实实地观察这个世界是什么，而是说世界是意志的时候，你又会得到些什么呢?

然而，我们最终走向的是有着不确定内容的概念，或者说没有内容的概念，它什么都不是，但我们却希望它就是一切。于是，人们就向宗教的上帝求救，上帝本身就是决定，而且，本质上也是有效果的。上帝在人类的顶端，我们错误地用我们所认为的知识的顶端来配合它。人类献给它的崇拜和尊敬于是就被美其名曰“原则”，而这在很大程度上就成为现代哲学的教条主义。

但事实是，存在只有在经验中才是存在的，如果它与一个物质性的对象有关的话，那么这样的经验将会称为视觉或触觉，它们是一般的外在观感。当这种存在建立在精神之上时，它就会称自己为直觉。直觉将会走向何方?只有它自己知道答案。直觉重新抓住一条线索:它想看看这条线是否会一直上升到天空，或者在离地面不远的地方就会停止。在第一种情况下，形而上学的经验将会与伟大的神秘主义的经验相连接，我们相信，从我们的角度看，真理就存在于那里。在第二种情况下，二者仍然是相互分离的，但也因此而不会相互厌恶。无论如何，哲学将会把我们提高到人类现有的生存条件之上。

当哲学以精神而非物质来提出精神方面的问题时，在一般的情况下，当它不让我们把概念运用到某个工作上，且这个工作的大部分还没有完成时，哲学就已经向我们给出了一定的、思辨的束缚。这些概念都包含在了词语中，通常，它们已经被社会机制给转化了，而这种转化是为了一个与形而上学无关的对象。为了构造这些概念，社会已经根据自身的需要裁剪了现实。为什么哲学会接受这样一种裁剪分割？这个分割有着一切的可能，它可以不与现实的细节相符合，但是它却照常接受这些细节。这种分割经受着由语言提出的问题，因此，它事先就逼迫自己接受一个现成的解决方法；或者，把事物往最好的地方想，逼迫自己在两个或三个唯一可能的方案中简单地选择一下，这些解决方法与问题的处境是永远共存的。所以我们还不如说，所有的真理已经潜在地被认知，模型也已经被置于城市的行政蓝图中。

并且，哲学是一个关于重建的谜语游戏，我们运用社会给予我们的部分，还有它不愿意向我们展示的图画来重建谜语。这还不如向哲学家分配小学生的角色和态度呢。小学生会寻找那些一不小心向他展现出来的问题的答案，他会在老师的本子上，边记录边说明。但事实是，不论是哲学还是其他的学科，它们都是要发现问题，并提出问题，最后还要解决问题的。因为一个思辨性的问题从它被提出的那一刻起，其实就已经被解决了。我的理解是，虽然答案可能仍然隐藏着，并且被覆盖住了，但是答案也会因此而立即存在：剩下的工作就是去发现它了。但提出问题并不是简单地发现，而是发明。发现建立在已经存在的事实上，不管是实际的事物还是虚拟的事物，因此，它迟早会来。而发明则是让那些原本不存在的东西出现，它有可能永远都不会到来。发明的努力通常是坚持要提出问题，坚持要创造能让问题落脚的术语，在数学方面它已经是这样了，在形而上学方面它则有着更强的理由。因此，问题的提出和解决在这里是相等的，真正的伟大的问题只有当它们被解决的时候，才会被提出。

但是，许多小问题也是同样的情况。当我翻开哲学的一篇基本论著时，发现开始的几章中会有一章是谈到关于快乐与痛苦的问题的。它们在那里会提出下面的这个问题：快乐到底是幸福还是不幸福？但是，我们首先应该知道，快乐和幸福是否符合事物的自然分割。在紧要关头，这句话可能仅仅意味着："鉴于快乐和幸福在通常情况下的含义，我们应该说幸福是快乐的结果吗？"而这就变成是一个词汇的问题了。只有当我们知道能够把语言运用得最好的作家们是怎样使用"快乐"和"幸福"这两个词的时候，我们才能解决这个问题。

此外，我们还要有效地工作；我们要更好地定义两个常见的术语，也就是说定义两个社会习惯。但是，如果我们声称要做更多的事，要抓住现实，而不是订立习惯，那么为什么我们会希望提出问题的是人为的术语呢（我们不知道它们是否是人为的，因为我们还没有研究对象），而这个问题甚至关系到事物的性质呢？一方面，假设在快乐的名义下研究分组的状态，我们不会发现任何共同之处，除非它们是人类研究的状态。人类将会把这些非常不同的事物划分到同一类中，因为他们在其中发现了相同的利益，并以同样的方式处理了所有问题。另一方面，假设我们通过分析幸福的观念导致了类似的结果，那么问题就会立即消失。为了建立人为的对于快乐和幸福的一般的观念，它甚至消解在新的问题中，而我们对这些新问题一无所知；并且，在我们研究社会已经采用的人类活动之前，我们连术语也不拥有。我们首先仍然要确保“人类活动”这个概念本身要符合自然的划分。只要我们离开物质的领域而走向精神的领域，那么在这个根据其固有的倾向而有的现实的分离中，就会隐藏着最主要的困难。

普遍观念

这意味着，普遍观念的起源和价值问题将出现在一切哲学问题的场合中，并且这个问题在每一个情况中，都声称有一个特定的解决方案。围绕着这个问题而提出的讨论充满着整个哲学史。或许在所有讨论之前，人们会反问道，这些观念是否是一类的？如果不能明确地看待这些普遍的观念，那么就应该保持其普遍性。毫无疑问，如果我们坚持，那么我们就可以轻易地保留对于普遍观念的一般想法。可以这么说，我们同意称普遍观念为一个代表，这个代表在同一名义下，聚集了无数的事物，因此大多数词语都符合这个普遍观念。但是，对于哲学家而言，重要的问题是要知道通过何种操作，为了什么原因，尤其是依据何种现实的结构，事物可以这样被分组，而这个问题则并不止具有一个特别而简单的解决方案。

我们马上可以这么说，如果心理学不遵循一个引导的线索，那么，它就会轻率地走进这样的研究中：在精神工作的背后还有着一定的功效；在普遍观念的背后，有着建构或者感知普遍性的机能。首先应该确定这个机能有着重要的意义。在行动、状态和精神机能的迷宫中，我们绝不应该松开的线索就是那条提供生命的线索。第一，就是要生存。记忆、想象、观念、感知、最终的普遍性，它们不是没有意义的，它们不是为了快乐而存在的。按照某些理论家的说法，精神看起来似乎真的是从天而降，并且它还具备心理功能的细分，我们可以非常容易地在这种细分中看到存在，因为所有这些功能都是这样的，它们会以这样的方式被运用。但相反的是，我们认为正是因为这些功能对生活而言是有用的、必需的，所以它们才会存在。如果有必要解释它们的存在，并为之辩护，那么应该要引用生活的基本需求。我想说的是，为了知道这样或者那样的对于机能的细分是人为的还是自然的，是否我们因此必须保持或修改这样的细分，我们必须引用生活的基本需求。如果我们在心理组织的连续性中进行了错误的分割，那么我们所有对于功能机制的观察都会变成错误的。我们可以说人类、动物甚至是植物，它们对于生活的要求都是相似的吗，我们可以说我们的方法因此特别容易忽视在人类中还有正派的人吗？毫无疑问，一旦切割分配了心理生活，一切都将永远不会结束。但是，我们将至少有一些机会，可以不用追查精神活动中的任意的划分。如果我们能够直接挖到植物的根部，那么我们就能成功地将植物从那些错综复杂的茎叶中区分出来了。

把这个方法运用到解决普遍观念的问题上去，我们会发现一切都充满了生机，甚至可能所有的器官，都来自于一个普遍的、有生机的存在。我的意思是，既然普遍观念知道选择中间路线，那么我们可以在最多样化的物质或者对象中，在可以满足它的这样或那样的部分或元素中进行分类；接着，它就忽略掉了其余的部分。因此，普遍观念会把吸引它的那些特征隔离出来，并直接走向一个共同的特征；被普遍观念所分类出来的其他术语，也因此是抽象和普遍的。

毫无疑问，几乎在所有的情况中，还有可能在所有与人类不同的动物中，抽象与普遍是真实的，而不是思考出来的。然而，在动物自身中，我们会发现一些缺少反思的代表，还有一些为了成为完全的普遍观念而有的补偿；否则，我们带领的牛群将如何在一片牧草地前停下脚步，无论这是什么样的草地，牛群都会停下，这只是因为这片草地是属于我们所称呼的草地或牧场那一类的。并且，让我们想想马是如何从谷仓中认出马厩的？如何在田地里找到道路的？如何在燕麦中辨认出牧草的？因此，构想甚至感知普遍性也是人类的行为，因为人也是动物，人也有本能和需求。没有反思和意识的介入，相似之处就可能会成为对完全不同的对象的倾向的一个萃取。这种相似会将这些对象分为一类，还会创造一个普遍的观念，而这更多的是一种游戏而不是思考。这些自动提取出来的普遍性在人类中也有很多，人类在本能中加入一些习惯，这些习惯或多或少可以模仿本能的行为。

当我们将话题转到完整的普遍观念上，我的意思是，这种观念是自觉的、审慎的，是有意图的创造，我们通常会在它的根基上发现相似性的自动萃取，而这个相似性正是普遍化的最重要的因素。从某种意义上来说，没有任何东西是相似的，因为所有的物体都是不同的。但是从另一种意义上来说，一切又都是相似的，因为我们总会发现，当我们在普遍性的梯子上上升得足够高时，会发现有某些人为的种类，并且恰巧，有两个不同的对象会进入这个种类中。但是，在不可能的普遍化和无用的普遍化之间，有些普遍化会引发某些倾向、习惯、动作和姿势，还有自动完成或者只具有雏形的运动的混合，这些从一开始就是人类确切的普遍观念的大部分内容。

我们宣称感知到的事物与状态之间的相似，首先是这些状态和事物共同的性质的相似，这种相似可以从我们的身体中得到同样的反应，可以让我们的身体有同样的姿势，还可以让它展开同样的运动。从物质或道德环境中提取出来的身体，其实也会被物质或道德影响、吸引，事实上，正是对于不同行为的反应的同一性引入了相似性，或者说导致了相似性，这种同一性也影响了不同的行为。例如，一个钟会从最多样性的刺激物中，例如拳头的撞击声、风声、电流，找出总是相同的声音，然后将它们转换为铃声，并让它们变得类似。个人能够构成人类，只是因为他保留了自身，如果钟表只对敲钟有反应，那么它就不能做其他的事情，而只能发出钟声。不用说，当思考上升为对于表象的纯粹思想的状态时，它就会通过模仿，自动地、直接地建立起普遍观念，这些普遍观念也只是观念而已，而这些表象几乎只是意识在物质框架、姿态和运动中的嵌入。这个表象将会得到词语强有力的帮助，这个词仍然会给它提供一个框架，这次这个框架更多地关乎精神而不是身体。还有一个事实是，为了体会到概念的本质，为了成功地处理与普遍观念相关的一些问题，我们应该始终建立在思想与态度，或者思想与运动习惯的相互作用之上。最初，普遍化所包含的只有习惯，继而它会从行动的领域上升到思想的领域。

但是，一旦确定普遍观念的起源和结构，一旦建立其显现的必要性，一旦通过对普遍观念的人工建构而察觉到自然的模仿，那么普遍观念就会继续探求能够适用于其他模型的自然的普遍观念是如何可能的，为什么经验向我们呈现出那些我们只能将之看作普遍性的相似性呢？毫无疑问，在这些相似性中，确实存在着某些能抓住事物本质的东西。这些相似性产生了普遍观念，且这些观念将会在某种程度上，与个人与社会的舒适度相关，但是科学与哲学为了获得一个或多或少与现实的某些方面近似的意象，它们将会摆脱这种混杂。而这样的情况毕竟是少数，绝大多数的普遍观念都是社会从谈话和行动的角度，为了语言而准备的。然而，即使在后者中，我们这里特指的是在这篇文章中，人们也能发现许多观念通过一系列间接的中介与少数的观念发生关系，这些中介有各种操作、简化、歪曲，而这些观念则表达了本质上的相似。虽然经过这些弯子，但是能够与这些中介一起回到与它们有关的相似性，还是有意义的。因此，在这里去掉我们给客观的普遍性加上的引号还是有用的，因为这种客观的普遍性其实是现实本身所固有的。虽然它们的数量有限，但它们还是非常重要的，通过这些客观的普遍性自身以及它们辐射出来的信心，它们向完全人工的种类提供了某种可靠性。这就是为什么银行所拥有的夸张数量的纸币可以在我们发现了箱子中的黄金时还能保留一些价值的原因。

相似性与同一性

继续深化讨论这点，人们就会发现，相似性可以分为三组，其中第二组可能会随着实证科学的进步而进一步被细分。这种细分的第一组首先就是生物学的本质，它们坚持着关于生活的工作，就好像生活本身就有普遍观念类的观念以及空间的观念；就好像它可以跟随着数量有限的结构的计划；就好像这种生物学的本质已经建立了生活的一般性质；最终也是最重要的，就如同它已经通过遗传传递的双重效果，以及或多或少的慢性的转变，将生物分为有等级的系列，随着我们沿着相似性的梯子爬得越高，个体之间的相似性也就越来越多。因此，我们用目的论来表达思想，或者，我们赋予生命物质某些特别的性质，那么它们就成为理智的模仿者。或者，最后我们同意某些中间性的假设，即我们总能在现实，甚至原则中，发现有我们对于空间、种类，还有我们称为普遍观念的普遍性的细分（即使我们的分类其实并不准确）。并且在这种细分中还将会有与器官、组织、细胞、生命体行为相对应的观念。

现在，如果我们从组织转到无组织，从生命物质转到惰性物质，并且人类还未赋予这些物质以形式，那么我们就能找到真正的种类，但是却有着完全不同的性质：品质上的不同，例如颜色、风味、气味上的不同；元素或者组合上的不同，例如氧、氢、水；最后是物理力量的不同，例如重力、热力、电力。但是在这里，想要把依据普遍观念而分组的个体的表象结合在一起就是另外一回事了。不用进入细节，不用因为细微的部分而复杂我们的陈述；此外，要提前减轻我们之前所做出的过度的区别，最终，我们可以同意赋予“相似性”这个词语它最精确但也最狭窄的含义。我们说，在第一种情况中，和解的原则是相似性本身，在第二种情况中则是同一性。一定少量的红色可能会让它在遇到的对象中与自身保持一致。我们也可以说它有两个具有相同高度，相同强度，相同印章的标记。此外，不管正确与否，随着我们进一步提高物质的地位，随着我们用物理解决化学问题，用形而上学解决物理问题，我们觉得我们是走在了相同的元素或者相同的事件之上。

然而，一个简单的逻辑却声称相似性只是部分的同一，而同一性则是完全的相似性，我们所说的经验完全是另外一回事。如果我们停止赋予“相似性”我们一开始所用的模糊的、大众化的含义，如果我们力求通过与“同一性”的比较来精确“相似性”的含义，那么我相信人们会发现同一性是属于几何学的，而相似性则是属于生命的。同一性提出测量的问题，而相似性则是属于艺术的范围：这往往是一种美学的感知，它推动进化论生物学家假设形式之间的类似，并且正是这种感觉第一个感知到相似性，就连它自己作的画也会偶尔引起别人的注意，甚至是艺术家的目光。但是，如果同一性因此而与相似性形成对比，那么就会有研究寻找使得这种新的普遍观念变为可能的原因，并且这种研究就是为了这种新的普遍观念。

这样的研究只会有机会通向一种状态，这个状态比我们对于物质的知识更先进。我们只能说出一个假设，我们会被我们对生活的不断深化而引向这个假设。如果在一千个地方有相同的绿色（至少在我们看来是绿色的，至少是接近绿色的），如果对于其他的颜色也是这样的情况，如果颜色的差异或大或小地取决于基本物理事件的出现频率，并且这些事件被我们压缩为对颜色的感知，那么这些频率在所有事件和所有地点对我们呈现某种决定性的颜色的可能性就会变成，在所有的地方这些可能的（当然是在一定的限度内）频率总是都能实现；那么，必然地，那些符合我们不同颜色的频率就会在其他不同的部分之间发生，不论时间和地点；同一性的重复在这里会允许建立种类，并且这种重复也不会有其他的来源了。现代物理学越来越好地向我们揭示了我们对于质量的区别背后的数量的差异，这样一种解释其实可能适合所有的种类以及所有的初级的普遍性（我们可以将它组建成其他的东西），而我们在惰性物质世界中能够发现这种普遍性。

这个解释并不能完全令人满意，事实是，只有它说出为什么我们的感知能够在密集的频率领域中获得这些确定的频率，且这些频率会成为多样化的色彩；为什么它能首先获得它，为什么它之后能够接受它们而不是其他的东西呢？对于这个特别的问题，我们之前已经通过定义生命体而回答过了，我们用一个特定的、能够对数量和质量有着决定性作用的力量来定义生命体。而正是这个潜在的行为从物质中提取出了我们真实的感知，提取出了它需要用来为自己引路的信息，并将这些信息凝聚在一起，在我们时间的某一瞬间，数千、数百万、数万亿的事件在时间中发生，并伴随着较少的事物。

这种张力的不同精确地测量着物理的决定论与人类自由论之间的距离，同时它还解释着它们的二元性与共存性[①]。正如我们相信的那样，如果人类的出现，或者是有着相同性质的其他生物的出现，是我们的地球上生命存在的理由，那么我们应该说所有类型的感知，不仅是人类的感知、动物的感知，甚至还有植物的感知，为了融合在一起，它们全部都要符合一个伟大的等级秩序。在这种融合中，有一个简单的假设，但是这个假设在我们看来似乎是很自然的，它来自于物理学对物质结构的思辨。如果我的感知和行为是为了伟大的等级秩序而产生，并且这种秩序与构成元素相对应，或者还与事件、物质的组成部分相符合，那么，我现在正趴在上面书写的书桌又将会变成什么呢？我的行为将会逐渐地消解掉；我的感知将会在我看见书桌的地方；就在我看见它的那一个瞬间，拥有一个无垠的世界和永无止境的历史。虽然我影响着这个书桌产生，但是我将无

① 因此，我们甚至还可以直接提到，我们所假设的物理学的决定论，以及最新的物理学，还有包含了物理学事实的基本事件的非决定论。因为，这种物理学的事实被我们感知，就好像它会服从不可变的决定论，并且这些物理事实根本上不同于当我们觉得自由的时候所做的事情。因此，我们提出以上的暗示，我们可以思考，我们的感知在基本事件融合在某个特别的程度上停下，这是否恰好不是为了在决定论中铸造物质，不是为了在我们周围的现象中获得一个连续的规则性——这种规则性允许我们对这些现象产生影响。更一般地，生命体的活动在必要性上是相互依靠的、相互打量的，这种必要性通过对它们的时间的凝聚，可以成为事物的支撑。

法理解这种运动着的无垠是如何可能变为一个静止的、坚固的矩形的。这种情况对于所有的事物和事件也是同样的：我们生活的世界，连同行动；它们相互之间的作用，其实都是根据等级秩序阶梯的某一个选择而产生的；通过我们的干涉力量，这个阶梯本身就成为决定性的选择。

没有什么能阻止其他的世界，这些世界又是与另外的选择相对应的，在同样的地点、同样的时间之内与这个世界共存：这就是为什么二十个不同的广播节目能同时播出二十个不同的音乐会，只要这些音乐中没有谁把自己的音调与另一首乐曲弄混，只要每一首音乐都是被完整地聆听，只要它们都是被根据广播台的波长而接收的仪器所收听，它们就可以同时存在。但是不要坚持提出一个仅仅是我们在路上遇到的问题了。为了验证来自于感知的概念，我们并不需要一个对于物质内在结构的假设。与物质的性质和行为相呼应的普遍观念是不可能的，或者说这些普遍观念如果依据事物的内在数学性质而言，并不是它们看起来的那样。这些就是我们想要收集，以便解释普遍观念分类所需的东西，这些普遍观念一方面与几何学相关，另一方面与生命相关，生命给它们提供了相似性，而几何学则提供了同一性。

现在应该转到我们提出的第三个类型的普遍观念了，这种类型的普遍观念完全是由思辨和人类的行为创造的。人类本质上是制造者。大自然拒绝给予人类现成的工具，正如昆虫们的工具一样，大自然向人类提供理智，这就是说它给予人类发明和建造无数工具的能力。但是，虽然这种创造是很简单的，但是它也会依据一个感知到或想象到的模型；现实规定了这个模型本身或者建造的图纸。因此，我们所有的文明都是建立在一定量的普遍观念之上的，我们恰好又知道了这些观念的内容，因为这些是我们制造的，这些观念的价值是巨大的，因为我们没有它们就不能生存。一般说来，人们对于观念的绝对真实性的信任，可能甚至是对于这些观念的神性的信任，都部分地来自于这些普遍观念。我们知道普遍观念在古代哲学中的地位，甚至是在我们的哲学中的地位。所有的普遍观念都得益于它们的客观性。此外，人类的制造并不仅仅对物质产生作用。一旦拥有了我们所列举出来的三种类型的普遍观念，尤其是最后一种，我们的理智就可以把握住我们称为普遍观念的普遍观念。

于是，我们的理智就可以随心所欲地建构普遍观念。自然地，首先，理智会构建那些可以更好促进社会生活的普遍观念，或者简单地依靠社会生活的观念；然后，就变为了与纯粹思辨相关的观念；最终，构建那些我们为了乐趣而建构出的观念。但是，几乎所有的那些不符合我们前两种类型的观念，也就是说对于大多数的普遍观念，以及关乎社会还有个人利益的东西，其实都是对话和行动的要求，是这些对话和行动支配着普遍观念的产生。

现在我们关上这个特别长的括号，之前之所以打开这个括号是为了阐释在何种程度上会有改革，以及在何种程度上人们会为了达到一个更直观的哲学而摆脱概念的思想。我们说，这种直观的哲学常常把社会的视线转移开已有的客体：这种哲学会要求我们在精神上参与到实现它的行为中去。因此，这种哲学在这个特别的时刻，将我们重新置于上帝的领导之下。确切地说，是人类的领导之下。事实上，正是个人的思想工作接受自己进入社会的思想，个人的思想运用已有的观念，正如运用所有其他由共同体提供的工具一样。虽然这种个人思想很谦卑，但是，在这种努力中，在被生命冲动接受的精神中，它已经有了几乎神圣的东西了，有了社会的发生器，而这些发生器正是观念的制造商。

这个努力驱散了问题的魔鬼。这些问题的魔鬼缠住了形而上学家们，也就是我们每一个人。我想要说这些令人苦恼的、无法解决的问题，并不是建立在存在之上，而是更多地建立在不存在之上。这就是存在问题的起源："某些事物是如何可能存在的？例如物质，精神，或者上帝。它们的存在应该有一个原因，然后是原因的原因，因此，永无止境。"因此，我们重提原因的原因；并且，如果我们在某处停下，并不是因为我们的理智不再寻找答案，而是因为我们的想象因为闭上眼睛而结束了，就好像我们站在悬崖边，为了赶走眩晕而闭上眼睛一样。以下是一般意义上的关于秩序的问题："为什么在有条理的实在中，我们的思想会像重新置于镜子中呢？为什么世界是不连贯的呢？”要我说，这些问题依赖于不存在，而不是依赖于存在。事实上，我们对于许多事物的共存并不感到惊奇——例如物质，精神，上帝——如果我们从未隐含地承认它不可能存在。

混乱与虚无

我们设想，或者我们认为我们设想，存在是为了填满虚无，并且虚无在逻辑上先于实有而存在：原始的实在——我们称为物质，精神或者上帝——于是会加入原始中，而这是不可理解的。同样，如果我们不相信能设想一个会服从于秩序的混乱，并且这个混乱从理想上来说是先于秩序的，那么我们就不会思考为什么秩序会存在。因此，秩序是需要被解释的，而混乱是很明显、很直接的，它并不需要解释。而这就是我们可能要保留的观点，我们只是努力地去理解这句话。但是，我们试着去创造（很显然，我们只能通过思想才可能这样做）。随着我们不断扩大我们的意志，随着我们试着要重新接纳我们的思想，随着我们提高创造事物的努力时，这些伟大的问题就会退缩、减少、消失。因为我们感觉到一个意志，或者一个神造的思想，在其无边的现实中，自身是非常完满的；因为一个缺少秩序或者存在的观念可能仅仅只是轻轻掠过而已。绝对混乱的可能性的呈现，从更加虚无的角度来说，对现实而言，其实可能意味着，混乱可能完全不存在，而这则是其本质中不可调和的缺陷，这个缺陷是很强的。

我们越是接近这个问题，那些围绕着人类的正常的、健康的疑问在我们看起来似乎就是不正常的、不健康的。让我们想想那个关上了一扇窗户的怀疑家，他关上之后又回去检查窗户关好了没有，然后又去检查，因此永无止境。如果我们向他询问他的动机，他会告诉我们每次他去更好地关上窗户时，有可能又重新打开了它。如果他是一个哲学家，他就会理智地把这种行为的犹豫不决转化为以下的问题："我们怎么样才能肯定，而且是确切地肯定，我们已经做了我们想要做的事情呢？"但是真相是他的干涉能力其实是有害的，而这也正是他遭受的痛苦：他只有一半的意志要完成行为，而这就是为什么完成了的行为对他而言也只有一半的准确性。现在，这个人提出的这些问题，我们能解决吗？很明显，我们不能解决，但是我们也不会提这样的问题；而这恰好是我们的优势。刚开始看这个问题的时候，我还以为他比我们有更多的内容，因为他关上了一扇窗户，却另外为我们提出了一个哲学问题，我就不会提出这样的问题。但是他加在自己已经完成了的活儿中的问题，事实上代表的只是负面的东西；这样的问题既不多，也不少；这就是意志的不足。当我们重新将这些创造性的思想置于意义之中时，这些就是确确实实地产生在我们的伟大问题上的效果。随着我们不断地接近问题，它就渐渐接近于零，而这只是它与我们之间的间隔。于是，我们发现了他的幻想，他相信提出问题比不提出问题更好。同样，我们可以想象装着半瓶酒的瓶子比满的瓶子里面的东西多，因为装满了的瓶子里面只有酒，而另一个瓶子里面既有酒，又有空气。

只要我们直觉地察觉到事实，那么我们的理智就可以重新挺直腰杆，改正别人的问题，并且聪明地说出自己的问题。理智接受了意见，它还提供了约束。就像潜水员会潜入到水底去触碰沉船一样，这只沉船是由飞行员在高空中指出来的，因此，淹没在概念中的理智会通过接触，分析地、一点一点地检查那些从综合的、超理智的视角来构建对象的事物。如果没有来自外部的警告，那么一个可能的幻想并不只是掠过而已，因为他的幻想也是他本质的一部分。从沉睡中惊醒，理智会去分析混乱的观念、虚无的观念，还有与它们类似的观念。理智会重新知道——这只是一瞬间的，幻想一出现就必须被驱赶——我们不可能取消一个安排，除非用另一个安排来替代它；我们不能提升物质，除非用另一种物质来替换它。“混乱”与“虚无”事实上指出的是存在、出现——是那些不能吸引我们的事物或者秩序的出现，这种出现会让我们的努力和注意力失望；正是我们的失望把这个人们称为缺席的东西称为出现。

从那以后，当说到所有秩序与事物的缺席时，即说到绝对的混乱与绝对的虚无时，我们其实说的只是一些没有意义的词语，因为一个取消不过是一个替代，这个替代只是面对着事物两面性中的一面，并且所有秩序与事物的取消将会是对非常特别的一面的替换而已——这恰好与方的圆形的观念同时存在。当哲学提到混沌与虚无的时候，它只不过是在秩序中加入思辨的元素——在绝对和空虚中加入所有的意义，以及所有有效的内容——两个为了实践而有的观念，这两个观念依赖于由物质或者秩序决定的范畴，但是并不是所有的秩序，也不是所有的物质。从那以后，秩序的起源，存在的起源，这两个问题会变成什么呢？这两个问题会逐渐消失，因为如果我们不把存在和秩序看作“不速之客”，并因此把虚无和混乱看作可能或者至少是可接受的，那么这两个问题就没有了根基；它们就只是词语，只是观念的海市蜃楼。

只要理智坚持这个信念，只要它摆脱这个困扰，那么人类的思想立刻就能喘一口气了。它将不会再遇到那些阻碍其前进的问题了。①它会看到那些时不时出现的问题逐渐消失，例如，古老的怀疑主义和现代的批判主义。它同样可以很好地从康德

① 当我们提到问题消失的灵魂状态的时候，我们当然只是为了解决那些让我们头晕目眩的问题，因为是这些问题让我们面对着空虚。其他的事物则是与生物有着差不多动物性的条件，生物不会提出任何问题；其他的事物差不多都是灵魂的半神圣状态，这个灵魂并不知道产生人为问题的诱因，这些人为的问题是通过人类弱点的一个结果而进行的。为了这个享有特权的思想，问题总是不断地涌现，但是又总是停住，在恰当的理智中，通过理智的对等物而产生了直觉。幻想不是分析性的，也不是不专心的，因为它不发表意见；但是如果它将要发表意见，那么它就是分析性的，不专心的；并且这两种对立的可能性，都是理智的秩序，在理智上相互抵消了，这是为了只把位置留给真正的直觉。在我们引用到的这两种情况中，是对混乱和虚无的观念的分析提供了理智主义者所幻想出来的理智性的对等物。

主义的哲学过渡到来自于康德哲学的“认识论”：它将不会在这些地方止步。《纯粹理性批判》的所有对象实际上都是在解释，一个确定的秩序是如何添加到那些被设想为不连贯的物质中的。我们还知道它为了这个解释而付出的代价：人类的精神把自己的形式强加于一个不知道来自于哪里的“感知的多样性”，我们在事物中发现的秩序也将变成我们给自己设定的秩序。这是为了让科学成为合法的，但仍然是与我们的认知技能相关的，是为了让形而上学不可能，因为除了科学之外不会再有知识了。人类的精神也因此被流放到一个角落，就像一个被处罚的小学生，他为了转头能看到现实，就会进行辩护。没有什么更自然的事情了，我们注意到绝对混乱的观念是矛盾的，或者说是不存在的，它只是我们用来表明两种不同秩序之间的精神摇摆的一个词语：因此，任何说混乱从逻辑上或者时间上先于秩序的假设都是荒谬的。康德主义的贡献就是发展了所有的结果，并以自己最系统的形式呈现了一个自然的幻想。但是，康德主义保留了这种幻想：它甚至就建立在这种幻想之上。让我们驱散幻想，通过科学与形而上学，我们可以立刻将绝对的知识还给人类的精神。

再谈形而上学与科学

因此，我们还要回到我们的出发点。我们说应该给哲学一个更好的精确性，甚至要让它解决更特别的问题，给哲学一个助手；并且如果有必要的话，让它成为实证科学的改革者。要让哲学成为能够拥抱所有可能的，甚至有些时候是不可能的问题的更伟大的体系。我们满足于现实、物质、精神。但是仍然要求我们的理论去拥抱这些东西，这种拥抱如此紧密，使得这些东西之间竟然容不下任何其他事物的介入。于是，就只有一个哲学，就像只有一个科学那样。它们俩都通过一个共同的、发展的努力去实现彼此。哲学方法的改进确实是必要的，这个哲学以前接受实证科学，而它的方法的改进是匀称的、完整的。

这就是某些人已经判定为对科学和理智有害的学说。这是一个双重的错误。但是这个错误是有教育意义的，并且分析这个问题也将是有用的。

为了从第一点开始，我们要注意到通常并不是那些真正的学者指责我们侵犯了科学。虽然他们中的有些人可能会这样批评我们的观点，但这确切地说是因为他是从科学的角度进行了判断，因为我们已经来到了科学的领地，而他们在这片领地上感到自己是有力量的，感受到了一个纯粹的哲学问题。又一次，我们想要这么一个哲学，这个哲学会服从于科学的控制，并且它还可以让科学进步。我们以为我们在这方面成功了，因为心理学、神经学、病理学、生物学，它们逐渐向我们的观念敞开大门，而这些观点开始时是判定为难以置信的。但是，虽然这些观点仍然有些难以置信，但它们从来都不是反科学的。这些观点总是要证明一种努力，这个努力是为了构建一种形而上学，这个形而上学与科学有着共同的边界，并且从许多方面来说，还能够服从于检验。

我们不用沿着这个边界走，我们只需要注意到这里有这么一个边界，并且形而上学与科学也因此有相似之处，我们现在已经体会到我们分配给实证科学的位置了；我们说，没有任何一个哲学，即便是实证主义，也不能把实证科学放在这么高的位置；对于科学，我们给予了它达到绝对的能力，就像我们对形而上学那样。我们只是简单地要求科学保留其科学性，并且不要夹杂着一个无意识的形而上学，这个无意识的形而上学会以科学的面具，呈现在无知者，或者半学者的人面前。长达半个世纪以来，这种“科学主义”都是与形而上学相交叉的。所有直觉的努力都已经提前被阻断，它打碎了我们以为是科学的那些假象。在另一种情况下，这种科学确实来自于真正的学者。事实上，这些学者已经被坏的形而上学给欺骗了，而我们已经声称这个形而上学来自于科学，并且它通过一系列弹跳回到科学，在很多方面都歪曲了科学。这个形而上学会一直走下去，直到歪曲了观察，在某些情况下它会停驻在观察者与事实之间。这就是为什么我们以前认为可以为一些精确的例子提供证明，尤其是无语言能力的那些例子的证明，原来是为了更好的科学，同时也是为了更好的哲学。

但是假设，为了进入这些考虑中，我们既不想成为十足的形而上学家，也不想成为十足的学者，假设我们并不关心学说的内容，我们忽略掉方法：只是简单地看一眼这些应用，我们就知道在进攻之前，它要求的是科学的封闭工作中哪个问题最少。但是不应该只是为了看一眼我们赋予科学的位置。事实上，哲学研究的最主要的困难，就像我们理解的那样，正是存在于那里。思考抽象的观念是很惬意的一件事情：形而上学的建构其实只是一个游戏，虽然我们很少倾向于这么说。直观地加深精神可能会更加艰难，但是没有任何哲学家会持续工作很久：他很快就会意识到，每次，自己都处于觉察的状态。反过来，如果我们接受这样一种方法，我们就永远也不会做足准备性的学习，永远也不能充分地学习。这里有一个哲学性的问题。我们并没有选择这个问题，而是遇到了这个问题。它挡住了我们的去路，因此，应该要除掉这个障碍，否则就不再是哲学研究了。

有一个可能的借口是，要告别雄辩术的诡计，因为它使得人的注意力昏昏欲睡，并且在梦中，它还提供了前进的幻觉。这个困难必须要解决，而且问题必须要剖析到它的每一个元素。科学将会带我们走向何方？谁也不知道。甚至谁也说不出科学会提出什么新的问题。这个科学可能对于我们而言是一个完全陌生的科学。我要说什么呢？光知道这个科学还不够，甚至也不能将深入研究推进得太远：当能力恰好以事实和理由为榜样的时候，它有时会改变某些方法、某些习惯、某些理论，而这些事实和理由也会引发新的问题。如果，我们初步学会我们不知道的科学，并且我们将它深化，有需要的话，我们还会对它进行改革。还有我们是需要几个月的时间呢，还是几年的时间呢？我们将会给予它所需要的时间。一生的时间是否还不够呢？眼看着几条生命走到了尽头，现在没有哲学家被强迫要构建一整个哲学。

说实话，哲学其实很接近一个学生了。它在某些方面已经做出了改变。如果我们的观点通常在其出现时就被判定为是难以置信的，那么它们中的一些现在就很平常了；而其他的正在努力成为平常的。必须要承认它们在一开始时是不可能被接受的。应该要拔除那些早已深深扎根的习惯，发展真正的大自然的延伸。所有说到的、想到的、感觉到的物质实际上都意味着静止和不变性是正当的；而运动与变化就会另外添加一些东西到事物中去，例如意外，这些事物本身是不会消失的，并且它们也是不会变化的。变化的代表就是质量的变化，或者状态的变化，这些状态在实体中接连而来。每一个质量，每一个状态，都会是稳定的，变化就是紧随它们而来的；至于实体，它的角色是支持那些接连而来的状态与质量，实体也将是稳定性本身。

这就是我们语言中的内在逻辑，并且这些逻辑全部一次性被亚里士多德所明确提出：理智本质上就是判断，而这种判断力是通过赋予主语一个谓语而实现的。这个主语被定义为是不变的，就是通过这个我们给它定下的名字而完成的；而变化将会存在于状态的多样性中，我们时不时地会确认这种状态的存在。因此，通过谓语对主语的同位关系，稳定对稳定的同位关系，我们不断地进步，我们跟随着我们理智的爱好而走，我们遵守语言的要求，所以总的说来，我们服从自然。因为自然注定要人类归于社会生活；自然希望人类有共同的工作；并且这个工作将会是有可能的，只要我们一方面经过主语的绝对确定的稳定性，另一方面通过质量与状态的暂时确定的稳定性，这些稳定性会发现自己最终成为表语。在说明主语的时候，我们让我们的交流依靠着一个对话者已拥有的知识，因为实体被认为是不变的；自此，这些对话者知道将自己的注意力转向何方；于是，我们想要赋予他们的信息就来了，在引入实体的时候，我们就把实体置于信息的等待中，并且提供给它表语。但是，这不只是为了社会生活而改造我们，为了社会的组织机构而留给我们自由，也不是因此而使得语言成为必需的，大自然注定要让我们在变化和运动中看到意外，要让我们建立本质或者实体的不变性和静止性。

应该还要说，我们的感知本身就是根据这个哲学而发展的。哲学在空间的连续性中，切割了准确选择出来的物体，我们是以这样的一种方式进行选择的，即选择那些在我们观察它的时候有可能被看作不变的那些物体。当变化太过于强烈的时候，为了不让人震惊，我们说我们所忙于的状态把自己的位置让给了另一个状态，而这个是不会有更多的变化的。这里仍然是自然，它作为个人与社会行为的辅助师，追寻着我们的语言和思想的伟大路线，不会让它们同时发生，并且留给偶然性和变化性一个巨大的位置。为了让人信服，只需要把我们能够称为事物的持续与我们的持续相比较：这是两种相当不同的节拍，计算看看，在我们的时间中可以感觉到的最短的时间间隔，掌握着数万亿的变动或者更普遍的外部事件，这些事件会重复出现；我们将这种巨大的历史事实放到几个世纪中去展开，然后我们在一个不可分的合题中领会了它。因此，感知、思想、语言，所有个人或者社会活动一起让我们面对着对象，当我们在思考这些对象的时候，我们可以将之看作不变的、静止的；就像面对着个人，同时还理解了自己；这些个人在我们看来变成了对象，并且，因为同样的原因，成为不变的实体。

如何根除一个根深蒂固的癖好呢，如何引导人类精神去推翻其习惯了的活动的意义呢，从变化和运动开始，把它当作现实本身来考虑；如何引导人类精神在静止或者状态中只能看到运动变化的瞬间？应该向人类精神展示，如果思想通常的行走在实际上对于对话、合作、行为是有用的、方便的，那么这个行走就会导致哲学问题。这些问题是不可解决的，且将一直不可解决，因此它被放到了反面。这确切地说是因为人们把它们看作不可解决的，因为这些问题看起来并不是提得不好，于是，我们将其判定为所有知识的相对性，还有实现绝对的不可能性。实证主义和康德主义的成功主要来自于那里，当我们开始研究的时候，精神的态度基本上是一样的。这些二律背反是人类的制造。它们并不会到达事物的底部，但是通过一个自动的运送，它们会从思辨到达行为中约定的习惯。这是理智所做的放任自由，是理智可以取消的一个努力。而这对于人类精神来说将会是一次解放。

此外，我们还要赶紧说明：我们提议的方法不会自己被理解，除非我们将它运动到一个例子中去。在这里，例子是很合适的。在我们实施在状态中的并列形式之下，在一个空间化的时间中，关键的问题在于要重新抓住内部生活。经验具有所有的意义：那些要想做好事情的人，不会有任何痛苦地去再现自我的实体性，就如同再现其持续性本身。我们说，这就是乐曲不可分的、不可摧毁的连续性；在乐曲中，过去进入到现在，并且和它一起构成了一个完全未分割的整体，虽然有那些加入到每个时刻中的东西，或者正是要感谢那些加入其中的东西，乐曲才会保留其不可分割的完整性。我们对完整性有直觉；但是自从我们在其中寻找一个理智的代表，我们便把随后的那些分开的状态排列成一条项链上的珍珠那样。于是，为了让它们成为一个整体，需要一条线；它既不是这个，也不是那个，没有谁与珍珠相似，没有谁与谁相似；只有空的实体，简单的词语。直觉赋予我们事物，这些事物的理智抓住的只是空间的移位和形而上学的翻译而已。

对实体之理解

这就是对于我们自己的实体所明确了的东西。那么又该如何设想事物的实体呢？当我们开始学写字的时候，我们的身体还没有完成决定性的进步，这些进步应该要革新关于物质结构的观念。但是，自从相信静止和不变性只是从运动和变化中获得的观点，我们就只能相信物质了。物质的稳固形象已经通过变化的固定性被获取，于是它就像质量那样被感知；物质已经被如同它自己一样的、稳固的元素组成了。人们已经很好地避免了一切的代表，这些代表被原子、微粒还有终极的元素形象化，即便它应该这样。然而，这是一件服务于运动和变化的支撑，它本身也就因此不变了，它本身也就不运动了。我们认为，总有一天，应该要重新恢复观念的这个支撑。我们在第一本书中已经说到一个词语：我们通向的是“运动的运动”，此外，不用更好地精确我们的思想。[1]我们在之后的工作中要寻找一个更伟大的近似。[2]我们在“对变化的感知”的研讨会上会进一步讨论问题。[3]同样的理由让我们在稍后必须写下“进化不会知道如何用进化的碎片重组”，我们认为固体只有在其他事物中才能分

---

① 《关于意识的直接给予的论文》，巴黎，1889，第 156 页。

② 《物质与记忆》，巴黎，1896，尤其是第 221~228 页；还有整个第四章，尤其是第 233 页。

③ 《对于变化的感知》，牛津，1911（在这本书中重新阐述了这些会议的重要内容）。

解，而不是在固体中被分解。我们精神中不可避免的倾向就是再现元素，就像固定性在其他领域中是合法的一样，因为这是行为的一个要求：正是为了这个原因，思辨在这里必须要随时警惕。但是我们只能在这一点上吸引人们的注意力。我们认为，总有一天，身体要在元素的固定性中看到流动性的形式。到了这一天，科学可能会放弃寻找一个形象化的代表，运动的图像其实也是点的图像（这就是说它是一个极小的固定性），这个点最终会消失。通过事实，这些年来的许多伟大的理论发现已经引导物理学家去支持波形与微粒子之间的融合了，我们说的则是实体与运动之间的融合。一个深刻的思想家，从形而上学到哲学，将会看到一段有力的乐曲，就像“旋律的连续性”。

“悖论”的清单将会很长，它们或多或少与我们的基本“悖论”有些相似，这些悖论也因此一点点地跨过不可能性与可能性之间的距离，而走向了可能的平庸。我们再一次从一个直接的经验出发，这个经验的结果不可能让自己接受任何东西，除了外部经验的发展，还有所有的推理方法，这些方法通过强迫接受而与经验相联系。我们自己也在那里：我们最开始思考的结果不可能被清楚地察觉到，最终也不可能被我们接受，除非我们当时能够通过另一条道路重新到达那里。

我们把我们对于心理与生理关系的概念作为一个例子。当我们提出行为与身体之间的相互关系，还有一个对另一个的精神问题时，这仅仅是因为我们在学习中遇到了“给出意识的直接原因”。于是，自由在我们看来是作为一个事实。此外，对于普遍决定论的肯定，通常是被哲学家作为科学的信条而接受的。人类的自由能够与自然的决定论相调和吗？因为自由对于我们而言已经成为一个不可怀疑的事实，我们在第一本书中差不多已经认为自由是独一无二的：决定论和自由论进行了和解，就像决定论可以的那样；决定论进行了很肯定的和解，因为没有任何理论可以长期抵制一个事实。但是，卡在我们第一个工作的路上的那个问题现在又不可避免地矗立在我们面前。为了忠实于我们的方法，我们要求它以比较一般的形式出现，甚至，如果可能的话，还要求它采用一个具体的形式，要求它符合一些事实的轮廓，以便我们可以在这些事实上获取直接的观察。在这里，要讲述“精神与身体之间的关系”这个传统的问题是如何在我们面前变狭窄的，以至于它不过是记忆在脑部中局限的问题了。我们要讲述这个最终的问题——虽然它本身很宏伟——是如何一点点变成只是与词语的记忆相关，尤其是与这个特殊的记忆的癖好，以及与无语言能力相关。关于各种不同的无语言能力的研究，通过我们特别的关心因而还在继续进行着。

我们想要把事实从纯粹的状态中解救出来。我们指出，在意识与机体之间有一个关系，即任何推理都不能建立优先权，在意识与机体之间有一种一致性，但这种一致性既不是身心平行论，也不是附加现象说，更没有任何相似之处。大脑的角色就是要在所有的时刻，在所有的回忆中，选择那些可以照亮开始行为的部分，而赶走剩下的那部分。于是，它就又重新成为这样的回忆，这些回忆可以附着在运动的框架中，而不用停止变化，但是它们总是预备着；而剩下的回忆则继续存在于无意识中。身体的角色也因此就是游戏精神的生活，并强调出运动的关节，就像乐队队长为了音乐的和谐分割而做的工作；大脑的功能并不是思考，而是要阻止思想消失在梦中；大脑就是用来注意生活的工具。这就是我们通过对于正常的、不正常的事实的研究而得出的结论，更一般的是通过外部的观察而得到的。

但是只有当我们意识到经验局限于纯粹的状态，我们才能提供一个实体，这个实体的本质就是持续，并因此，其本质还要无间断地在现在延长一个不可摧毁的过去。于是我们被免职了，甚至被禁止去寻找回忆保留在什么地方。回忆保留了自己，因为当我们说出一个词语作为例子的时候，我们就已经承认了所有。为了说出这个词语，在我们清晰地说出第二个词语的时刻，我们就应该想起开始的一大半。在第一个词语已经立即被放进大脑或者其他抽屉的期间，没有人会去评判它，因为意识在之后的一瞬间就会去抽屉中寻找它。但是如果，它因此就是词语的开始的一半，那么它同样会成为前面的词语，它会让身体与这一半一起构建声音和含义；它同样还会成为句子的开始，并且是以前的句子的开始，还有所有的我们可能要说的很长的讲话开始，如果我们希望的话，这个讲话可以是无限长的。不过，我们全部的生活，在我们的意识一开始苏醒的时候，就已经像这些无限延长的讲话一样。生活的时间作为纯粹时间是实体性的，不可分割的。

因此，严格地说，我们可以节省几年时间的研究了。不过，因为我们的理智与其他人的理智没有什么不同，所以当我们遵循内部生活的时候，信念的力量不会延伸得太长，这个信念伴随着我们对于时间的直觉。尤其是，有了我们在第一本中所记下的内部生活，我们不可能深化记忆、观念的联系、抽象思维、普遍化、解释、注意力等，就像我们本来应该要被引导去实现理智的、多样化的功能一样。一方面是心理生理学，另一方面是心理病理学，它们把我们意识的关注点引向一个问题。本来如果没有这两个学科，我们就会忽略掉对这个问题的研究，并且我们会把这个研究放在其他地方。因此，得到的结果并非不能对心理生理学和心理病理学本身产生作用。为了让我们遵循这个最后的科学，我们只需要提及不断增长的重要性，这种重要性一点点靠近对于心理性紧张的考虑，对于生活的注意的考虑，还有所有涵盖住“精神分裂症”的概念。它并不是要直到我们对于过去的一个完整对话的观念，这个观念没有在巨大的经验整体中找到更多的经验论的验证，而这些经验整体是由弗洛伊德的信奉者所创建的。

更让人要慢慢接受的是这样一些观点，这些观点正处于三种不同的思辨的交会点上，而不仅仅是两个。这些思辨就是形而上学的秩序。它们关系到精神对物质的理解，并且它们必须要结束自古就有的现实主义与唯心论之间的冲突，这是通过拿开主体与客体之间、精神与物质之间的分界线来实现的。这里又是一个问题解决了，另一个问题又出来。单是心理学的分析就已经向我们说明了记忆中的积极的意识层面，自从“梦的层面”以后，它是最广泛的；在这个意识层面上涂上了一个人的所有过去，就像在一个金字塔的底部一样，直到某一个点；与顶峰相比，在这个点上，记忆不过是对现实的还有新生行为的感知，这些行为可以延伸为记忆。这种对于环境体的感知是位于有机身体之中的吗？我们一般都相信是的。环境体的行为通过意义机制的中介对人类的大脑产生作用；在大脑中会产生感觉和不可延伸的感知；此外，这些感知还会被意识放映出来，并且在某种程度上重新遮盖住外部的对象。

但是，心理学的数据与生理学的数据的比较，则完全向我们展示的是其他的类型的事物。偏离感觉投射的假说在我们看起来是假的，当我们肤浅地考虑这个投射时，随着我们对它的深化研究，发现它变得越来越不理智了，但这个投射却是很自然的。然而，当我们考虑到心理学和哲学前进的方向，当我们还考虑到分析现实为了以某些特定的形式提出问题而采用的方法时，我们就会掉进不可避免的幻想中。人们被迫在大脑中想象，我不知道的哪种外部世界的缩影，这种缩影会变得更小，并且甚至为了从外部进入意识而变为没有大小：这种意识作为一种形式，它拥有空间，它恢复了无大小的延伸性，还通过一个重建，重新发现了外部世界。所有这些理论都和幻想一起出现，是幻觉使得这些理论得以产生。不是在我们身上，而是在这些幻想中，我们感知到了客体：至少是在它们身上我们才能感知到客体，如果我们的感知是纯粹的话。这就是我们的结论。

实际上，我们只是回到了普遍意义的观念上。我们写道，如果一个与哲学的思辨无关的人对另一个人说他面前的、能看到的、能触碰到的客体只不过存在于他的精神之中，那么这个人会非常震惊；并且对于他的精神来说，或者更普遍地来说，只是因为精神而存在，就像贝克莱所希望的那样……但是，另一方面，我们同样会使这个对话者震惊，我们对他说可以与我们所察觉到的东西完全不同……因此，从一般意义上来说，一方面，客体存在于自身；另一方面，客体本身，就如我们所觉察到的那样生动：这是一幅图像，但是只是一个存在于自身中的图像。[①] 那么一个站在普遍意义的立场上来看问题的学说，它又是如何可能看起来同样是陌生的呢？当现代哲学的发展紧随其后，当我们看到现代哲学是如何从一开始就倾向于唯心论的，当我们看到它是如何屈从于这样一个推力的，这个推力同样也是新生的科学的推力，人们就可以轻松地解释这个问题了。

唯实论也有着同样的方式。它通过与唯心论的对比而表达

---

① 《物质与记忆》，第七版序言。

出来，并且也运用了同样的形式；为了让唯实论能够在哲学家中创造一些精神的习惯，根据这些习惯，不管这两个术语之间已经建立的关系，也不管我们属于哪个哲学流派，“客观的”与“主观的”几乎已经被大家判定为是一样的了。放弃这些习惯是一件极端困难的事情；我们努力地意识到这是很痛苦的，总是要重新开始；还意识到我们必须让自己重新回到一个观点，这个观点与普遍意义是非常相似的。我们在《物质与记忆》的第一章中记录了我们对于“意象”的思考结果，这一章被所有那些有某种哲学思辨习惯的人判定为是晦涩难懂的，并且由于这个习惯本身，我不知道这种难懂是否已经消失了：可以确定的是，关于这个最近已经产生了的认知的理论，尤其是对于陌生人来说，看起来它好像把康德主义和反康德主义约定好用来提出问题的术语放到了一边。我们立即回到了直接经验，或者我们走向这个直接经验。

这就是对于科学，对于指责，哲学让我们做出的反抗。至于理智，没有必要为了它而烦躁。我们首先不需要考虑的是什么？作为理智，并且因此而理解了所有，它应该已经理解了这点，并且我们只希望它能更好地理解。事实上，那些要反对我们的，首先是乏味的理性主义，它特别做出了否定，我们通过提出一些解决方法而除去了其中否定的部分；然后，也可能是最主要的，就是咬文嚼字，它败坏了认知中好的部分，而我们也明确地想要摆脱这种咬文嚼字。

事实上，什么是理智呢？其实它就是人类思考的方式。为了引导我们的行为，理智已经被赋予我们了，就像蜜蜂有其本能一样。自然注定要我们运用，并且控制物质，理智只能轻易地在空间中发展，它只有在无机物中才能感到自在。一开始的时候，理智以制造为目的：它通过一个活动和一种语言来表现自己，这个活动是机械艺术的前奏，而这个语言则预示着科学的到来——所有剩下的朴素的精神状态就是信仰和传统。因此，理智正常的发展就在科学与技术的领导下完成。一个仍然粗糙的机械产生了一个精确的数学：这个数学，成为科学性的，并且于是产生出了围绕在它身边的其他科学，这个数学无限地改善了机械艺术。于是，科学与艺术把我们引入到了物质的内心深处，它们一个思考，而另一个则操作。在这个方面来说，理智原则上是通过接触绝对来完成自己的。

于是，理智将会完全地成为自己本身。虽然开始时是模糊不清的，因为理智只不过是物质的一个预感，理智同样清晰地表达了自己能够更准确地认识物质。但是，无论是准确还是模糊，它注意到精神还是归于物质的。因此，当精神回过来看自己的时候，它如何仍旧是理智的呢？我们可以赋予事物我们想要的名字，并且我并不觉得有多大的不便；我要再一次表达，如果我们坚持，那么那些通过精神而有的对于心灵的认知仍然就叫作理智。但是应该要详细说明，精神中有两个理智的功能，它们两个是相反的；因为精神不会思考精神，除非从约定的习惯回到与物质的交往中，并且这些习惯就是那些我们通常称为理智性的意向。难道它不想要通过另一名字来更好地表达自己的功能吗？这个功能的确不是我们平常所称呼的理智，我们说这就是直觉。直觉提醒大家要注意，精神属于它自己，并且，当精神固定于物质的时候，它还归于客体。这个补充的注意可以有秩序地培养和发展。因此，就会形成一个关于精神的科学，一个真正的形而上学，这个形而上学将会积极地说明精神的特征，而不是简单地否定精神，否定所有我们知道的关于物质的东西。因此，理解了形而上学，把精神的认知分配给了直觉，我们就不能取消理智的任何东西，因为我们声称作为纯粹理智成果的形而上学消灭了时间，我们还声称它否定了精神或者用否定性的词语来定义精神：这个对于精神的完全负面的认知，如果理智坚持要保管的话，我们自然会把它留给理智；我们只要声称还有另外一个认知。

因此，从任何角度来说，我们都没有贬低理智：直到目前为止，我们并没有把理智赶出它所占领的领域；并且，就在它自己的领地上，我们赋予了它一个能力，而这个能力通常是现代哲学对它持有异议的地方。不过，从理智一方来说，我们发现了另一个能力的存在，可以成为另一种认知。因此，从一方面来说，我们拥有了科学和机械艺术，它们重建了纯粹理智；从另一方面来说，我们拥有了形而上学，这个形而上学依赖于直觉。在这两种极端之间，于是就出现了关于道德生活、社会生活，甚至是组织生活的科学，这些科学更理智化，而之前的那些则更直觉化。但是，无论是直觉的还是理智的，知识都将会被准确性的印记所标志。

哲学与语言

相反，在对话中，没有什么是准确的，而这个对话是“批判”通常的来源。这些相互交换的观念来自哪里？这些话的支撑是什么呢？我们不应该相信社会生活是后天的、可传递的习惯。人类是为了城市而组织在一起的，就像蚂蚁是为了蚁穴而组织在一起那样。然而还是有不同的。蚂蚁有达到目标的手段和工具，而我们则是提供了重新创造所需要的东西，并且因此而改变了其形式。我们语言中的每一个字因此都是约定的，语言不是一种约定，并且人类说话比走路更自然。然而，语言最初的功能是什么呢？是为了合作而建立一种交流。语言传递了秩序或者警告。语言是用来规定或者描述东西的。在第一种情况下，是对于直接行动的呼唤；在第二种情况下，则是对于事物的指示，或者对某人特性的说明，这些是为了未来的行动。但是，在这两种情况中，其功能都是工业的、商业的、军事的，因而总是社会化的。

语言所描绘的事物在现实中被人类的感知而切割，这都是为了人类的工作。语言指出来的特性都是事物对于人类活动的呼唤。因此，字也是同样的，就像我们说的那样。当暗含的方法也是一样的时候，我们的精神就会向多样化的事物赋予一个同样的特性，接着还会以同样的方式把它们表现出来，最终用同样的观念把它们聚合在一起。同样的暗示到处都有，还做出同样的动作，引出同样的话语。这些就是词语和观念的起源。词语和观念毫无疑问都会发展。它们不再是同样的、彻底实用的了。但是，它们仍然会保留一定的实用性。社会性的思想不可能不保持住其最初的结构。这种思想是理智还是直觉呢？我非常希望是直觉穿过这道光：没有敏感的心灵就没有思想，并且敏感的心灵是直觉在理智中的反映。我同样希望直觉中如此微少的部分可以不断地变多，希望这个部分能够产生诗歌，然后是散文，把这些原来只是信号的词语转变成艺术的工具：特别要提出，希腊人实现了这个奇迹。

思想与语言本质上是理智的，它们原本是为了组织人类在空间中的工作。但是这必然是模糊的理智——是特别一般的精神对物质的适应，这些物质是社会必须要利用的。希望哲学首先要对这样的理智满意，还有理智已经通过成为纯粹的辩证而开始了自己的旅途，没有什么比这更自然的了。理智并没有支配其他的事物。一个柏拉图、一个亚里士多德，他们都接受了对于现实的剪切，他们在语言中发现了完成的现实："辩证法"，与"思辨"、"交谈"相关，同时意味着"对话"和"分配"；一个辩证法，就像柏拉图的辩证法那样，它同时也是一个对话。

在这个对话中我们力求首先要对话语的含义，还有根据语言的指示而对事物进行的分类达成一致。但是迟早有一天，这个模仿语言而有的观点体系必须让位于一个准确的知识，这个知识由更准确的符号表达出来；于是科学通过准确地把物质当作对象，把实验当作手段，把数学当作模型，而建立起来了；因此，理智达到了物质性的完全深化，因而同样是自己的深化。

早晚会发展出这样一个哲学，这个哲学摆脱了词语，但是从基本的、社会的知识来说，这次是为了以数学的相反含义而行，是为了强调直觉而不是理智。因此，在直觉和理智之间变得紧张的语言仍然必须要继续存在。事实上，语言仍然是它一直的样子。语言承担着更多的科学和哲学；同时它还继续完成着自己的功能。与语言相混淆的理智，有着语言的不精确性的理智，只能在科学上变得明确：因为科学占有了物质。直觉让语言感觉到了自己的影响，直觉想要在哲学上有所扩大，想要变得与精神共存。然而，在它们中间，在孤独思想的这两个形式中，存在着公共的思想，这种思想首先全是人类的思想。语言继续要表达的正是这种思想。它充满了科学，这也正是我想要的；但是科学的精神要一切事物在所有的瞬间，都应该被质疑。语言需要的则是稳定性，它向哲学敞开大门，哲学性的精神与无尽的革新和新发明相处得很融洽，这些革新与发明是事物的本质，并且词语都有一个确定的含义，一个相对固定的约定价值；词语不能表达新事物，除非作为古老事物的重新排列。

我们经常地，甚至有可能是轻率地称这个逻辑性的保守者为“理性”，这个保守者支配着公共的思想：对话与保留其实很相似。对话就是在保留之中。并且，对话行使着一个合法的权力。事实上，从理论上来说，对话只能建立在社会生活的事物之上，并且社会的主要目的是在宇宙的流动性中嵌入特定的固定性。同样的社会，同样合并的小岛，一个在那里，一个却在未来的海洋中。这种合并同社会生活一样是完美的，不过社会生活更理智些。一般的理智，是一种合理地安排概念、得体地运用词语的机制，因此它必须要有助于社会生活。作为理智，从狭义来说，是精神的数学功能，负责关于物质的认知。当我们说一个人是理智的时候，这就是我们尤其要想到的。我们通过这句话知道理智具有灵活性，它能非常容易地把日常的概念融合在一起，从而得出可能的结论。

我们并不承认一个只具有理智的人就能解决科学的问题，而在科学上准确的理智却变成了数学的、物理的、生物的精神，并且用更恰当的符号替换掉了词语。我们应该从哲学的角度用更强大的理由来禁止它，然而重新提出的问题不会再仅仅属于理智了。但人们明白了理智的人在这里是一个有能力的人。这就是我们首先要提出异议的地方。我们把理智提得太高了。但是我们已经很中庸地评价了“理智的人”，他看起来能巧妙地谈论所有的事物。

巧妙地说话，灵敏地批判。不论谁为了走向事物，为了在事物中找到自然的衔接，为了从实验上钻研一个问题而摆脱了语言，他都清楚地知道精神行走会不断遇到意想不到的事物。除了适当的人类领域，我想要说，社会中那些看起来是真实的东西其实几乎从来都不是真实的。大自然很少关心怎样使得我们的对话更方便。在具体的现实与我们先验地重建的现实之间，有着多么大的差别啊！然而，一个只具有批判的精神却遵循着这个重建，因为它的角色不是在事物上工作，而是评价别人告诉它的事情。除了把别人提供给它的、从事物中提取出来的解决方案，和那些自己用日常观念而组成的解决方法，即用保管着社会思想的词语作比较之外，那么这个精神又是如何去评价的呢？还有，精神的判断又意味着什么呢？关于这个问题我们需要再探究，否则，它就会扰乱社会。

教学方法

他首先应该在模糊的知识下画一条线，这些知识是积累在语言中的，然后标注出所有，并且还要遵循这些知识。“我们知道一切”，这就是这个方法的公设。再也没有人敢用物理学的理论，或者天文学的理论来批判它了。但是我们通常就是这样在哲学上取得进展的。对于那些为了摆脱所有现成的观念，为了与事物发生关系而工作、反抗、操劳的人，我们用一个我们声称是“有理的”解决方法来与之对抗。真正的探求者必须要抗议。探求者有责任指出既定的批判能力非常容易让人忽视，并且唯一可以接受的批判将会是对事物本身的一个新的学习，这个学习是更深入的，但一样直接的。不幸的是，因为他在所有的场合中都太过于依赖自己来进行批判，以至于他只能有效地钻研两三个问题。他对于纯粹理智可以评价他所做事情的能力提出异议，他本身在以下情况中失去了判断的权力，这些情况即他既不再是哲学家，也不再是学者，而只是“聪明的人”。因此，他更喜欢公共的幻想。

此外，一切的事情都鼓励了这种幻觉。通常人们会在一个很难的点上向那些无能的人咨询，因为他们已经通过他们在其他物质上的能力而获得了名望。因此，人们会奉承他们，并且他们也会在公共的精神中变得更加强大。有这么一个观念，认为存在着一个普遍的机能，这个机能不用研究就可以知道所有的事物；还有一个理智，这个理智既不是简单的运作习惯——这个习惯是在对话中运用对社会生活有用的概念，也不是精神的数学功能。但是它是一定的能力，这个能力在社会的概念中获取对于现实的知识，并且多多少少地、灵活地把它们组织在一起。这种优良的灵活性可以创造精神的优越性，就好像真正的优越性可以成为其他的事物，而不是一个需要注意的更大的力量。就好像这个注意并不一定要是专业的，也就是说出于自然或者习惯的原因而倾向于某些特定的对象而不是其他的对象。就好像它并不是直接的印象，而是穿过语言的面纱的印象，并且好像这并不是事物的无知本身，这个无知给予了人们如此多的说话机会。

至于我们，我们看重的是科学性的知识和技术性的能力，还有直观的印象。我们相信人类的本质就是在物质上和道德上的创造，并且还要制造事物和自己。“制造者”，这就是我们提出的定义。“智人”产生于“制造者”对自己的制造的思考，它在我们看来是值得尊重的。还有，它是通过纯粹理智来解决问题的，而这些问题只依赖于它。在筛选这些问题时，一个哲学家可能会搞错，另一个哲学家则会指出这个错误；他们两个人都将会更好地工作；他们两个人都值得我们感激与赞赏。制造者、智人，在两个哲学家面前，还会倾向于相互弄混，我们就有这样的倾向。唯一与我们不相容的就是智人，当他思考时，他的思想只是对它言语的深思。

以前的教学方法就是要构造问题，并且完善问题。难道这些方法现在不是这样展开的吗？诚然，相比于其他人，我们的缺点是很少被指出的。没有哪一个地方的人，能像法国的老师这样激发学生的主动性，甚至是小学生的主动性了。然而，我们仍然有事情需要做。我这里要说的不是体力的工作，不是它可能要在学校中扮演的角色。人们通常只是看到学校里的消遣娱乐，而忘记了理智本质上是用来操作物质的机能，至少理智开始时是这样的，而这就是自然的意图。那么，理智又是怎样不利用手，就能教育的呢？

我们继续往前走。孩子们的双手自然地就会尝试着去建造。我们帮助他，至少给他提供时机，稍后我们就会得到一个做出较大成绩的人；人们要大大增加世界中的创造性。一个书本上的知识立刻就会缩减，并且取消掉那些只知道攫取他们成果的活动。因此，培养孩子做手工的工作，并且不要放弃把这个教育付诸演练。我们要向一个真正的教师请教，因为他能够很好地把握分寸：理智重新从手上升到大脑。但是我并不强调这一点。在所有的方面，不论是文学还是科学，我们的教育仍然停留在口头语言上。我们已经不再处于这样的一个时代，即成为世界中的人，并且只要知道如何谈论事物就足够了。这与科学有关吗？人们尤其喜欢陈述结果。难道他们不想更好地传授方法吗？人们马上去实践方法；人们要求观察、实验、重新创造。人们多么希望自己的意见能被听到，多么希望自己能被理解。因为孩子是探求者和创造者，他们总是守候着新事物，他们忍受不了规则，最终他们比那些人人更能接近自然。但是这些大人主要是群居的人，正是由他们来教育孩子：必然地，应该要穿过第一个谱系，这个谱系是已经获得的结果的整体，这个谱系包含了社会的财富，它也有理由骄傲。

然而，尽管这个教学大纲是如此百科全书式的，但是学生们从科学中吸收到的东西却减少到只有一点点了；学生通常也学得没有味道，总是很快就忘记了。人文主义所获得的结果中的疑问，没有哪一个是不珍贵的；但是那是成人的认知，并且如果他意识到去哪里寻找这个知识，那么有需要的时候他就会发现这个知识。我们要在孩子中发展儿童式的认知，而且我们还要警惕不要被树枝还有干枯树叶的堆积而压得喘不过气来，我们要制造出古老的植物，以及那些只要求生长的新植物。

难道我们在我们的文学教育中找不到同样的缺点吗（虽然，我们的文学教育比其他国家的文学教育要好得多）？谈论一个伟大的作家的作品是有用的；我们因此能够更好地理解，更好地品味这个作品。还有，学生也应该开始品味，继而开始理解这个作品。这就是说孩子首先必须要重新创造这个作品，或者，用其他的话来说，孩子必须要占有这个作品，直到达到某个特定的点，他能够得到作者的启发。除了紧跟作者的步伐，采用他的姿势、态度、步伐，这个学生还要怎么做呢？大声地读出作品也是一样的。理智稍后会给他添上一些色调。但是色调的变化和颜色在图画中什么也不是。在理智恰当地说出之前，学生就已有了对结构和运动的感知了：在他读的那页书上，有标点符号和节拍。① 他应该做出标记，应该考虑到段落的不同的语

---

① 建立在这样一个事实上，即这个节奏粗略地概括出真正写下的句子的含义，并且它可以向我们提供与作者思想的直接交流，这个交流是在学习那些用来增色的词语之前的，我们之前就已经说明了，特别是在 1912 年完成的关于“灵魂与身体”的问题的一次会议上（这个发表在我们的文集《精神能量》上，第 32 页）。此外，我们仅限于概括以前在法兰西中学开设的课程。在这个课程中，我们已经用《方法论》中的一两页做了例子，并且我们已经试着说明，来来往往的思想，每一个确定的方向，是如何从笛卡儿的理智走向我们的理智，而且还是通过标点指出的节奏的唯一效果而实现的，尤其是朗读中所画出来的要大声读出来的标记。

句和语句的不同构成之间的短暂关系，然后不停地跟随着情感和思想的加强，直到达到最高的和谐，而这首先包含的就是朗诵的艺术。人们把阅读当作消遣的艺术，这是不对的。作为一个装饰，它是不应该达到研究的终点的，但是作为一个支持者，他必须要在开头和每个地方出现。如果我们在这里还要让步于这样一种幻觉，即谈论事物是最主要的，并且当我们谈到事物的时候，我们就已经充分了解事物了，那么我们就会把其余的东西都放在它上面。但是，人们所知道的，人们所了解的，不过只是他们在某种程度上重新创造的东西。

顺便说一下，在我们所定义的朗读艺术和我们推荐给哲学的直觉之间，有某种相似性。直觉在世界上的一本好书中选择一页，它希望可以发现运动和乐曲的节奏，它愉快地加入其中，使得创造性的进化重新出现。但是，我们把话题扯得太远了，是时候结束这个话题了。我们并没有制订一个学习的计划。我们只是想要指出某些精神习惯，这些习惯我们认为是令人不愉快的，而且学校在事实上也常常鼓励这样的精神，尽管它在原则上放弃了这些习惯。我们特别想要再次反对用概念取代事物，还要反对那些我们称为真理的社会化的东西。这种社会化对于原始的社会是有必要的。这种社会化对于人类精神是很自然的，因为人类精神不是供纯粹科学之用的，也不是为了哲学。但是，应该要为实践秩序的真理保留这种社会化，因为社会化正是为了真理而有的。它在纯粹知识、科学知识，或者哲学知识的领域中没有任何要研究的。

于是我们就放弃了便利。我们介绍了一个充满困难的方式来思考。我们赏识之前的所有努力。那么有些人究竟是怎样弄错了的呢？我们不说那些想要我们的“直觉”成为本能或者感觉的人。我们所写的东西没有一句话能容忍这样的解释。并且，在所有我们写的东西中，都有着对反面事物的肯定：我们的直觉是思考。但是因为我们要求人们注意事物深处的运动，所以人们声称去鼓励我都不知道是什么的精神释放。此外，因为实体的永恒性在我们眼里其实就是变化的连续性，人们就说我们的学说是为不稳定性辩护的。当一个细菌学家向我们展示微生物时，我们同样可以想象细菌学家向我们介绍微生物引起的疾病；或者当一个物理学家把自然的现象归结为振动时，他会要求我们做荡秋千的训练。其他的事物就是解释原则，是行为举止的准则。人们几乎可以说，他们发现运动性的哲学家是唯一一个不能介绍运动性的人，因为哲学家不可避免地看到了运动性，因为他是在我们约定要称为静止的东西中发现了运动性。但事实是，他很好地让稳定性作为变化的复杂性而重新出现，或者，作为变化中非常特别的一个方面；无论怎样，他很好地把稳定性变成了变化：就像所有人一样，不再区分稳定性与变化了。

于是对于他而言，就像对于所有人那样，有一个问题会出现。这就是在何种程度上这个特别的现象会被称为稳定性，在何种程度上又是纯粹的、简单的变化，他应该劝人类社会去了解这些问题。哲学家对变化的分析让这个问题仍然是完整的。他的见识很少，但是就像所有人一样，他会对某种永久性进行一个审查。他将会说教育必须要提供一个框架，这个框架对于个人意图的多样性和流动性是相对不变的。并且他可能会更好地理解这些教育机构的其他角色。难道这些学校机构不会在提出命令的同时，在活动的领域中延续稳定的成果？当他们把物质的摆动压缩为感知，把事物的流溢压缩为概念时，意义与理解就在知识的领域中完成了。毫无疑问，在学校机构严格的框架中，社会不断地发展演变，同时学校也被这种严格性支撑着。甚至，国家中的人的义务就是跟随着这些变化，并且在机构还适用的时候就改变它。在十个政治错误中，有九个只是在于仍然相信那些已经不再存在的东西。但是第十个，它有可能是最严重的，将会更加相信那些无论如何都存在的东西。从一般的方法来说，行为要求一个坚固的支撑点，而生命体则本质上更倾向于有效的行动。这就是为什么我们在事物特定的稳定性中能看到意识最初的功能。我们说，因为安置在宇宙的运动性之上，所以意识在几乎瞬间的印象中承担着一个漫长的历史，而这个历史是在意识之外进行的。意识越高级，意识的持续与事物的持续之间的紧张就越强大。

紧张，全神贯注，这些就是我们用来描述需要精神帮助的方法的特征的词语，每一个新的问题，都有一个完全不同的新努力。我们永远不可能从我们的《物质与记忆》一书中得出一个真正的关于进化的学说（这只不过是表象），这本书先于《创造性的进化》；我们也不可能从我们的《关于意识的直接原因》一书中得出灵魂与身体之间的关系的理论，就像我们之后在《物质与记忆》一书中所陈述的那样（我们有的只是一个假设的建构），也不能从我们在《关于意识的直接原因》之前所依赖的伪哲学中——换言之，就是沉积在语言中的一般的看法——得出关于时间和内在生命的结论，这些问题我们已经介绍了。我们受到真正哲学方法的启蒙，要回溯到我们拒绝口头上的解决方法那天，我们已经在内在生命中找到了第一片经验之土。之后所有的进步都是这片土地的不断扩大。合乎逻辑地扩大一个结论，把它运用到其他的对象上去，而不用真正扩大它的调查范围，这是人类精神中很自然的一个倾向，但是人们从不应该对这个倾向让步。当哲学还是纯粹的辩证法时，它就天真地委身于这个倾向，也就是说它试图用我们在语言中发现的沉积的初级知识来建构一个形而上学。当哲学把从某些事实中得到的结论当作可以适用于其他事物的“普遍原则”的时候，它继续做着这件事。我们所有的哲学活动都是对这种哲学研究的反对。我们因此必须把一些重要的问题放到一边，对于这些重要的问题，我们能轻易地给出一个幌子似的回答，并一直把我们之前的工作结果延伸到这些问题上。

我们不会就这样的问题或者这些问题中的某些做出回答，

除非我们有时间和能力来从问题本身出发，为了问题本身而解决它。否则，一旦意识到我们给出的方法是某些问题的正确的解决方法，又指出我们不能更好地击中问题，我们就只能停留在那里。我们从来没有想过要写一本书。[①]

1922 年 1 月

① 这篇论文在 1922 年就已经完成了。我们只是在其中加入了一些与目前的物理学理论相关的一些东西。直到这篇论文完成的时候，我们还没有完整的结果，而这个结果已经发表在最近的作品《道德和宗教的两个来源》中了（巴黎，1932），这个作品解释了现在这篇论文的最后几行。

第三篇　可能与现实

1930年发表在瑞典《*Nordisk Tidskrift*》杂志上的文章①

我想要回到之前已经说过的一个主题上，即人们的创造延续了不可预见的新事物，而这些新事物看起来是会在宇宙中继续发展的。从我的角度而言，我相信每一个即刻的体验。我能够很好地描绘那些出现在我面前的事物的细节；但是与那些发生的事件本身相比，我的描绘是多么的贫乏、多么的抽象、多么的简单啊。实现了的事物本身就有一个总是变化的不可预测性。例如，我必须参加一个会议；我知道我将会在这个会议上见到谁，我知道他们会在哪张桌子旁边，以哪种顺序坐下来，我甚至知道他们会讨论什么问题。但是，即便他们像我所预料的那样，都来了，都坐在那个桌子边，并且他们说着我认为他们会说的那些话——总之，他们全体给我了一个非常独特的、新

① 这篇文章是对1920年9月24日在牛津召开的“哲学会议”上已经提出的某些观点的发展。这是给瑞典《*Nordisk Tidskrift*》杂志写的一些东西，我们希望能够表明我们所体会到的遗憾，即我们未能参加在斯德哥尔摩举行的一个会议，此次会议举办之时正值诺贝尔奖的颁奖典礼。

颖的印象，就好像这个事件整体现在用艺术家之手勾勒出了一幅别出心裁的轮廓。

再见了，那些我已经画出的图像，那些简单的并列，那些事先就可想象的事情，那些已经知道了的事物。我非常希望这个图画没有伦勃朗或者委拉斯凯兹所作的画像那样的艺术价值：在这个意义上来说，这个画还出乎意料地是独特的。而人们对于这个问题可以提出各种的理由，他们可以说我忽略了环境的细节，我没有安排好人物的手势、姿势；还有，如果这个整体给我带来新的东西，那也是因为他们为我提供了一些新加入的元素。但是面对着我们内在生活的运行，我也有着同样的新印象。我会通过我想要的行动来检验内在生活，并且比以前更生动，而且我也是它唯一的主人。如果我在行动之前进行了慎重的考虑，那么考虑的持续就会呈现在我们的意识中，就像连续的草稿一样，画家会为它们中的每一个画一幅画；而行为本身，在实现自己的同时，也很好地实现了人们所要求的，以及事先预料到的事情，因此这个行为也有着同样独特的形式。人们说，那就这样了吧：在灵魂的状态中可能有某些新颖的、独特的事物；但是物质则是反复的；外部世界遵循数学的法则。一个非凡的理智，它在一个特定的时刻能知道物质世界中所有原子和电子的位置、方向、速度，它还能够预先考虑这个宇宙的任何未来状态，就像我们预测日食和月食那样。从严格意义上说，我可以接受这样的行为，只要它只涉及惰性世界。虽然问题开始变得有争议了，但至少对于基本的现象来说都是这样的。

这个世界不过是一个抽象的概念。具体的现实能够理解有生命、有意识的存在，这些存在已经被装入无机物的框架中。我之所以说是有生命的、有意识的，是因为我认为有生命的就是有意识的。事实上，意识睡着了的时候就是无意识了，但是，在意识潜伏着的地方，例如在植物中，这里有规则的演化、明确的进步以及衰老，最后就是描述了意识特征的时间的所有外部信号。此外，为什么要说到惰性物质呢？因为生命与意识就像在一个框架中那样，存在于这些惰性物质中。古人已经想象出了一个宇宙的灵魂，它能够保证物质宇宙的持续存在。剥去这个概念的神秘外衣，我想说，无机界就是一系列的重复或者几乎是无限快的重复，这种重复促进了明显的、可以预见的变化。我把这种重复与时钟钟摆的摆动作比较：钟摆的摆动是与弹簧的连续放松有关的，正是这个弹簧连接起了这些摆动，并且正是因为这个弹簧，它们才能有节奏地摆动；而重复则使得有意识的生物的生活有了节奏，并且还要测量它们的持续时间。因此，有生命的存在其本质就是持续。它之所以持续，准确地说是因为它不停地制造新事物，并且因为没有探究就没有创造，没有反复试验就没有探究，所以时间就是这种持续本身，或者说时间什么都不是。消除意识与生命（并且你只有通过一个人为的、抽象的努力才能完成这个任务，因为物质世界可能意味着意识与生命出现的必要），你事实上就会发现一个宇宙，它的连续状态在理论上是可以提前计算的，就像先于运转的图像一样，这些图像与电影的影片是并列的。

但是，运转是用来做什么的呢？为什么现实会自行展开？现实是如何做到不被延展开的呢？时间有什么作用？（我说的是真实的、具体的时间，而不是抽象的时间。抽象的时间不过是空间的第四维度。[①]）这些就是我以前思考的出发点。差不多有五十年了，我一直都很喜欢斯宾塞的哲学。有一天，我意识到时间毫无用处，它什么也做不了，并且什么都做不了的事物也就不是事物。然而，我心里想，时间应该是某物，只有这样它才能起作用。但是它能够做好什么呢？一个简单的道理回答道：时间的作用就是阻止所有的东西一下子被赋予，它可以延迟事物，或者甚至说它本身就是延迟，因此它必须成为创造。那么时间是否会运送创造和选择呢？难道时间的存在不是证明了事物中的不确定性吗？难道时间不是这种不确定性本身吗？

如果以上并不是大多数哲学家的观点，那么，人类的理智就是为了从另一端来获取事物。我在这里说的是理智，我并没有说思想，也没有说精神。事实上，在理智的附近就是直接的感知，这是我们每一个人的感知，这是对于自身活动和它所产生作用的环境的感知。你想怎么称呼它就怎么称呼它；这种感

① 我们实际上在《关于意识的直接给予的论文》一文中提到过，可被测量的时间有可能被看作“空间的第四维度”。当然，它是与纯粹的空间有关，而不是与相对论的时空大杂烩相关，因为相对论说的完全是另外一回事。

知是为了成就我们的意愿、决定、行为，还有我们的习惯、性格，甚至我们自己的创造者而有的。我们生活中的工匠，当我们希望的时候他甚至可以是我们生活的艺术家。我们不停地塑造一个独特的、新鲜的、别出心裁的形象，这个形象是不可预测的，就像雕刻家赋予胶泥的外形一样，我们是利用过去和现在提供的物质，还有继承下来的以及环境提供的物质来完成这个雕像的。

关于我们所提醒的这个工作的独特性，毫无疑问，虽然它有自己完成的部分，但是主要的部分还是我们完成的。我们不需要继续深入地探讨它，甚至我们并不需要有足够的意识，艺术家也不再需要分析自己的创造能力。这个工作把这些任务都留给了哲学家，并且它非常满足于创造。相反的是，雕塑家应该知道他自己的技艺，并且要知道所有他能够学习的东西：这个技术尤其关系到他的作品将会与其他作品相同的地方。这个技术被物质的要求控制，雕塑家就是在这些物质上进行操作的，并且他必须接受这个物质，其他的艺术家也是这样的。在艺术中，这个技术关系到的是重复或者制作，而不再是创造本身。艺术家的注意力都放在了技术上面，我们称这个为它的智能。同样，在我们性格的创造中，关于我们的创造性能力的东西我们知道得还是很少。因此，为了学习，我们要重新回到自身，要重新研究，要重新回到自然，因为自然期望的是行动，它很少考虑思辨。

自从问题不再是要感觉到自身的生命冲动，并且保证人们可以干涉这个冲动，而是要让思想转向这个冲动，以便它能够抓住这个能力，并且接受这个生命冲动之后，困难就变得越来越大，就好像人们应该改变知识的正常方向。相反地，我们得到一个极大的好处，我们让我们的行为熟悉技术，也就是说让行为熟悉它所要锻炼的环境，所有这些都可以给我们提供方法和一般的规则，我们的行为就将会利用这些规则。多亏了我们在事物的重复中发现的东西，否则，我们的行为中就不会有新事物出现了。因此，我们正常的认知机制本质上就是一个能力，这就是在现实的流动中提取稳定性和规律性的能力。这与感知有关系吗？感知抓住了无限重复的震动，例如光或者热，感知还要把这种震动压缩为相对不变的感觉：在我们的眼里，有数万亿的外部震动。感知还会把印象压缩为一种颜色。这仅仅是人们的一个设想吗？构建一个普遍的观念就是把复杂多样的事物抽象为一个共同的方面，这个共同的方面不会变化，或者至少会向我们的行为提供一个不变的切入点。我们态度的永久性、反应的一致性，首先是指出并描绘出观念的普遍性。我们要说明这种反应是针对出现的对象的多样性和变化性而有的可能或者潜在的反应。

那么，最终这些是与理解相关的吗？其实这些仅仅是找到了关系，并且在那些忽略、摆脱了规则的事实中建立起了稳定的关系；与关系同样完美的运作是更精确的，并且是更数学化的规则。所有这些功能是理智的组成部分。只要理智热衷于现实中的稳定性和规律，热衷于物质性，只要它喜欢规律和稳定性，那么理智就是真实的。于是，理智触碰到了绝对的一角，就像我们的意识触碰到了绝对的另一角。当意识抓住了新事物的永久的繁荣发展，或者当意识扩大了的时候，理智就会用无限革新的努力来与自然融合。当理智声称自己像以前考虑其他问题一样考虑其中一个方面的时候，当理智从事于一个它并没有运用的方面时，错误就开始了。

我认为那些伟大的形而上学的问题通常都提错了，当人们改变自己的陈述时，那些问题常常就自己分解，或者自从人们看清了表达公式的术语时，这些都是以幻觉的形式而表达出来的问题就自行消失了。实际上，这些问题源自于我们把创造转换为了制造。现实是一个整体的、不可分割的增长，是逐渐的发明与持续。例如，一个有弹性的气球一点一点地膨胀，最后一下子出现了一个意料之外的形状。但是，我们的理智把起源和进化作为一个排列和部分的重新排列而出现，这些部分只不过变化了位置；因此，理智从理论上来说，可以预见任何整体的状态：它提出一定数量的稳定元素，并且人们已经提前隐含地给出了这些元素所有可能的组合方式。但这并不是全部。现实，就像我们直接感知到的那样，是完整的，它从未停止增长，并且它不知道什么是空虚。现实有延伸，就像它有持续时间一样；但是这个具体的范围不是无限的、可分的空间，理智把这个空间作为一片可用来建设的土地。具体性的空间是对事物的提取，事物不依赖于空间，而是空间依赖于事物。只是，自从我们的思想对现实进行推理之后，空间就变为一个聚合处，因为思维习惯于把部分会聚在一个相关的空间中，所以思维会设想现实填充满了我不知道是什么的绝对空虚。不过，如果对于根本性的新事物的不了解，是造成错误地提出某些形而上学问题的根源；那么，走向完全空虚的习惯则是伪问题的来源。此外，我们能容易地看到第二错误其实已经隐含在第一个错误之中了。但是，我首先想用更多的精确性来说明第二个问题的特征。

我认为存在着伪问题，并且这些都是形而上学的令人苦恼的问题。我把它们归结为两种类型，第一个类型的伪问题孕育了存在的理论，第二个类型孕育了知识的理论。第一类问题坚持要思考为什么会有存在，为什么某些事物或者某些人会存在。存在的本质没有什么特别的作用：意思是说物质，或者精神，或者它们两个都不足以展示一个超验的原因。无论如何，当人们考虑存在的原因、原因的原因的时候，人们会觉得卷入了一个无限的过程中。如果人们停住了脚步，那么这是为了摆脱眩晕。人们总是要验证问题，他们相信困难是继续存在的，问题也还会有，并且永远不能被解决。问题不会永远不能解决，但事实上，它就不应该被提出。要想问题不被提出，除非人们设想有一个先于存在的虚无。

人们自称：“这里可能没有什么。”但是人们接着会吃惊这里居然有某些事物——或者某些人。但是分析一下这个句子："这里可能没有什么。"你能看到你是在分析这些字词的时候，而不是在分析观念的时候会遇到麻烦；并且"没有什么"在这里没有任何意义。"没有什么"是日用语言，它并没有什么含义，除非我们停留在人类专有的行为和制造的土地上。"没有什么"指出我们要寻找的事物、我们渴望的事物，以及我们等待的事物的缺失。实际上，假设经验从未向我们呈现出一个绝对的空虚，那么这个空虚将会是有限的，它将会有一个轮廓，因此它仍然是某些事物。但是事实上并没有空虚。我们并没有感觉到，甚至有的只是完全的想象。一个事物不会消失，除非有另一个事物取代它。因此，取消就意味着替代。只是，我们之所以说"取消"，是因为我们考虑到替代的两面性的一面，或者甚至它的两面。此外，这种替代吸引了我们，我们因此留意到，我们自己很乐意把注意力引向离开的对象，还有把注意力转向取代对象的事物。于是我们说这里什么都没有，由此可知，我们对于那些还继续存在的东西并不感兴趣。我们感兴趣的是那些已经不在那个地方的东西，或者那些可能会存在于那里的东西。因此，缺失的观念，或者虚无的观念，或者什么都没有的观念，都是不可分离地与取消的观念联系在一起的。无论这种取消是真实的还是可能的，并且取消的观念本身也只是替代的观念的一个方面。在那里有实际生活中的思考方式，它对于我们的技巧很重要，我们的思想应该要知道自己落后于现实，并且在必要的时候，保持与那些过去存在或者那些可能存在的事物的关系，而不是被现在存在的事物给纠缠住。

但是，当我们从制造的领域转移到创造领域的时候，当我们思考为什么会有存在，为什么会有某些事物或者某些人，为什么世界或者上帝存在，而虚无则不存在呢，当我们最终落脚在最令人苦恼的形而上学的问题上时，我们就潜在地接受了一个谬论。因为，如果所有的取消都是一个替代，如果取消的观念不过是替代虚弱的观念，那么提到一个取消其实是提出一个替代，而这个替代又不是一个取消，这就自相矛盾了。或者取消的观念刚好与方形的圆的观念有着同样的存在性——一个声音的存在，即声息——或者，如果取消的观念代表了某些事物，那么它就表达出了理智的运动，从一个对象走向另一个对象。理智比较喜欢那个它刚离开的对象，而不是在它面前的对象，并且通过“第一个的缺失”指出了第二个的出现。人们先提出一切，然后又让一切消失，每一个部分都逐渐消失，人们还不让我们看到那些取代它的事物。因此，这就是存在的全体性，只是被简单地安排在一个新的秩序中，当人们想要合计所有缺失的时候，人们就会面对这个全体性。用其他的话来说，这个所谓的绝对空虚的代表其实是共相在精神中的代表，这个精神无限期地从这个部分跳到那个部分，并且伴有一个解决方法。这个解决方法就是只考虑空虚，而不考虑事物。当“没有什么”不是一个简单的词语的时候，重新说“没有什么”的观念就既包含了物质，也包含了一切，并且，伴随着思想的活动。

此外，我也同样说说混乱的观念。为什么宇宙是有秩序的？规则是如何让那些无规则的事物接受自己的？形式是如何让物质接受的？我们的思想在事物中处于怎样的位置？这些问题，在现代已经成为知识的问题，而在古代，则是关于存在的问题。它们产生于同一个种类的幻想。如果人们考虑到混乱的观念在人类技艺的领域有一个确定的含义；或者，就像我们说的那样，在制造的领域，而不是在创造的领域，这个问题就会消失。混乱只是我们没有找到的秩序。你不可能在不影响另一个秩序的前提下就取消一个秩序，甚至通过思想也不可能。如果没有目的论或者意志论，那就只有机械论；如果机械论退却，那么得益的就是意志论、随意论、目的论了。但是，当你预想到这两个秩序中的一个，当你也发现了另一个的时候，你就说有混乱，并且用可能会或者应该存在的形式来说明这个混乱，而这些都表达出你的抱怨。

因此，所有的混乱包含两件事：在我们之外，是一个秩序；在我们之内，是另一个不同秩序的表现，这个秩序也是我们唯一感兴趣的。取消因此仍然意味着替代，并且关于所有秩序的取消的观念，也就是说关于一个绝对混乱的观念。于是就包含着一个真正的矛盾，因为这个观念坚持只留一个方面给活动——假设，这个活动包含了两面。或者关于绝对混乱的观念只代表了各种声音的组合、声息，或者如果这个观念回答了某些事物，如果它表达出了精神的运动，那么这个精神就从机械论跳到了目的论，又从目的论跳回到了机械论；并且这个精神为了标记出自己所在的位置，它更喜欢每次标记出自己不在的点。因此，要想取消秩序，你反而应该给出两个或者更多的秩序。那些说秩序的概念逐渐加到“秩序的缺失”上的人，他们的话其实意味着一个谬论，并且还会导致问题消失。

我刚刚指出来的两个幻想事实上只是一个。它们坚持认为空虚的观念中所含的内容更少，而完满的观念中含有更多，混乱的概念比秩序的概念包含的内容更少。事实上，当它们代表了某些事物的时候，在混乱和虚无的观念中就比在秩序和存在的观念中有更多理智的内容，因为它们意味着一些秩序，一些存在。此外，精神的游戏也无意识地加入它们。

很好，我又在我们从事的工作中发现了同样的幻想。在进化中的每个时刻都不承认根本性的新事物的学说的最深处，有着许多的误会，许多的错误。但是，尤其有一个观念认为可能比现实少，并且因为这个理由，事物的可能性先于其存在性，因此，事物是可以提前成为可表达的：这些事物在被实现之前就可以被思考。但是，这句话的反面才是真相。如果我们把封闭的体系放在一边，服从纯粹数学的规则——这些规则是隔离的，因为时间不会影响它们；如果我们从整体来考虑具体的现实或者只有生活的世界，并且从更强的理由来考虑意识的世界，那么我们会发现，在每一个连续状态的可能性中，比在它们的现实中有着更多的东西，而不是更少。因为可能只不过是有着精神行为的现实，一旦这个精神产生了，它就会拒绝过去的图像。但是，其实是我们理智的习惯阻止了我们觉察到这点。

在伟大的战争过程中，报纸和杂志有时会放下目前的一些严重的焦虑，而考虑一些之后将会发生的事情，例如重新恢复和平之后的场景。他们担心的，尤其是文学的未来。人们有一天问我，我是怎么想到这个的。我有一点模糊地说道，我并没有想到这个。他们对我说："难道你就一点也没有察觉到某些可能的方向？承认吧，人们不能预见细节；但是，你作为哲学家，至少有一个整体的观念。例如，你是怎样设想明天伟大的喜剧作品的呢？"我总是能想起当我回答这些问题时与我对话的人的惊奇，我是这么回答的："如果我知道明天的伟大戏剧作品是什么，我就会去完成它。"我非常清楚他是把未来的作品设想为封闭在一个我不知道的、可能的箱子中；考虑到我与哲学早就有的关系，我必须取得这个箱子的钥匙。但是，我对他说："你所说的作品仍然不可能。"——"既然它会实现，那么它就更该可能。"——"不是，它并没有存在。最多，我同意你说的，它将来会存在。"——"你是怎么理解的呢？"——"这很简单。只要一个有天赋或者天资的人出现，他就会创造一个作品，一个真实的作品，并且因为同样的原因，这个作品被人们回想起来或者追溯起来时是可以成为可能的。但如果这个人没有出现的话，这个作品就不会出现，或者它过去也不会存在。这就是为什么我说它将会有可能成为可能的原因，但是它还没有存在。”——他们会说：“这有点牵强了。你不会坚持认为将来会影响现在吧？你不会坚持认为现在会导致过去的某些事物吧？还有，行动会重新回到时间的历程中，并且又把自己的标记印在后面吧？”——这要看情况了。

虽然人们希望可以把现实嵌入过去，并且在时间中倒退着工作，但是我从未这样想过。即便人们可以容纳可能性，或者甚至说可能性将会在所有的时刻栖息于此，这未必是可疑的。随着现实不断地形成，它的无法预见的、新颖的形象也映照在自己身后无尽的过去中，因此，现实发现自己在所有的时候都已经是可能的了。但是，正是在这个准确的时刻，现实才开始总是存在，这就是为什么我说，一旦现实出现了，它的可能性将会走在前面，而这个可能性不会先于其现实性。

因此，可能是现在在过去的幻影，并且因为我们知道将来已成为现在而告终——因为幻影的效果毫不停歇地继续出现，所以我们说，在我们实际存在的现在，连明天的图像已经有了。不管我们有没有抓住这个图像，并且这个现在也将成为明天的过去。这就是确切的幻想，这就好像，当人们站在镜子面前，看到了自己在镜子中的形象，人们就以为如果自己站在镜子后面的话就能够碰到镜子里的自己。因此，在判断出可能不必以现实为前提之后，我们承认是现实添加了某些事物到简单的可能性中：可能应该总是存在的，像幽灵一样等候着属于自己的时刻。于是，可能性通过加入某些事物而成为现实，并且这是通过一些我不知道是什么的血液或者生命的输送而完成。我们看不到所有的一切都是相反的，看不到可能性意味着现实用某些加入的事物来回应问题，因为可能是与曾经出现的现实有关的效果，并且可能是安排的一个结果，这个安排把可能放在了后面。内在于大多数哲学之内的观念对于人类精神也是自然的，这些可能性通过存在的获得而实现了自己，因此，它也是纯粹的幻想。同样，我们希望声称有血有肉的人来自于它在镜中影像的物质化。我们可以找借口说，在这个真实的人身上有着所有我们在这个虚拟的影像上找到的东西，并且它的坚固性还让人们可以触摸它。但是这里的真相是，人们应该去获取虚拟的影像而不是真实的影像，应该为了人的图像而不是人本身。因为如果人没有出现的话，那么人的图像不会自己呈现出来，并且它想要呈现出来还需要一面镜子。

当他向我询问关于明天的戏剧的时候，我就是这样忘记了我的对话者。他同样有可能无意识地在“可能”这个词语的含义上玩了个文字游戏。哈姆雷特在其成为现实之前毫无疑问是可能的，只要我们是这样理解的，即没有任何难以逾越的障碍阻挡其实现。在这个特别的含义上，我们称可能为那些不是不可能的，并且事物的“非不可能性”是其实现的条件。但是，可能性因此被理解为在任何程度上都不是虚拟的，它理想地先存在。关上栅栏你就知道没有人会找到路：他不会沿着那条路走，以便于当你打开栅栏的时候可以预言谁会找到路。

然而，你偷偷摸摸地，无意识地从“可能”这个词的所有否定含义走向其肯定的含义。这可能一下子就意味着“障碍的缺失”。你现在把“可能”变成了一个“观念形式下的先存”，而这完全是另外一回事了。在“可能”这个词的第一个含义上，一件事物的可能性先于其实现，这是显而易见的道理。你的意思就是说那些已经被克服的障碍，其实是可以克服的。[①]但是，在第二个含义上，这就是一个谬论，因为莎士比亚的哈姆雷特的灵魂是在可能的形式下存在的，并且因此而创造出了现实性，这是很清楚的。因而这个灵魂，通过定义，其实就是莎士比亚本身。你首先设想这个灵魂可能会出现在莎士比亚面前，这是徒劳的。这是因为你没有想到这个喜剧的所有细节。然后你不断地补足这些细节，莎士比亚的前人恰好想到了莎士比亚将会想到的，感觉到了他将会感到的，知道他将会知道的，因此感知到了所有他将会感知到的，因此占据了同样的空间和事件，有了同样的躯体和灵魂——这就是莎士比亚本身。

但是我还是要强调那些很自然的事情：当关系到一个艺术作品的时候，所有的这些考虑都是必要的。我相信人们会发现

① 还应该在某些情况下考虑，如果这些障碍因为造物主的行为而不可克服，那么造物主就可以克服这些障碍，因为行为本身是不可预见的，于是就会创造“可克服性”。在这个可克服性面前，这些障碍是不可克服的，并且，没有这个可克服性，这些障碍仍然会是障碍。

这是很明显的，即当艺术家在完成自己作品的时候，他在创造了可能的同时也创造了现实。那么为什么人们可能会犹豫要不要说说自然呢？难道世界不是一个艺术作品吗？难道世界不比最伟大的艺术家的作品还要无与伦比地丰富吗？这里难道不是有同样多的谬论吗？否则，又要假设未来会提前出现，假设可能性先存于现实。我又非常希望由物质点封闭起来的体系的未来状态是可以计算的，并且因此在其目前的状态中也是可见的。但是，我又要重复说，这个体系是对全体的一个提取物或者抽象。这个全体，除了包含有惰性的、无组织的物质之外，还包含有组织。用这个世界所包围的生活和意识来想想这个具体的、完整的世界吧。

考虑下整个自然，它产生了新的物种，这些新物种与任何艺术家的画作一样，有着同样独特的、新奇的形式。你把这些种类赋予个人、植物或者动物，它们每一个都有自己的特点——我说这就是它们的个性（因为一株植物的细枝不会与另一株植物的细枝相像，就像拉斐尔和伦勃朗不同一样）。你从个人一直提高到社会，这个社会会展开行动，这些都与戏剧中的行为、情况差不多的：如何来讲述这个先于自己的实现的可能呢？怎样才能不看到，如果事件总是事后通过这样或那样的先前事件来解释，那么一个完全不同的事件就能很好地，在同样的环境下被已经选好的之前的事件所解释——我还能说什么呢？通过相同的前事，但是这些事有着不同的切割、不同的布局，是最终通过回顾的注意来感知到的前事。在它们之后继续进行着一个稳定的改革，从过去到现在，从原因到结果。

所以我们总是因为同样的理由而没有看到这点；我们总是获得相同的幻想；这是因为我们把少的看作多的，把多的看作少的。重新把可能放回到它的位置，进化就变成了另外一回事，而不是一个计划的实现。未来的大门完全敞开着，一片无垠的天地想把自己推荐给自由。学说中的错误——在哲学史中是很罕见的——这些学说已经知道自己要给世界中的不确定性和自由让出位置，这个错误在于没有看到学说的肯定性所隐含的东西。当它们说到不确定性、自由的时候，它们是把不确定性理解为可能中的一个竞争，把自由理解为可能中的一个选择——就好像可能性并不是由自由本身创造的一样。就好像所有其他的假设，提出可能的一个理想先存于现实，它们不会把新事物缩减为只是旧元素的重新组合。就好像早晚它都不应该被引导着把新事物看作可计算、可预见的。在接受了相反理论的公设之后，人们也把敌人引了进来。我们应该找准每个的位置，应该是实际成为可能，而不是可能变成实际。

但事实是哲学从来没有完全承认过这个有着接连不断的、无法预料的新事物的创造。古代的人已经对这个反感了，因为，或多或少的柏拉图哲学派哲学家，他们以为存在是一次性赋予的、完整的、完美的，是存在于观念的永恒体系之中的，因此，正在发生进行着的世界在我们眼里看来是不可能添加任何东西的；相反，这个世界不过是在不断地减少或者削弱；它的连续状态测量着一个不断变大的或者缩小的距离，这个距离是在它本身和它应该成为的事物之间，它本身是投射在时间中的阴影，而它应该成为的则是永恒中的观念。这些状态指出了一个亏损的变化和空虚中的变化的形式。是时间使一切变质，而现代人则完全站在另一个立场上看问题。他们不再把时间看作永恒中的闯入者，干扰者；相反，他们自愿地把时间简化为一个简单的现象，时间不过是混杂着理性的形式。那些被我们感知为状态的连续的东西，其实是我们的理智所设想的，就像一个关系的系统。真实又一次成为永恒的，有了这个唯一的不同，这些现象导致了法则的永恒性，而不是导致了观念的永恒性，但这些观念是这些现象的模型。但是，在第一种和第二种情况下，我们在理论上是有困难的。我们把这些理论与事实相联系，时间立刻就会被赋予，而这对于我们就足够了。在时间向我们展示其不存在或者其邪恶的期间，我们只是观察到了不可预料的、新事物的、有效的涌现。

哲学在现象的运动世界中将会发现某些绝对，但是我们同样也可以感到更加快乐，有更多的力量。之所以会更加的快乐，是因为在我们眼皮子底下发生的现实将会向我们每一个人不停地给予某些特定的满足，这是艺术从命运中有特权的人手中获得的满足：命运由此向我们揭示出我们感官中的固定性和单调性，这个感官被我们的需要的稳定性所吸引，于是新事物总是不断地重新出现，这表现了事物运动的独创性。但是，我们要更强大，因为我们本身作为创造者，感觉到了自己参与到了创造的伟大作品中，这个创造是起源，同时也是在我们的眼下继续进行着的。我们的干预机制在我们恢复了镇静之后将会加强，在服从的态度中表现出谦卑，并且服从于我不知道的某种自然的必然性。于是我们重新站立起来，成为与一个更伟大的导师相联系的教师。这就将是我们的研究所得的结论，我们要警惕在关于可能与现实的思辨中看到一个简单的游戏，这么做可能是为了好好生活而准备的吧。

第四篇　哲学的直觉

1911年4月10日在博洛尼亚哲学大会上的演讲报告

我想要跟你们交代一些我关于哲学精神的思考。在我看来——或者更多地说是作为证据而出现在此次会议上的一个记忆——形而上学在此刻正在力求简单化，力求靠近生活。我认为它有理由这样做，并且正是在这个意义上我们才必须要工作。但是我估计我们不会做出任何革命性的事情，我们仅限于把最合适的形式赋予整个哲学的本质——我想要说的是整个哲学，它完全意识到了自己的功能还有目的，因为不应该为了文字的复杂性而忽视了精神的简单性。为了只考虑从前提出的学说和综合，以及为了领会之前的哲学结论还有后天获得的知识的整体，人们可能再也不会觉察到哲学思想本质上是有自发性的。

人们可以注意到，我们所有人都可以教授哲学的历史，所有人都有机会重新学习同样的学说，并且把这个学说推动得越来越深化。一个哲学体系看起来首先是作为一个建筑学中的完整建筑物而树立起来的，在这个建筑物中，所有的布置都已经安排好了，这是为了让人们可以在其中非常方便地安置所有问题。当在这种形式下注视这个哲学体系时，我们感觉到了一种被专业的满足所加强的审美乐趣。事实上，我们在这里不仅发现了复杂中的秩序（我们有时会在描述这个秩序的同时完善它，以此消磨时间），而且我们还可以满意地对自己说，我们知道这些建筑材料从何而来，并且还知道这个建造是如何完成的。在哲学家所提出的问题中，我们辨认出了那些在哲学家周围躁动不安的问题。在这个哲学家给出的解决方法中，我们认为重新找到了以前的哲学或者当代哲学的组成部分，虽然我们找到它们的时候，这些组成部分是有序的或者混乱的，但是它们几乎都没有被改动。这样的观点必须通过当代哲学的组成部分提供给哲学家，而其他的观点则必须通过古代哲学的组成部分被启发出来。通过哲学家所读到的、听到的、学到的东西，我们可以毫无疑问地重新组织他所做的事情的最伟大的部分。因此，我们可以置身于作品中，我们回到源头，我们权衡影响，我们提取出相似的部分，最终，我们在学说中清楚地看到了我们所寻找的东西——一个综合，这个综合或多或少是观念的正源，而哲学就是生活在这些观念之中的。

但是，一个经常革新的、与大师思想的接触，可以把我们引向一个完全不同的感觉，这个过程是通过一个逐渐的渗透而完成的。我并没有说我们所致力于的工作是属于逝去的时间的，但如果没有这个事先的努力，而想要用并不是比较的东西来重组哲学，并且还想把哲学与它周围的事物联系起来，那么我们可能永远也不会遇到真正的哲学。因为人类精神就是这样实现的。只有当精神试着把新事物带回以前的时候，它才开始理解新事物。但是，随着我们力求把我们置于哲学的思想中，而不是在其周围转圈，我们看见了它的学说不断地改变了面貌。首先，复杂性降低了。然后，部分之间相互掺杂。最后，所有一切东西都集中到一个特别的点上，我们觉得我们可以越来越接近这个点，虽然我们对于达到这个点并不抱任何希望。

在这个点上有一些简单的事物，它们可以无限地简单，它们是如此特别的简单，以致哲学家从来都不能成功地说出它们。而这就是为什么哲学家一生都在谈论这个点的原因。他不能明确表达出他在精神中所拥有的东西，如果他提出了，他会觉得自己有义务改变自己的说法，然后，又会继续改正自己之前所做的修改——因此，理论接着理论，他不停地改正，但是又相信自己已经变完整了。其实他并没有做其他的事情，通过一个需要复杂的复杂情况以及发展上的发展，他只是用不断增长的近似来恢复原始直觉的简单性。他学说中所有的无止境的复杂性，因此不过是他的简单的直觉与他用来表达的方法之间的不可通约性。

这个直觉是什么呢？如果哲学家没有给出直觉公式，那么我们就没有成功。但是，我们重新把握住和固定住的是具体直觉的简单性和抽象的复杂性之间的中间印象，是一个流逝的、消逝的印象；它可能未被人们注意到，没有进入到哲学家的精神中，它只是作为哲学家的阴影跟随着他穿过思想的迂回之路。并且如果它不是直觉本身，那么它更接近于概念的表达，也因此必然是象征性的，直觉必须求助于这个表达以提供“解释”。我们认真地看看这个阴影：我们猜测着投射出这个阴影的人的姿势，如果我们努力去模仿这个姿势，或者把我们嵌入到这个阴影中，我们就会在可能的范围内构建出这个哲学家所看到的东西。

首先描绘出这个印象的特征的是否定的能力，这个否定是印象自己加在自己身上的。你们可以回想下苏格拉底的恶魔是如何前进的：他在特定的时刻阻止哲学家的意志，妨碍他们产生影响，更确切地说，它并不规定要做的事情。看起来直觉通常都是以思辨性的物质出现，就像苏格拉底的恶魔在实际生活中的那样；至少直觉是在这样的形式下开始的，它同样也是在这个形式下继续给出自己最清楚的表达：它会进行防御。在那些自然地就被接受的观念面前，对于那些看起来很明显的正题，那些已经是科学性的断言，直觉在哲学家的耳边说到了一个词语：不可能。不可能，甚至当事实和理由看起来会促使你相信这是可能的、真实的、确定的时候，你仍然会通过我的声音说，直觉与我们援引的事实和我们给出的理由是不能并存的；并且从那时候起，这些事实必须不被观察，这些推理都是错的。

直觉的否定能力是多么奇特的力量啊！这个能力是如何没有引起哲学的历史学家的注意的呢？难道看不见哲学的第一个

措施就是明确地拒绝某些事物吗？然而它的思想仍然是不确定的，并且在它的学说中没有什么是确定的。稍后，哲学可能会在它肯定的地方做出改变，它不会在否定的东西中变化。并且，如果它在自己肯定的东西中发生变化，那么这将会依照直觉或者其印象的内在否定能力。它将会放任自己慢慢地根据直接的逻辑而有规则地去推论事物的结论；并且一下子，面对着自己的断言，哲学体验到了同样的不可能的感情，这个不可能首先来到其他的断言前面。事实上，哲学已经为了跟随切线而离开了思想的曲线，它变成了自己的外部事物。当它回到直觉的时候，它就回到了自身。这些出发和返回形成了发展着的学说的之字形曲线，也就是说这个学说消逝了，又重新出现了，并且无限地修改自己。

让我们离开这个复杂情况，重新回到简单的直觉或者至少回到表达出直觉的印象：我们一下子看到学说摆脱了时间和地点条件的限制，而它之前好像非常依赖于它们。毫无疑问，哲学所拥有的问题就是那些出现在它的时间中的问题；哲学所运用或者批判的科学就是那个在它的时间之中的科学。在哲学提出的理论中，如果人们去寻找的话，那么就可以重新发现同时代的人和前人的观念。那么哲学又是怎样不同的呢？为了理解新事物，哲学应该努力把它依照旧事物表达出来；并且，那些已经提出的问题，那些人们已经提供的答案，那些它所生活的时代的哲学与科学，这些对于每一个伟大的思想家而言都是物质，他必须利用这些物质来为自己的思想提供一个具体的形式。不用考虑从古代以来把整个哲学作为一个完整的体系提出是传统的做法，这个哲学拥有所有人们知道的事物。但是这将会产生一些混淆，即把那些不过是表达方式的东西作为学说的一个组成部分。就像我之前所说的一样，当我们着手对一个体系研究的时候，这就是我们招致的第一个错误。如此多的局部相似性引起了我们的注意，如此多的关系的接近在我们看来是必要的，如此多的、如此迫切的需求把所有的部分都丢给了我们的机敏和博学，以至于我们都尝试着去运用在这里或者在那里获得的观念碎片去重建导师们的思想。

应该要停止先赞颂再去了解——既然我们刚刚才说我们是有能力的——用它来实行一个有趣的拼凑工作。但是幻觉是不会持久的，因为我们很快就会发觉，当哲学家看起来像是在重复已经说出的事物的时候，他其实是在用自己的方式思考。于是，我们放弃了重建思想的工作；但是这通常是为了走向一个新的幻觉，毫无疑问这个幻觉肯定没第一个幻觉严重，但是却比它更顽固。我们往往会设想这个学说——即便它是导师的学说——来自于以前的哲学家，并且它还是“一个进化的时刻”的代表。诚然，我们不再是完全错误的，因为一个哲学更像是一个组织而不是组合，并且在这里最好是说哲学是不断地演变的而不是一种混合物。但是这个新的比较，除了给历史一个更具有连续性的思想，以及这个连续性实际上并不存在之外，这个新的比较并不适合支撑我们的注意力。这个注意力固定在体系外部的复杂性之上，以及这个体系可能拥有的对其表面形式的预测的事物之上，而不是这个新的比较促使我们用手去触碰根本的新颖性和简单性。配得上这个名字的哲学家从来都不只是说出事物，如果他之前没有正确地说出事物，那么他还会力求重新说出。还有，他之所以不止说一件事物，是因为他知道的不止一个点，而这个点更多的是一个接触而不是幻想。这个接触提供了一个推动力，这个推动力促进了运动，并且如果这个运动作为一个特定的、特别形式的旋转，只有当它在自己的行程上聚集的时候，我们才能看到它，同时其他的灰尘也可以被卷起来，并且形成同样的旋风。如此，一个带入了某些新事物到这个世界中来的思想也被迫要表现自己，它要穿过它在运动中所遇到的或者引起的所有的观念，因此这个思想看起来与哲学家所生活的时代有关系。但是这通常不过是一个现象而已。哲学家本来可以几个世纪之后再来；他还可以与另一个哲学或者另一个科学打交道，他还可以提出其他的问题，他还可以用其他的公式来说明自己，如果有可能的话，他所写的书没有一章是它应该有的样子。然而，他可能已经说了同样的事情。

请允许我举一个例子，我需要你们专业的记忆；如果你们希望，我也会回忆我的某些记忆。作为法兰西中学的教授，我把我的两门课程中的一个贡献给了哲学的历史。正因为如此，在连续的几年时间中我可以详细研究贝克莱，然后是斯宾诺莎，而这些正是我所描述的经验。我将把斯宾诺莎放到一边，因为他把我们带得太远了。然而我不知道还有什么比《伦理学》一书中对于形式与本质之间的比较更具有教育意义的：一方面是那些称为实体、属性和样态的庞大的事物，以及混杂着定义的定理的了不起的工具、推论，还有各种注释，这种机械的复杂和这种覆灭的能力，只能让初学者在面对《伦理学》的时候，充满着仰慕与恐惧，就像面对一个穿着铠甲的无畏的人。另一方面，有一些细微的、特别轻薄的，几乎是空气似的东西，当人们接近它们的时候，它们就会消逝。人们不能注视它们，甚至是从远处看也不行；如果人们关注了它们，就会变得无法专心于那些剩下的事物，甚至那些不计较财富的人也不行。此外还有实体与属性之间的区别，以及思想与广延的二重性。

斯宾诺莎

在众多的、出现在笛卡儿主义和亚里士多德主义中的概念背后，直觉成为斯宾诺莎的重要概念。这是任何人都可以建立的直觉，虽然它很简单，但是它并不是简单得足以表达出来。假定，因为我们满足于近似性，所以直觉就是一个感知，是行为与作用之间的一个巧合，我们的精神通过这个行为很好地了解了真相，而这个作用则是上帝所产生的；还有一个观念，即十二音节诗的转变，当近似性变得完整的时候不过是完成了一个长列而已。并且，当出自于神性的人类重新回到近似性的时候，人类就再也不能察觉出一个特别的运动了，而本来在那里它首先可以看到的，就是来来回回的两个相反的运动——道德经验在这里是负责解决一个逻辑性的矛盾，并且让返回变成前进，这是通过时代的突然的废除而实现的。我们越是回到最初的直觉，我们就越能理解，如果斯宾诺莎能够活在笛卡儿之前，那么毫无疑问他将会写一些其他的东西。但是，作为一个活着的、在写作的斯宾诺莎，我们仍然相信斯宾诺莎主义。

贝克莱的思想

我又讲到了贝克莱，既然我是以他作为例子，那么即便我详细地分析他，你们也不会觉得烦人。在这里，简洁的获得是依赖于严格性的。我们只要看一眼贝克莱的作品就可以把它本身归纳为四个基本的论题。第一个，规定了一个特别的唯心论，并且一个新的视觉理论也依附于这个唯心论（尽管哲学家已经小心地把这个理论当作独立的），因此产生了这么一句话："物质是观念的集合。"第二个论题坚持声称抽象的、普遍的观念最终可以归结为词语：这属于唯名论。第三个论题肯定了精神的实在性，并且通过意志来描绘其特征：假定这是唯灵论和唯意志论。第四个论题，我们可以称为一神论，它肯定了上帝的存在，并且以关于物质的推论为依据。然而，没有什么比重新发现这四个论题更简单的了。在贝克莱的同时代人或者前人之中，他们以几乎同样的术语来描述，第四个论题与神学家不谋而合。第三个问题在邓斯·司各特的作品中有提到，笛卡儿也说过某些同类的话。第二个论题在成为霍布斯的哲学的组成部分之前，在中世纪保持了争议。至于第一个论题，它与马勒布朗士的偶因论非常相似，在笛卡儿的某些文本中，人们已经揭示出了它的观念，甚至是样式。此外，人们是直到笛卡儿才注意到梦境有着现实的所有外形，在我们的每一个感知中都参与了一些事物，它向我们保证了我们之外的事物的存在。

因此，有了那些古代或者现代的哲学家，如果我们不想上升得太高，还可以有笛卡儿和霍布斯，我们还可以加上洛克，有了他们，人们就会有了基本的材料来实现贝克莱哲学外部的重建。人们还保留了他的视觉理论，这个理论于是成为他的专有作品，并且它的独创性还影响了其他的东西，这个独创性向整个学说展示了其独特的一面。因此我们摘取古代哲学和现代哲学的片段，把它们放在同样的碗中，并且通过添油加醋的方式，依据数学的独断论在其中加入一个特定的有进攻性的不耐烦和愿望。这在一个神职哲学家中是很自然的，他会调和理性与信仰，并且有意识地混合搅乱它们。这个哲学家把理性和信仰放在一切之上，就像各种混合的果蔬一样对待它们，从而在新柏拉图主义中获得一定数量的箴言，这样我们将会拥有一个沙拉，从远处看它将会足够像贝克莱所做的沙拉。

非常好，因此那些前进着的人将不能进入到贝克莱的思想中。我说的不是困难和不可能性，这个人在细节的解释中会遇到这些困难和不可能；因此，根据独特的“唯名论”，这个人创设了非常多数量的普遍观念，这些观念在本质上是永恒的，它们内在于神性的理智中。这是一个多么奇特的对于身体的实现性的否定啊！这个否定通过一个有效的、关于物质本质的理论来表述自己，这是一个丰富的理论，它与贫瘠的唯心论的可能是一样的遥远，它领会了梦的感觉！我想要说的是，我们不可能细心地审查贝克莱的哲学，除非我们能看到自己首先接近，然后进入到我们已经区别出的四个论题中，使得它们中的每一个看起来都比其他三个要丰富，使得它们每一个都有生动性和深度，并且从根本上不同于以前的或者当代的理论。在外表上，人们可以让它与这些理论同时吻合。毫无疑问，第二个观点并不是一个确定的观点，从这个角度看学说，学说更像是一个组织而不再是一个集合，至少它更接近真理。我不可能展开所有的细节，然而，我应当指出这四个论题中的至少一个或两个，那么为什么人们不能引出其他的论题呢？

以唯心论为例，它不仅仅是说物体是观念。它有什么作用呢？我们应该要继续肯定这些观念，而经验则让我们肯定物体，并且我们只是用一个词语替代了另一个词语——因为贝克莱的确没有认为当他停止生活的时候，物质会停止存在。贝克莱的唯心论意味的是，物质与我们的表象有着相同的外延；物质既不在里面也不在下面；它并没有掩饰什么，也没有限制什么；它既不占有力量也不具有任何形式的潜在性；它铺展在表面上，并且在一瞬间完全停留在它所给出的东西中。“观念”这个词让我们思考一个实在性，这个实在性同时也是可能性的储藏所。正是因为这个理由，贝克莱更喜欢称物体为观念而不是事物。但是，如果我们这样思考“唯心论”，那么我们就会把它看作与“唯名论”有重合；因为这第二个论题，随着它在哲学家的精神中越来越清晰地表现出来，它会越来越明显地缩减为对于抽象的一般观念的否定——抽象的，这就是说是物质的提取物：事实上，非常清楚的是人们不能从什么都没有的东西里提取出某些事物，因此也不能来自于其他的感知。颜色就只是颜色，强度就只是强度，你们从来不会在强度和颜色之间发现一些共同点，你们也从来不会在视觉的数据中找出一个元素，使得这个元素与触觉的数据有某些共同点。如果你们想要从这些视觉和触觉中抽象出某些东西，使得它们与所有的一切都有共同之处，那么你们就会意识到，当你面对着这个事物时，你们会接触到一个词，这就是贝克莱的唯名论；但是，这同时也是“新的视觉理论”。

如果一个同时既是可见的，也是可以触碰的广延性只不过是一个词，那么它更有理由成为一个这样的广延性，即它可以一下子涉及所有的意义：这仍然是唯名论，但也还是对笛卡儿哲学的物质理论的反驳。甚至不要再说广延性了，只要简单地观察，看看语言的结构，以下两个表达都是同义的，即“我有这个感觉”和“这个感觉存在”。但是，第二个表达在完全不同的感觉中引入了同样的“存在”，它促使我们相信在这些感觉之中有某些共同的东西，并且，让我们想象它们的多样性找到了一个基本的统一性，一个“实体”的统一性，这个实体事实上只是词语实体性的存在。你们已经完全有了贝克莱的唯心论，并且这个唯心论，就像我说的那样，不过是运用其唯名论而制造出来的。

现在，如果你们愿意，请转移到上帝的理论和精神的理论上去。如果一个物体是由“观念”制造的，或者用其他的话说，如果一个物体完全是被动的、被结束的、缺乏力量和可能性的，那么它将不会影响其他的物体；并且自此以后，物体的运动必须成为一个活跃的力量。这个力量产生了这些物体本身，并且由于宇宙所表现出的秩序，这个力量可能不过是一个理性的原因。如果我们在实际上，在普遍观念的名义下创设名词的时候出了错，并且我们已经把这些名词赋予了对象，或者多多少少有些虚假地被我们建立起来的关于物质层面的感觉，那么，当我们认为我们物质的层面背后揭示出了上帝的意愿的时候，它将不再是同样的了。只能存在于表面的普遍观念，能够联系物体与物体的普遍观念，这样的观念毫无疑问不过是一个词语。但是存在于深处的普遍观念，把物体与上帝联系，或者甚至将上帝降低为物体的观念，这样的观念就是一个实在。因此，贝克莱的唯名论很自然地就需要这个我们发现的学说的发展，并且人们错误地把这个学说看作一个新柏拉图主义的幻想。用其他的话来说，贝克莱的唯心论不过是这个理论的一个方面，这个理论把上帝置于所有的物质活动背后。最终，如果上帝赋予我们每一个人感觉，或者就像贝克莱说的赋予我们“观念”，那么接受这些感觉的人或者那些朝向这些感觉的人，则与观念完全是相反的。这就是一个权力意志，并且不停地被上帝的意志所限制。如果被感知是纯粹的被动性，那么感知者则是纯粹的活动。人类的精神、物质，还有上帝的精神于是就变成了术语，我们只能根据一个来表达另一个，并且贝克莱的唯灵论会发现自己不过是其他三个论题中任意一个的一个方面而已。

因此，体系的不同部分相互渗透，就像在一个生命体之中一样。但是，正如我在开头所说的那样，这种渗透最终会回报我们，它毫无疑问地送给我们一个更合理的、对于物体的观念。事实上，我们还没有接触到灵魂。

我们不断地接近灵魂，如果我们可以接触到我刚刚所说的中间印象——这个印象几乎是物质的，它可以任意地看，且它也几乎是精神的，而它不能随意触碰——假象，即当我们在学说周围绕圈时产生的假象，并且我们为了获得决定性的象征要求助于这个假象，我们还需要某种姿势的指示以及观看的角度。出现在口译者心中的中间印象，随着它在作品的研究中不断地前进，它以前还会不会存在于导师的思想中呢？如果不是这个翻译，而是另外一个，那么它可以属于一个不同的感觉秩序，并且和它没有任何物质上的相似。但是这另外一个相当于两个翻译，它们用不同的语言，但却有着同样的起源。有可能是这两个印象，也可能是其他的东西，但仍然是相等的，它们会一下子一起出现，一步一步地跟着哲学家，慢慢地，穿过他思想的演变之路。或者它可能没有注意到，没有谁仅仅满足于直接与这个更细微的事物重新取得联系，这个事物就是直觉本身。但是，我们应该努力地重建中间印象，艰难地把“最初的直觉”说成是一个模糊的思想，把“学说的精神”说成是抽象，而这个精神更具体，这个直觉在体系中有着更多的精确性。

在贝克莱的情况中，我认为看到了两种不同的印象，并且最让我吃惊的并不是在贝克莱本身中发现的完整的指示。在我看来，贝克莱把物质看作处于人类与上帝之间的一个切碎的透明的薄膜。物质仍然是透明的，但是尽管形而上学家触碰到了物质，或者由于他是形而上学家而触碰到了公共含义，哲学家们却没有留意到它，于是上帝就出现了。人类与上帝之间这层薄膜立刻就失去光泽，并且变厚，成为不透明的屏障的形式。因为像实体、力量、抽象的广延等，这些词语都会从它背后溜过，然后沉积为一层灰，并且阻止我们通过透明度去观看上帝。印象差不多勉强被贝克莱本身指出，尽管他曾经用专有的术语说“是我们卷起了尘土，然后也是我们抱怨说看不到任何东西了”。但是还有另外一个比喻，这个比喻常常被哲学家提起，它不过是视觉印象的听觉转换。我刚才写道：物质就是上帝说给我听的语言。物质的形而上学让每一个音节都变得浓厚，并给了它一个命运，把它当作独立的实体，还转移了我们对于声音意义的关注，并且阻止我们跟随上帝的格言。但是，不管人们是接近其中的一个或者另一个，在这两种情况中，我们很难得到一个简单的印象，以至于我们应该守在它的眼皮子底下。因为，如果这个印象不是学说的创造性的直觉，那么它立刻就会偏离轨道，并且比任何一个论题都要更接近直觉，甚至比它们的联合还要接近。

我们可以重新抓住这个直觉本身吗？我们只有两种表达方式：概念和图像。体系正是在概念上发展的，而当人们把体系推向它所来自于的直觉的时候，它就会在图像上缩小：如果人们想要通过回溯到比图像更高的位置来跳过图像，那么人们必定会重新落到概念上。这些概念比人们之前寻找的图像和直觉更模糊，且更普遍。如果人们重新采用这个形式，堵塞直觉的来源，于是独创性的直觉看起来将会更乏味、更加冷酷；而这就是平庸本身。例如，如果我们说贝克莱把人类灵魂看作部分与上帝连接的，又部分是独立的，假设他在一瞬间意识到自己是作为一个不完整的活动，如果在这两者之间没有某些绝对的被动性的话，那么这个活动会加入一个更高级的活动中。我们把贝克莱的独创性的直觉表达为可以立刻用概念表达出来的。无论如何，我们将会有一些如此抽象的事物，以至于它几乎是空虚的。既然我们不能找到更好的，那么我们坚持这个方法，但是要努力为它添加一些生气。

接受哲学家写下的所有东西，让这些分散的观念重新回到产生它们的图像，提高它们的位置，从关闭在图像中，一直到一个可以扩大图像和观念的抽象方法。到那时候，我们就依附于这个方法，并且留心它，它是如此简单，但仍然在不断地简化，比我们推给它的巨大数量的事物还要简单。我们最终和这个方法一起站起来了，登上一个点，在这个点上的学说中有广延的东西就缩小为张力。我们这次要说这个力量中心是如何离开这个给出了生命冲动的推动力的，这个推动力也就是直觉本身。贝克莱的四个论题就是来自于这里，因为这个运动在路上遇到了观念和问题，而这些是由贝克莱的同时代的人提出的。在其他的时代，贝克莱肯定会构造其他的论题，但是运动仍然是同样的，这些论题可能通过一类与另一类的比较而被置于同样的方式下；这些论题之间也将会有同样的关系，就像一个新句子里面的新词语一样，它们仍然能继续追寻一个旧的含义，并且还是同样的哲学。

一个哲学与古代哲学和当代哲学的关系因此也不是我们所设想的，是关于体系历史的一个特定概念。哲学家不会把之前存在的观念放入一个更高级的综合中，或者把它与一个新的观念相连接。为了方便述说，还可以相信我们将要去寻找词语，我们之后会用思想的方式把这些词语缝合在一起。事实是，在词语和句子之上，存在着某些更简单的事物，它比一个句子甚至是一个词更简单：感觉。没有思想的运动那么有思想性，它更多的是一个方向而不是运动。并且被赋予初生生命的推动力决定了原始的细胞分类，这些细胞自己又分裂，直到形成了完整的组装。因此，思想所特有的所有行动的运动带领着这个思想，通过它本身的一个不断发展的细分，渐渐地展开在精神的连续层面上，直到思想可以触及语言的层面。在那里，思想是通过句子表达出来的，也就是说通过一组已经存在的元素表达出来的。但是思想几乎可以任意地选择这个组中的之前的元素，只要其他的元素是互补的。同样的思想也是由完全不同的词语组成的多样化的句子来表达的，只要这些词语之间的关系仍然是一样的。这就是语言的进程，这也同样是一个活动，哲学就是通过这个活动而建立起来的。哲学家不会离开已经存在的观念，人们最多可以说哲学家来了。当哲学家来临的时候，观念会把它的精神引入到运动之中，就像词语一样获得一个新生命，这个词接收到句子的意思，它不再处于旋涡的外部了。

哲学与科学之关系

人们会在一个哲学体系和科学知识的整体中发现一个同类的关系，这个科学知识属于哲学家所生活的那个时代。在这里有一个关于哲学的特定的概念，它希望哲学家的所有努力倾向于在一个伟大的综合中拥抱特别的科学的结果。的确，哲学家在很长的时间里是支配普遍科学的人，并且即便现在有各种特别的科学的多样性、方法的多样性和复杂性，以及大量会聚的事实，这些使得想把所有人类知识聚集在一个单独的精神中是不可能的。但哲学家仍然还是普遍科学的主人，在这个意义上，如果他不再想知道所有的东西，那么这里就没有什么他必须要学习的东西了。不过从那以后，他的工作难道就是去征服已有的科学，把科学带到普遍性的台阶上去，并且前进，不断凝聚，一直到我们所称为的知识的统一了吗？请允许我觉得诧异，人们竟然把这个哲学的概念推荐给科学，且是为了表示对科学的尊敬：我不知道比这个还要冒犯科学，还要侮辱学者的东西。

怎么了？这里有一个人，他长期地实践一个科学方法，并且艰苦地获得结果。他刚才对我们说："经验，有了推理的帮助，会一直继续到这个点；科学知识就是在这里开始的，在那里结束的，这些就是我的结论。"而哲学家有权利向他回答："很好，让我继续，你会看到我将要做的事情！你带给我的不完整的知识，我会把它补充完整。你呈现给我的分离的事物，我会把它们结合在一起。既然讲好了我会坚持你已经观察到的事实，那么就有了同样的物质；既然我必须限于你所归纳和演绎的，那么就有了同样种类的工作，而我将会把你所做的事情做得更多更好。"真是奇特的愿望啊！哲学家的宣言是不是给予那些实践的人这样一个权力，即比同样方向上的科学走得更远呢？有些学者比其他人更喜欢走在前面，并且把结果普遍化，在词语的这个特别的含义下，人们说他们是哲学家。此外，每个科学都可以、也必须把自己的哲学包括在内，我是第一个接受这样的哲学的人。但是这个哲学仍然来自于科学，制造这个哲学的仍然是一个学者。就像之前一样，它不再是要把哲学建立在实证科学的综合上，也不再是要宣称，通过唯一的哲学的精神，要在同样事实的普遍化中提高到比科学更高的位置。

这样的一个关于哲学的角色的概念将会对科学是不公正的。但是对于哲学更是不公正的！难道这不是很明显吗？如果学者在普遍化和综合的道路上的某一个特定的点上停下来，那么这同时也会阻碍客观经验和确定的推理所允许我们前进的道路。并且从那时候起，如果想要在同样的方向走得更远，难道我们不会有条理地把自己安置在符号的任意性中，或者至少在假设中？把哲学变为一个普遍性的整体，这个整体会超越科学的普遍化，它是希望哲学家满足于言之有理的事物，并且可能性也能够让他满足。我想要说，对于大部分跟随着我们讨论的人，我们的范围实际上就是可能简单的范围，最多是可能的范围。自然地，他们会说哲学是在确实性结束的地方开始的。我们有谁想要哲学有一个同样的处境呢？毫无疑问，在一个哲学带给我们的处境中，不是一切都是同等地证实过的，也不是可证实的，并且哲学方法的本质就是要求在好的时间、好的地点，让精神接受冒险。但是，哲学家不会冒险，除非他签订了一份保险合同，并且有某些他觉得是确定不可动摇的事物。他在测量中也会退还一些东西给我们，在这里他会向我们传达他从中获得力量的直觉。

事实是，哲学不是特别的科学的一个综合，并且如果它经常处于科学的领地，如果它有时会在一个更简单的视觉中拥抱对象，而科学占据着这些对象，那么这并不是在加强科学，这并不是把科学的结果置于普遍性的更高的台阶上。如果经验没有向我们表现出两个不同的方面，那么在这里没有足够的位置给两种认知方式，即哲学与科学。经验的两个方面，一方面是以事实的形式，这些事实与事实并列，并且基本上是重复的，是互相打量的，最终在意义中展开了不同的多样性和空间性；另一方面是以相互渗透的形式，这种渗透式纯粹的时间，既经受得住法规，也经受得住检测。在这两种情况中，经验就意味着意识。但是，在第一种情况中，意识是在外部生长，并且根据准确的检测表达自己，在这个检测中它意识到了外部的事物；在第二种情况下，意识回到了自身，恢复镇定并不断深化。在试探自己的深度的同时，它更加深入地渗透到物质、生活、一般的现实的内部了吗？人们可以观察是否意识就像一个意外一样加在物质之上。但是，我们认为我们已经展示出了一个相似的假设，依据我们所采用的方面，这个假设是荒谬的或者是错误的，与它自身是矛盾的，或者与事实是相反的。但我们仍然可以观察它，尽管它与一个更广阔更高的意识相似，那是否人类的意识已经偏离了正道，是否人类现在躲在自然的一角，就像一个受罚的孩子一样呢？事实上他们不是这样的！充满这个世界的物质与生命也同样填充了我们；在所有事物上产生作用的力量我们也感觉到了；不管谁的内在本质造就了谁，我们也是被这个本质造就的。

于是，我们就走到自己的内心中。我们将要触碰到的点会更深刻，我们推到表面的推力将会更加强烈。哲学的直觉就是这个联系，哲学就是这个生命冲动。我们被一个来自底部的推力带到了外部，于是随着我的思想不断地发展、发散，我们又重返科学。因此，哲学应该可以以科学为榜样；并且，自称是直觉的原始观念，在它们不断的分裂、再分裂的过程中，是不可能掩盖住外部观察到的事实和规则的。科学正是通过这些把它们联系起来，这个所谓的观念不能改变某些普遍化，也不能重新树立某些观察，它将是纯粹的幻想；它与直觉没有任何的共同点。但是，从其他的方面来说，成功地、准确地把这个分散运用到事实和规则上去的观念，其实不是由外部经验的统一而获得的。因为哲学家不是来自于统一性，他们是分开的。当然，我说的是一个同时是有限和有关的统一性，就像把一个生命体在事物的整体中进行切割的统一性。有了这么一个工作，哲学看起来像是掌握了实证科学的成果，甚至是一个活动。在这个活动的过程中，哲学看起来似乎为自己搜集了古代哲学的碎片。这个工作不是一个综合，而是一个分析。

科学是行为的助手，而行为则瞄准了一个结果。因此，科学理智会寻思为了一个想要的结果，必须要做些什么事情呢。或者更一般地说，为了一个现象的产生，应该需要哪些条件呢。理智会从事物已有的安排走向一个重新的安排，从一个同时性走向另一个同时性。它必定会忽略发生在间歇中的事物；或者，如果它占有了这些事物，那么这是为了考虑其他的安排，其他的同时性。有了专门抓住事实的方法，一般来说理智不会进入那些自己发生的事物中，它会跟随着运动的事物，采用事物的生命的未来。这最后一个任务属于哲学。然而学者——仅仅限于在运动或获取不动的观点，并且要在不重复的事物边缘获取重复——同样专心于顺利地在连续的层面上划分现实；在这个层面上现实被展开，并且顺从了人类的行为，学者被迫运用自然来施自己的诡计，接受它的不信任和抗争的态度，哲学家把它看作战友。科学的规则是那些已经被培根提出的规则：服从是为了控制。哲学家既不顺从也不控制，他追求的是融合一致。

回到哲学的直觉

在这个观点上，哲学的本质就是简单的精神。尽管我们从哲学精神本身或者它的作品中来思考它，尽管我们把哲学与科学作比较，或者把一个哲学与其他哲学作比较，但是，我们总能发现复杂性只是表面的，建设是次要的，综合是一个现象，总之研究只是一个简单的行为。

我们越是相信这个真理，我们越是倾向于把哲学从学校中拿出来，而让它更靠近生活。毫无疑问，同样思想的态度更接近科学的姿态，而不是哲学的姿态，例如它所导致的意义结构、理智与语言。我只是不理解我们思想的一般分类竟然也是科学的分类，那个被我们的感觉所标记出来的伟大的、穿过现实的连续性的道路竟然也是科学所穿过的道路。感觉竟然是一个新生的科学，而科学则是一个成年的感觉。日常的知识和科学的知识，都是为了我们对事物的行动而准备的，这些知识必然是同一种类的两种意象，尽管是精确的、无可匹敌的。我尤其想要说的是，日常的知识被强迫要像科学的知识，以及因为同样的原因，它必须在一个破碎的时代获取事物，而在这个时代，一个没有延续的时刻会接连另一个没有持续的时刻。运动对于它而言就是一系列的位置，而变化则是一系列的质量，一般的未来则是一系列的状态。知识来自于静止（就好像静止可以成为其他的事物而不是一个现象，与运动产生在另一个运动之上的特殊效果相似，当它们一个以另外一个为准则的时候），并且通过静止的一个有创造的安排，知识重新组成了对于运动的模仿，并且用这个来替代了运动本身。活动从实践上来说是很方便的，但是在理论上则是荒谬的，所有的矛盾都扩大了，所有形而上学和批判哲学遇到的虚假问题都出现在它们的面前。

但是，准确地说是因为公共意识背对着哲学，我们为了能把它重新置于哲学思想的方向上，我们只需要在这个点上让它转身就可以了。毫无疑问，直觉包含着很多激烈的台阶，并且哲学也有着很高的深度；但是人们将要带回到实际时间上的精神已经过上了直觉的生活，并且它对于事物的知识已经是哲学了。我们要离开不连续的时间，这个时间在无限分化的时间中被替换了，它将会看到实际时间的持续流动，这个流动不可分地流动着；我们要离开表面的状态，这些状态时不时地遮盖住无关紧要的事物，并且继续保持着现象与实质的神秘关系。它将会抓住一个独一无二的变化，这个变化总是会变，就像在一首乐曲中，一切都是未来。但是这个未来虽然是实体的，却并不需要支撑物。惰性状态越多，无生气的事物就越多；运动性构成了生命的稳定性。现实看起来像是连续的，不可分割的，一个这样的意象正在路上，这条路走向哲学的直觉。

因此，为了走向直觉，其实并不需设想自己处于感觉和意识的领域中。而康德的错误就在于认为这是必要的，在运用了决定性的论据证明了永远没有哪个辩证法的努力会把我们带进阴间，并且一个有效的形而上学将会必定是一个直觉的形而上学之后，他还说，我们缺乏这个直觉，并且这个形而上学是不可能的。事实上，这个形而上学将会是直觉，如果没有其他的时代也没有其他的变化，除了康德所看到的，还有我们另外一心想要接触的。这都是因为我们的日常感觉不来自于时代，也不能抓住除了变化以外的其他事物。但是我们自然地所处的时代，通常引起我们关注的变化，这些都是一个时代和一个变化，我们的感觉和意识已经把它们缩小为尘土，以便于方便我们对事物的行为。拆开它们已经做的东西，把我的感知带回它的起源，我们将会有一个新的类型的意识，而且还不必需要、求助于新的机能。

如果这个知识推广了，不仅仅是思辨获益了，所有日子里的生活都可以变得活跃和明亮。因为通常我们的感觉和意识把我们引入的不过是这个世界本身的阴影；并且，它就像死亡一样冰冷。一切都是为了我们更方便而安排的，但是一切都是在目前，这个目前看起来不停地重新开始；并且我们自己人为地让世界习惯于一个同样人为的印象，我们在瞬间就发觉我们在谈论过去，就像它们被废除了一样，我们在回忆中看到了一个奇怪的事实或者一个完全不同的情况，通过物质而给予精神帮助。相反，正如我们本身那样，我们在一个迟钝的目前重新抓住事物，此外，它还是有弹性的，我们可以无限地扩大、走向后面，同时把屏幕往后退得越来越远，这个屏幕掩盖住了我们自己。重新抓住外部世界不仅仅是表面的，在目前的时刻中还要在深度上有所表现，有了最近的过去，这个过去挤压它，给它添加了生命冲动。一句话，让我们养成习惯，把所有的事物看作亚物种的形式，那么缰绳立刻就会松开，昏睡的人会苏醒，死亡的人会在我们的感知中复活。艺术从来只会提供给自然和命运中那些有特权的人满足，并且提供得越来越多，因此既有的哲学把它们提供给了一切。在任何时候，应该把生命赋予那些包围着我们的幽灵，并且是它们让我们恢复了自己的等级。通过这个，这个幽灵也成为科学的补充，这既是在实践中，也是在思辨中。有了这些只针对存在的便利而有的运动，那么科学就会允诺我们便利，最多是乐趣。但是哲学可能已经给予了我们快乐。

第五篇　对变化的感知

1911年5月26日在牛津大学的演讲报告

第一次演讲报告

我首先想要感谢牛津大学给予我的莫大的荣幸，感谢他们邀请我来这里演讲。我一直把牛津大学想象为众多罕有的、继续保存着的圣地中的一个，它虔诚地维持原状，一代一代地传承下来，散发着古老思想的光与热。但是我还知道，这份对古代文化的眷恋并不能阻止这个学校成为现代化的、有生命的大学。尤其是在与哲学有关的方面，当我看到人们在这里研究古代哲学时所有的深度与独创性时，（最近，你们最杰出的老师中的一个不是革新了对于柏拉图主义的理念的解释吗？）我感到非常震惊。此外，牛津大学还是哲学运动的先锋，他们有两个关于自然和真理的特别的概念：完整的理性主义和实用主义。这种现在与过去的联合在所有的领域都生根发芽了，除了哲学以外，这种联合在其他地方也有。确实，我们有一些新的事情要做，现在也到了我们要完全意识到这点的时候了；但是，这是为了新事物，并不一定是为了革命。我们要好好研究古代思想，让他们的精神浸润我们，在我们的能力范围内努力地去做事。如果他们活在我们中间，那么他们就应该制造他们自己的思想。由于他们很熟悉我们的科学（我说的不仅仅是熟悉我们的数学和物理学，这两个学科可能不会从根本上改变其思维的方式，但他们对我们的生物学和心理学尤其熟悉），所以他们得到了特别不一样的结果。这让我特别震惊，因为我将要在你们面前讨论的问题是关于“变化”的问题。

我之所以选择这个问题，是因为我认为它是很重要的，并且我认为如果人们已经相信了变化的现实性，如果人们做出努力来重新抓住变化，那么一切都将简单化。那些被人们判定为无法克服的哲学困难仍然会降临。不仅仅是哲学会从这些问题中获益，并且我们的日常生活——我想要说的是事物留给我们的印象，还有我们的理智，我们的感觉，我们的意志对于事物的反应——也可能会被改变，它会以新的面貌出现。通常我们看到了变化，但是我们并没有意识到它。我们谈论变化，但是我们不会思考变化。我们说变化存在，说一切都在变化，说变化是事物的规则本身：是的，我们说变化，我们不断地重复这个话题；但是这些都不过是词语，并且我们对它进行推理和研究，就好像变化并不实际存在一样。为了思考变化，为了看到变化，这里有偏见的面纱需要去除，一种面纱是人为的，是由哲学的思辨所创造出来的，另一种面纱在一般意义是自然的。

我相信我们可以同意这一点，并且我们将会创立一个哲学，所有的一切都会与这个哲学合作，在这个哲学之上，一切都可以被理解。这就是为什么我想要固定两个或三个点，在这些点上，似乎还没有达成一致的意见；它将会一点一点地铺开到剩余。因此，我们的第一个演讲报告建立在变化本身上的成分是比较少的，而较多的则建立在哲学的一般特征上，这个哲学致力于对变化的直觉。

感知机能

首先这里有一个所有人都会同意的观点，即如果感觉和意识有无限的能力，如果在物质与精神的双重方向上，感知的机能是无限的，那么人们就不需要想象，只要推理就可以。当一个想象不是为了感知的时候，那么这个想象是很糟糕的，并且推理也就是为了填充感知的空白，或者展开感知的跨度。我不否认抽象和普遍观念的用处——我也不再对银行纸币的价值提出异议。但是这些纸币仍然不过是对黄金的一个承诺而已，因此一个概念只是因为可能的感知才具有价值。当然，这不仅仅是关于一个事物的感知，或者对质量和状态的感知。人们可以想象一个秩序、一种和谐，或者更普通地来说，想象一个真理，而这个真理会成为一个现实。我认为人们在这一点上是持肯定意见的。实际上所有人都可以观察到，最具创造性地汇集在一起的概念和最具学问性地聚集在一起的推理，它们就像纸片做成的城堡，有一天一个事实——唯一一个被真正感觉到的事实——将会与这些概念和推理碰撞在一起。不会再有一个形而上学家、一个神学家了，因为他们还没有准备好不通过推理、抽象概念和普遍化，就要肯定一个完美的人可以凭直觉知道所有的事物。因此，在关于变化的问题的讨论上没有困难，我相信在关于感知机能的讨论上也不会有更多的问题。

我们的感知机能有一种缺乏——被我们的概念和推理机能所验证了的缺乏——正是这个缺乏产生了哲学。一门学说的历史实际上就是信仰。希腊古老的思想家们的概念确实是很接近感知的，因为通过感觉元素的转化，就像水、空气和火一样，这些思想家才能完善即刻的感觉。但是，自从埃利亚学派的哲学家批判了转化的观念，他们说明了，或者认为自己说明了维持感觉数据的不可能性，哲学就进入了它走过的道路。这条道路会通向一个超感觉的世界。于是就有了纯粹的观念，从此以后人们就必须解释一切事物了。对于古代哲学家而言，理智的世界是在我们的感觉和意识所察觉到的事物之外和之上的：我们的感知机能向我们说明的不过是投射在时间和空间中的阴影，而这是通过不变的永恒的观念而完成的。与此相反，对于现代人而言，事情的本质就是要组建可感觉的事物本身；这才是真正的实体，其现象不过是表面的一层薄膜。但是，所有的哲学家，不管是古代的还是现代的，他们都同意在哲学中看到了概念对感知的事物的替代。人们呼唤一切，从我们感觉和意识的缺乏到精神的机能，这些机能不再是感知的。我想要说的是抽象的功能，是一种普遍化和推理。

哲学的方法

因此，在感知机能上我们可以达成一致。那么我现在就要说到第三个点了，即关于哲学的方法的问题，我想这个问题应该不再能引起任何讨论了。

如果这就是哲学的方法，那么这里就没有也不可能会有一个哲学，这个哲学就像科学一样；相反，这里总是会有同样多的不同的哲学，它们会与思想家们相遇。此外，这第三个问题又会是怎样的呢？尽管一个概念是如此的抽象，但是它总是在一个感知中才有了自己的起点。理智联合起来，又分开了；概念安排好秩序，又打乱这个秩序，最后又协调秩序；但是概念是不会创造任何新事物的。第三个问题就是概念需要物质，这个物质只有在感觉和意识的情况下才会来到概念之中。因此，一个用纯粹观念来建设和完善现实的哲学，只不过是在我们具体感知的整体中进行着替换或者添加的工作，感知通过这个整体而产生，接着变薄、变小，然后转变成抽象的和普遍的观念。但是，在这个哲学所进行的优先的、感知的选择中，始终都会有一些随意的事物，因为实证科学把一切无可争议地与之不同的事物和数量相同的东西当作它，并且最后哲学只占领了质量的领域，在这个领域中所有的一切都是不同的，在这个领域中部分永远都不会代表整体，除非要么根据一个不可靠的法令，要么根据一个武断的法令。对于这个法令，人们总是可以用其他的法令与之对抗。最终许多不同的哲学冒了出来，它们装备着不同的概念，并且它们之间进行着无休止的斗争。

于是，就出现了一个问题，并且我认为这是一个本质性的问题，即因为哲学，所有纯粹概念的尝试都引发了敌对的企图，并且在纯粹辩证法的领域中没有一个体系是我们不能提出对立体系的，所以我们是应该停留在这个领域上，还是我们不应该回到感知？我们还发现这个感知是在不断地延展开的。我认为，是自然感知的缺乏推动了哲学家去通过概念完善感知——概念填满了感觉数据和意识之间的空隙，因此，它统一并且系统化了我们对于事物的知识。但是对于学说的检验向我们说明了想象的机能，随着它在一体化的工作中不断前进，它已经在实际中消除很大数量的质量上的不同，还部分地减弱了我们的感知，使得我们对于世界的具体印象变得贫乏。这也是因为每一个哲学，不管它愿不愿意，都被这样带领着前进，以至于它取代了与之对立的哲学，而这些对立的哲学中的每一个都捡起了它丢下的某些事物。

因此，方法与目标是矛盾的：从理论上来说，这个哲学必须扩大、完善感知；实际上它也有义务要求许多感知闪到一边，这样就可以让它们中的一些感知可以成为其他另外一些事物的代表。但是假设，我们不是想要提高对于事物的感知，而是我们为了深入研究它们，扩大它们而沉溺于感知。假设我们在感知中嵌入了我们的意志，并且假设这个意志会不断地扩大，它一直扩大着我们对于事物的视界，那么这次我们将会得到这样一个哲学，即没有任何事物会因为感觉和意识而牺牲。任何质量，现实的任何方面都不会取代其余的东西，也不会以解释为借口。尤其是，我们会有一个哲学，对于这个哲学我们不能有任何其他相互妨碍的东西，因为这个哲学不会把任何东西留在自己的外部，除了其他可能聚集的学说：它将抓住一切。这个哲学将会抓住一切被给予它的，因为感觉与意识被它促使着去做一个不寻常的努力，而感觉与意识交付给它的东西也会超出它们能自然地提供的范围。在各种相互斗争的体系的多样性之后——并且这些体系都武装着各种不同的概念，就有了一个学说的统一性，这个学说可以把所有思想家调和在同一个感知中——并且这个感知将会不断地扩大，这还多亏了哲学家们在共同方向上的联合努力。

人们说这种扩大是不可能的，我们怎么能要求身体的眼睛，或者它的精神看到那些它根本没有看到的东西呢？细心的确可以精确、明晰，并且加强感知，但是在感知的领域中，细心不能让那些一开始就不存在的事物出现。现在就有了反对意见，而我们想这个意见是可以被经验反驳的。实际上，几个世纪以来，有些人的功能正是去观看，并且是为了让我们看到那些我们自然地觉察到的事物，而这些人就是艺术家。

谈艺术

艺术的目标是什么呢？除了向我们展示在自然和精神中的事物，还有在我们之外和我们之中的东西，它向我们展示这样一些事物，即它们并不能明确地刺激我们的感觉和意识。表达灵魂状态的诗人与小说家确实没有创造所有的剧作，如果我们直到某一个特别的点还没有观察到他们向我们说的其他的事物，那么他们就不能理解我们。随着他们与我们交谈，我们的情感起着很细微的变化，我们的思想也变得显著，虽然它们很长时间以来就已经呈现在我们自己身上，但是它们依然是不可见的。打个比方吧，就像照片还没有浸入显影液中一样，而胶片在显影液中是会显现出图像的，而诗人就是这个显影剂。但是艺术家的功能中没有哪一个部分能够表现得和模仿艺术一样清楚，我在这里想要说的是绘画艺术。伟大的画家都是这样的一些人，事物的某一个特别的意象就起源于这些人，这个意象成为或者将会成为所有人的意象。例如柯罗、特纳，事实上我们可以援引的不止他们两个，他们都在自然中发现了许多我们没有注意到的方面。

人们会说他们没有看到事物，而是创造事物，他们把自己的产品和自己的想象交给了我们，并且我们之所以会接受他们的创造，是因为这些作品让我们高兴。可是难道我们只要通过这些画家所画出的图像而观看到自然，我们就会很高兴了吗？这在某种程度是上真的。但是，如果仅仅只是这样，那为什么我们会说某些作品——大师们的作品——是真实的呢？伟大的艺术与纯粹的幻想之间的区别在哪里呢？仔细研究我们在特纳或者柯罗的作品前所体验到的东西，我们会发现，我们之所以接受并且欣赏它们，是因为我们已经感知到了某些它们想要向我们说明的东西。但是我们虽然感知到了，却并没有察觉到。对我们而言，这是一个闪耀的不断消逝的意象，它迷失在一大群同样闪耀同样消逝的意象中，这些意象在我们的日常经验中被遮蔽住，就像“正在融化的景色”，并且还会通过它们的相互的干涉，而组建一个平淡无色的意象，这是我们对于事物的一般的感觉。而画家则把它独立起来，他把这个意象很好地固定在画布上，从此以后，我们不可能阻止自己在现实中察觉到画家本人所看到的东西。

因此，艺术足以向我们说明感知机能的延伸是可能的。但是这种延伸是怎样实现的呢？要注意，艺术家总被误认为是一个“空想家”。人们可以这样理解这句话，即艺术家没有我们那么关心生活的积极肯定和物质性的一面。用个合适的词语来形容，就是艺术家是“心不在焉的人”。但是，为什么比我们更脱离现实的他竟然能够看到更多的事物呢？人们不理解这点，其实如果我们通常对于外部对象和我们自身的意象，只是我们对于现实的依恋的话，那么我们生存和做事的需要就会让我们变小，而且还会清空已有的意象。事实上，人们可以轻易证明：我们越是担心生存的问题，我们就越少地倾向于沉思，并且行为的必要性有助于限制视界的范围。

我不可能证明这个点，即如果我们承认分开的感知只是被切割开了，通过实际生活的需要，在一个更大的整体中被切开了，那么我认为许多的心理学和心理——生理学的问题将会被一个新的光照亮。在心理学和其他方面，我们喜欢从部分走向整体，并且我们惯用的解释体系坚持要用简单的元素理想地重建我们的心理生活，然而，还坚持要假设这些元素之间的搭配确实产生了我们的心理生活。如果事物是这样发生的，那么我们的感知实际上就不能延伸；感知将会由某些特定的物质的聚合组成，这些物质在数量上是有限的，而我们在那里永远不会发现其他的事物，除了一开始就被放置在其中的事物。但是，当人们真的接受事物时，当人们没有用隐藏的想法去无意识地解释精神时，那么事实就意味着另外一个完全不同的解释了。事实向我们指出了，在正常的心理生活中，精神的一个持久的、为了限制自己的界限、为了离开一个物质的利益而做的努力。在研究之前，应该要先生存；并且生活要求我们戴上护眼，要求我们不要往右边、左边或者后边看，而是笔直地看着我们前进的方向。我们的认知离自我组成还远得很，这是通过简单元素的渐渐地联合而组成的，这个认知是一个急剧的分解的结果：在我们的潜在知识的无边的领域中，为了让它们成为实际的知识，我们已经采摘了所有影响到我们对于事物的行动的东西了；而我们忽略了剩下的事物。

大脑看起来似乎就是为了这个挑选工作而组建的。人们轻易地就展示了记忆的活动。我们的过去，以及我们将要在下次会议中看到的事物，必然地、自动地被保存了起来，它们完全保存了下来。但是我们实际的利益是要排除它，或者至少只接受那些可以多多少少有效地说明和完善目前的情况的部分。大脑就是用来完成这个选择的：它使有用的回忆现实化，它保持着意识底部那些毫无用处的东西。人们也是这样描述感知的。有了行动的辅助，感知在现实的整体中隔离了那些吸引我们的事物；它向我们指出了比较少的事物，即便我们本来可以理解的部分它也没有展示给我们。感知事先把事物分类，又给它们贴上标签。我们几乎是直接面向了客体，我们只需要知道它属于哪个种类就可以了。但是随着研究越来越深入地进行下去，突然因为一个巧合的意外而涌现出了一些人，他们的感觉和意识并不那么紧贴着生活，也就自然而然忘记了把他们的感知机能粘贴在行为机能上了。当这些人看到一件事物时，他们就把它仅仅看作它，而不是它们。他们感知，不再仅仅是为了行为；他们是为了感知而感知——并不是为了什么，就是为了高兴。通过它们本身的一个方面，或者通过他们的意识，或者通过他们感觉中的一个，他们制造出冷漠；并且，因为这个冷漠是属于感觉的，或者属于意识的，所以他们都是画家或者雕塑家，音乐家或者诗人。因此，这是我们在不同的艺术中发现的最直接通向现实的意象；并且正是因为艺术家很少打算运用自己的直觉，所以他才能感知到更多数量的事物。

那么，自然为了少数有特权的人而作的消遣、哲学，难道它不能运用相似的方式，在另一个意义和方式下尝试一下吗？这个尝试是为了所有人，哲学在这里的角色难道不是带领我们走向一个有着完整现实的感知吗？这个则要通过对我们的注意力的转移来完成。这与把这个注意力从世界上有意义的一面转移到实际上没有作用的一面有关，并且这种注意力的转变就是哲学本身。

形而上学与直觉

刚开始的时候，这项工作看起来好像已经做了很久。但实际上，一个哲学家说过，这个哲学应该是为了研究而显现出来的，并且思辨与行为相反。我们刚才提到了希腊的哲学家：没有谁能够比普罗丁更能有力地表达观念了。“一切的行为（他甚至还加上一切的制造）都是沉思的削弱。”并且，因为忠实于柏拉图的精神，他认为真正的发现需要精神的转变，这个转变会脱离人世间的现象，与天上的现实相联系。“逃向我们亲爱的祖国吧！”

但是，正如你所看到的，这关系到“逃跑”。更准确地说，对于柏拉图和所有这样理解形而上学的人而言，逃离生活和改变自己的注意力就在于立刻前往一个与我们生活的世界完全不同的世界，在于除了感觉和意识之外，还有激起感知的机能。他们不相信这个关于注意力的教育通常在于取下自己的护眼，在于改变生活的要求强加给它的局限性。对于他们至少一半的思辨来说，他们并没有判定形而上学家必须要继续关注所有人关注的问题：不，他们认为形而上学家应该始终转向其他的事物。他们应该始终如一地呼唤意象的机能，而这些机能与我们在对外部世界和我们自身认识中实践的机能不同。

而这正是普罗丁否认这些超验的机能的存在的原因。康德则认为形而上学是不可能的。《纯粹理性批判》中最重要和最深刻的观念中的一个就是这个：如果形而上学是可能的，那么这是因为视觉，而不是因为辩证法。辩证法把我们带到了相反的哲学上；它同样很好地证明了二律背反的反命题。只是，一个较高的直觉（康德称为理智的直觉），也就是对于形而上学的现实的感知，这个直觉允许形而上学成立。因此，康德哲学的批判最清楚的结果，就是说明人们只用视觉是不可能参透天上的事情的。并且，一个学说在这个领域中之所以有价值，只是因为它含有感知。抓住这个感知，分析它、重组它，在所有的方向上转动它，让它经受一些最细微的活动，并且这个活动要来自于最高的理智性的化学，此外你们永远不能取回你们放在那里的熔炉。只要你在那里引进了视觉，你就能在那里重新找到它；而推理并不能让你前进一步，不能让你超过你已经感知到的事物。这就是康德所散发出来的光芒；而这，在我看来，是他为思辨哲学所做的最大贡献。他明确地规定了，如果形而上学是可能的，那么这也只能是通过直觉的努力。不过，他还证明直觉是唯一可以给我提供形而上学的，但他还补充说这个直觉是不可能的。

为什么他要说直觉是不可能的呢？准确地说是因为他回忆起了这样一种意象——我想要说的一种现实本身的意象——就像普罗丁所呈现的那样，就像那些呼唤形而上学的直觉的人所呈现的那样。所有的一切都意味着一个认知机能，这个机能从根本上就与意识和感觉不同，它甚至是朝向相反方向的。人们只要认为背离实际生活就是背对着这个机能就可以了。

为什么人们会相信这个？为什么康德，他们的对手，竟然分担了他们的错误？为什么所有人都这样判定：离开是为了得出相反的结论？为什么那些人可以立即建立一个形而上学，而康德则宣称形而上学是不可能的？

那些哲学家之所以会相信，是因为他们自以为我们的感觉和意识，正如它们在日常生活中的作用一样，可以让我们直接抓住运动。他们相信，通过我们的感觉和意识，就像它们平常工作的那样，我们就可以真实地察觉到事物中的变化，还有我们自身中的变化。于是，当我们跟随着我们的感觉和意识通常的数据时，因为无可争议地我们在思辨的秩序中会走向不可解决的矛盾，所以他们由此得出结论说这个矛盾是变化本身所固有的，并且为了避免这个矛盾，人们应该跳出变化的圈子，而且还要超越于时代之上。这就是形而上学家们思想的本质，有了康德，这也同样是那些否定形而上学可能性的人的思想。

事实上，形而上学源自于芝诺关于变化和运动的论题。是芝诺引起了人们对于运动和变化的不合逻辑的注意，他引领哲学家——柏拉图是第一个——在不变中寻找严密的、真实的现实。正因为康德相信，我们的感觉和意识能够有效地在一个真正的时间中产生作用，我想要说的是在一个不停变化的时间中，在一个持续的时间中。还因为康德注意到了我们的感觉和意识给出的日常材料的相对性，所以他判定形而上学如果没有感觉和意识之外的意象是不可能的。此外，他在人类中没有找到这个意象的一点痕迹。

但是，如果我们可以证实那些先是被芝诺作为运动和变化，然后又被一般的形而上学家如此看待的运动和变化，其实既不是变化也不是运动，他们只是把不变化的当作变化，把不运动的当作运动，他们错误地把一个对于运动和变化的即刻的、完整的感知当作这个感知的结晶和凝固，而这是为了实践。此外，如果我们可以说明，被康德认作时间本身的东西其实是一个既不流动，也不变化，更不会持续的时间；那么，为了避免像芝诺所指出的那样的矛盾，为了让我们每天的认知摆脱康德所认为的相对性，我们就不应该离开时间（而我们已经离开了），不应该摆脱变化（而我们已经摆脱了），相反地，应该在它们最初的流动性中抓住变化和时间。于是，我们只是看不到一个个掉下来的问题，以及问题的消失：通过我们感知机能的延伸和再生，或者还要通过一个延伸，这个延伸赋予了有天赋的灵魂以直觉（目前要提升到这样的高度并不是问题），我们在我们认识的整体中重建了连续性——这个连续性不再是假设的、构思的，而是有经验的、真实的。这样的一种工作是可能的吗？这就是我们在第二次会议中要探讨的，至少为了那些关系到我们周围的知识我们必须思考这个问题。

第二次演讲报告

你们昨天给予了我们如此高的注意力，以致如果我今天想要滥用这个注意力，你们也不必感到吃惊。我请求你们做一个强烈的努力来去除某些我们自己都不知道的摆在现实和我们之间的人为的图表。这关系到要与某些已经对于我们是自然的思维和感知习惯绝交。我们应该回到对于变化和运动的直接的感知，下面就是这个努力的第一个成果。我们将要把所有的变化、所有的运动想象为绝对不可分割的。

关于运动

先从运动开始吧。我把手放在A点，然后把它转移到B点，看一下AB之间的距离，我说从A到B的运动是一件简单的事情。但是，这是我们每个人都必须有的即时的感觉。毫无疑问，在我们把手从A拿到B的时候，我们说我们可以停在中间的某一个点上，但是我们就没有同样的运动了。这里将不再有一个从A到B的特别的运动。通过假设，这里将会有两个运动，还有一个停止的间隔。从肌肉的感觉来说不在里面，从视觉来说又不在外面，但我们仍然不会有同样的感知。如果放任我们从A到B的运动不管，那么我们会觉得这个运动没有分开，并且我们必须宣告它是不可分的。

当我们看着自己的手从A走向B，并且画下AB之间的间隔，我想："间隔AB可以随意分成我想要的部分，因此，从A到B的运动可以分成我想要的部分，因为这个运动贴在这个间隔上。"或者："在它的路程的每一个瞬间，这个运动体穿过一个特别的点，因此人们可以在这个运动中划分人们想要的阶段，因此这个运动是无限可分的。"但是，我们思索一下，运动是如何可能粘贴在它所经过的空间上的？运动是如何与静止相遇的？运动的客体是如何变成它行程中的一点的？它是如何通过，或者用其他的话来说，它是如何可以到那个点的？如果客体在那个点停止，那么它就能到那个点；但是，如果它在那里停止了，这就不再是我们所做的同一个运动了。当在这个路程上没有停止的时候，一段路程经过的总是一个跳跃。而这个跳跃可以持续几秒钟，或者几天、几个月，甚至几年：这都不重要。

当这个跳跃是唯一的时候，它就是不可分解的。只不过因为轨迹是空间，并且空间是无限可分的，所以一旦路程完成，我们就可以想象运动本身是无限可分的。我们喜欢想象，因为在一个运动中，我们关心的并不是位置的变化，而是位置本身，是运动的物体离开的位置，是它所采用的位置，是它在路上停止时的位置。我们需要不动性，并且我们成功地把运动呈现为好像会和它所经过的空间中点的不动性相偶合，甚至我们认为我们理解了这些不动性。说实话，如果我们把它理解为运动的缺失的话，那么从来都没有真正的不动。运动就是现实本身，并且我们所说的不动性其实是相似事物的一种特别的状态，当两列火车以同样的速度、同样的方向，在两个平行的道路上运行的时候，这个状态就发生了。于是，每一列火车对于坐在另一节车厢里面的旅客而言都是不动的。但是这样的一种情况，总的来说是一种例外，而我们似乎是处于规则的、正常的情况下的，因为正是这种情况允许我们对事物产生影响，并且也允许事物作用于我们。如果它们是“不动的”，也就是说如果它们以同样的速度前往同样的方向，这两列火车上的旅客就不可以通过车门同时伸出手来，并且一起交谈。因此“不动性”正是我们的行为所需要的，我们把它上升为现实，让它成为一个绝对，并且我们在运动中看到了另外一些事情。在实践中没有什么比这个更合理的了，但是，当我们把这种精神的习惯运送到思辨的领域中时，我们不认得真正的现实，我们发自心底并且高兴地创造了许多无法解决的问题，我们向现实中更多的生命闭上了眼睛。

我并不需要你们回忆起芝诺的论题。所有一切都包含着一种混乱，即运动和它所经过的空间的混同，或者至少有这么一个信念，即人们可以像对待空间一样对待运动，可以划分运动而不用考虑其连贯性。人们对我们说，阿基里斯永远都不会追上那只他正在追赶的乌龟，因为当他到达那只乌龟所到过的点时，乌龟已经有足够的时间继续前进，因此，事情就像这样永无止境地继续下去。哲学家们以很多方式来反驳这个辩论，他们的方式如此不同，以致每一个反驳都剥夺了其他反驳自以为是确定的权利。然而，总会有一个特别简单的方式来解决这个困难：这就是让阿基里斯停下来。因为，既然阿基里斯只有赶上了乌龟，甚至要超过它才能结束，那么他就必须比其他人更要知道，他要怎么样才能完成这个任务。那个证明了运动的可能性在于行走的古代哲学家是对的。他唯一的错误就是只做了一个动作，而没有加上一个注释。于是，要求阿基里斯开始他的行程：现在，毫无疑问，他会这么回答我们："芝诺希望我退回到乌龟离开的那个点，然后再回到它离开的点，等等；就这样我不停地奔跑。但是我为了奔跑而采用了其他的方式。我先跑了第一步，然后是第二步，就这样继续下去，最终，经过一定数量的步伐之后，我到达了最后一步，在这一步上，我跨过了乌龟。因此，我完成了一系列不可分割的动作。我的行程就是这些动作的连续。同样，它还包含着步伐，你们可以划分这些部分。但是你们没有权力根据另外一个规则来使这个行程脱节，也不能假设它被另一种方式脱节了。就像芝诺所做的那样前进，这就等于承认行程可以被任意地分解，就像经过的空间一样；这等于相信路程实际上与轨迹是相反的；这等于重合了运动和静止，因此也就混淆了运动和静止。”

但是，这其中准确地包含着我们惯用的方法，我们对运动进行思考，就好像它是由不动性做成的。当我们仔细看它的时候，其实我们是在用不动性来重组运动。运动对于我们而言是一个位置，然后是一个新的位置，以此永无止境地继续下去。我们觉得这是真的，即必须有其他的事物，并且从一个位置到另一个位置；必须有一个通道，经过这个通道就可以产生一个间隔。但是，自从我们把注意力固定在这个通道上，我们很快就完成了一系列的位置，并且我们开始重新认识到在两个连续的位置之间，应该有一个通道。这个通道，我们把思考它的时刻无限地往后推迟。我们承认它的存在，我们给它一个名字，这就足够了：一旦遵守这个准则，我们就转向了这些位置，并且我们更愿意与之没有任何关系。我们本能地害怕困难会引起我们的思想运动的意象；当运动已经被我们用不动填满了的时候，我们有理由这样想。如果运动不是一切，那么它什么都不是；如果我们首先提出不动性可能是一个现实，那么当我们认为我们抓住了它的时候，运动就会从我们的指缝间溜过。

我说的是运动，但是我同样也说的是任意形式的变化。所有的真实的变化都是一个不可分的变化。我们喜欢把它看作以某种方式在时间中，自动排成一系列分开的状态。这让人觉得是很自然的。如果变化在我们之上是连续的，并且在事物中也是连续的，那么相反地，为了让变化连续不断，每一个自称“我”的人都可以对这个我们称为“事物”的连续不断的变化起作用。这两个运动，一个与另一个相联系，它们应该处于一个情况下，这个情况与我们刚才提到的两列火车的情况差不多。我们举例说，一个物体改变了颜色，那么变化在这里就是由一系列的色调组成，这些色调将是变化的组成元素，并且它们是不会变化的。但是，首先，那些客观地存在于每个色调中的东西，是一个无限快的振动，这就是变化。此外，我们所拥有的感知，它有主观的东西，它不过是一个孤立的、抽象的，是我们身子的一般状态的一个方面；它的整体不停地变化，并且让这个据说是不变的感知参与到这种变化中。事实上，并不存在每个瞬间都不会变化的感知，它使得我们外部的颜色成为流动本身，让我们自己也成为流动的。但是所有我们对于事物的感知的机械论，就像我们对于事物的行动的机械论一样，它已经被控制，以至于给外部和内部的活动性之间带来一个与我们的两列火车差不多的情况——甚至还要更复杂，这是毫无疑问的。但是也还是同类的问题：当这两个变化，一个是客体的，一个是主体的，它们在这些特别的条件下发生的时候，它们激发一个特别的现象，我们称为“状态”。一旦拥有了“状态”，我们的精神就会用它们重建变化。

没有什么比这个更自然的了，我再重复一次：变化在状态上的分割让我们对事物产生作用，并且关心状态，比关心变化本身更有用。但是，在这里有助于行为的事情对于思辨则是难以忍受的。你们回忆一下一个由状态构成的变化；与此同时，你就让一个不可解决的形而上学问题冒了出来。它们只建立在现象之上，而你们对于真正的现实则闭上了眼睛。

我并没有更多想要强调的，尽管我们制造了经验，尽管它给予了关于变化和运动的直接意象；但是它将会有一个绝对不可分的感觉。于是，我就到了第二点，它与第一个点很接近。这里有变化，但是在变化之下又没有变化的事物：变化不需要一个支撑。这里有一个运动，但是又没有惰性的、不变的物质，这个物质会运动：运动并不意味着一个运动物体。①

---

① 我们再得出这些观点是在我们第一次报告中给出的形式之下，我们并没有隐藏这些观点可能会引起的误会，于是不用管我们在后面的工作中会呈现出的运用和解释。关于一个存在是行为的说法，人们可以得出结论说它的存在将会消失吗？尽管人们比我们说得好，当人们让它存在于“基质”中的时候，它没有任何确定的东西，通过假设，它的决定和它的存在是这个行为本身吗？因此，这样设想的一个存在会不会永远不会停止出现在它面前呢？真正的时间意味着过去在现在的持续，还有一个进程的不可分的连续性，所有的误会都源自于人们把我们对于实际时间的概念的运用与空间化的时间的观念结合在了一起。

人们很难这样去描绘事物，因为方向是属于视觉的，眼睛的习惯就是在视觉的整体领域中清晰地显现出那些相对不变的形象，这些形象被认为不用变形就可以移动：运动就像一个意外一样加在运动物体之上。事实上它平时与稳定的，并且负责的客体发生关系还是有用的，我们可以像向人请教一样，向这些客体请教。视觉的感觉设法从这个偏差中获取事物：它是触觉的侦察兵，它把我们的行动安排在外部世界之上。但是，如果我们寻求听觉的帮助的话，我们已经可以不那么痛苦地感知作为独立的现实的运动和变化了。听一首音乐，以此来安抚我们：难道我们没有对于一个运动，还有一个什么都没有变化的清楚的感知吗？这个运动与运动物体无关；这个变化是自给自足的，它就是事物本身。它很好地利用了实践，它是不可分的：如果音乐稍后停止了，这将不再是同样一个有声的音乐了；这将是另外一个，但同样是不可分的。毫无疑问，我们有意把它分开，并且向我们表现一个不同音符的并列，而不是音乐不间断的连续性。但是为什么呢？因为我们想到了一个不连续的系列的努力，我们做这样的努力是为了通过我们自己的歌唱，然后大概地重组听到的声音，也同样是因为我们的听觉感知习惯被视觉的图像所浸透。于是我们穿过视觉听到了音乐，此时将会有一个乐队主管看着他的乐谱。我们把注释与虚构出来的纸上的注释并列起来，我们想到了一个键盘，人们可以在上面玩游戏，想到了一个来来回回的琴弓，还有音乐家，他们每一个人都把自己的声部放在其他人旁边。把这些空间的图像抽象化，剩下的就是纯粹的变化，它是自给自足的，绝对未分割的，绝对不与变化的事物有关系的。

于是，人们又回到视觉。在提高我们的注意力的同时，我们意识到在这里即便是运动也不需要运输工具，变化也不需要实体，当然这是从词语通常的意义上来说。物理的科学已经向我们提议了这个对物质事物的视觉。这个科学越是先进，它就越是能把物质分解为行为。这些行为会缓慢地穿过空间，还会分解为运动，这些运动就像寒战一样到处流窜，以至于运动性变成了现实本身。毫无疑问，科学是从分配给这个运动性一个支撑开始的。但是，随着运动性不断前进，这个支撑会退缩；质量就变成了分子，分子又变成原子，原子又变成电子或者微粒。最终，这个分配给运动的支撑看起来只不过是一个实用的图表而已——只是学者向我们视觉想象习惯的让步。但是，也不再需要走这么远了。“运动物体”是什么，我们的眼睛把运动附着在它之上，就像附着在一个运输工具上一样。它只是一个生动的任务，我们知道这个任务会简化为一系列特别快的振动。这个所谓的事物的运动实际上只是运动的运动。

但是，没有哪个部分变化的实体性是可见的、可触的，除了在内在生活的领域中。个性理论所导致的一切类型的困难和矛盾，在一方面成为人们所描绘的一系列的独立的心理状态，每一个都是不变的，这些状态通过它们的连续本身导致了自我的变化。另一方面的自我，也是不变的，这个自我将会成为它们的支撑。这个统一性和这个多样性是如何交接在一起的呢？它们两个是怎样不持续的呢？第一个不持续是因为变化时某种另外添加的事物，第二个持续是因为它是由不变的元素组成的。它们是如何可能构建一个持续的自我的？但真相是，这里既没有一个严格不动的基质，也没有各样的状态，这些状态就像舞台上出现的演员一样。这里只是有一个延续着我们内在生活的音乐——这个音乐会继续进行着，也将会继续吸取养分，从我们有意识的存在的开始到结束它都是不可分的。我们的个性就是它本身。

正是变化的这个不可分的连续性建立了真正的时间。我在这里不能深入讨论一个我在其他地方提出过的问题。因此，为了回答那些在这个真正的时间中看到了我不知道的难以形容的、神秘的东西的人，我仅限于说这个真正的时间是世界上最清楚的事物：真正的持续就是人们一直所称呼的时间，却是作为不可分的被感知到的时间。尽管时间意味着接续，我并不否认这一点。但是尽管这个接续首先是作为并列的前与后的区别出现在我们的意识中，我还是不会同意的。当我们听一首音乐的时候，我们有了对于接续的最纯粹的印象——这个印象可能与同时性的印象是一样遥远的——然而是音乐的连续性和重组它的不可能性让我们产生了这样的印象。如果我们把它切割成不同的音调，切割成同样多的前与后，我们就要在其中混入空间化的图像，并且我们要浸透同时性的接续：在空间中，并且也仅仅是在空间中，这里有事物外部的部分的清楚的区别。此外，我还承认我们通常是处于空间化的时间中的。我们没有任何兴趣要听深刻的生活连续不断的嗡嗡声。然而，真正的时间就在那里。多亏了这个时间，变化才可以在一个唯一、同样的时间中有一席之地，并且我们在我们自身中和外部世界里，都参与了变化。

因此，不管它是与里面还是外面，与我们还是与事物有关，现实就是活动性本身。因为我要表达有变化，但是实际上，并没有会变化的事物。

在这个普遍的运动性的场景面前，我们中的有些人将会头晕目眩。他们已经习惯于坚固的地面，他们不可能习惯摇摆和颠簸。他们应该有固定的点，并且思想与存在就附着在这些点上。他们认为，如果一切都过去了，那么就没有什么存在；并且如果现实是活动性，那么它就已经不再是人们思考它时的样子——它逃离了思想。他们说，物质解释将要解散，而精神将会淹没在物质湍急的流动中。——希望他们不再担心！如果他们同意直接留心它，没有中间的面纱，那么变化就会显现得很快，就像这里可能会有世界上最主要、最持久的东西一样。它的坚固性比一个固定性的坚固更要无限高级，这个固定性不过是运动性中一个短暂的安排。事实上，我现在已经到了第三个问题，我想要在这个问题上吸引你们的注意力。即如果变化是真实的，甚至是由现实组成的，那么我们必须要重新思考过去。

我们过去并不习惯用哲学和语言来做这件事。我们倾向于把过去作为不存在，而哲学家则鼓励我们发展这种自然的倾向。对于哲学家和我们而言，现在只是通过其本身而存在：如果某件事物从过去继续存活下来，这只能是因为现在所给予它的一个帮助，是现在发的慈悲，最终为了脱离这些比喻。人们认为它之所以能继续，是通过一个特别功能的介入，这个功能就叫作记忆。它的角色是特别地保存过去的某些部分，然后把它们存放在一个某种盒子里。这是多么深刻的错误啊！这是多么有用的错误啊！我非常想要这个错误，它对于行为可能是必需的，而对于思辨则是誓不两立的。人们在这里会发现，我们好像被拘禁在“一个坚果壳子里”，正如你们所说的，大部分的幻觉都可以败坏哲学思想。

现在与过去

实际上，我们要思考一下这个唯一存在的“现在”。什么才是真正的现在？如果它与实际存在的时刻有关——我想要说的是一个数学的时刻，即当数学点在线上的时候——很清楚的是，一个相似的时刻是一个纯粹的抽象，是精神的视觉；它不会拥有实际的存在。你永远不能用相似的时刻来制造时间，也不能用数学点来组建一条线。假设即便它存在，那么是如何有一个先于它的时刻的呢？这两个时刻不可能被时间的间隔所分开，因为通过假设，你把时间简化为时刻的并列了。因此它们不会被任何东西分开，也因此它们只是一个整体；它们同时也是两个相接的数学点，所以它们会混淆起来。但是，把这些烦琐的问题放到一边。我们的意识对我们说，当我们说到我们的现在时，其实我们想到的是时间的一个特定的间隔。什么样的时间？我们不可能准确地规定它；它是某种非常不稳定的东西。在此刻，我的现在，就是这句我急于要说的话。但是，它之所以会这样，是因为我很愿意把我的句子限制在我们的注意力的范围之内。

这个注意力是一个可以变长也可以变短的事物，就像圆规的两个点之间的间距一样。目前，这些点分散得刚刚好，都是为了从我的句子可以从开始走到结束；但是，如果我想要把它们移开得更远，我的现在就会除了拥抱我刚才的话之外，还会拥抱它前面的话：我只要采用另一种标点法就够了。继续往下走：一个将会无限扩大的注意力会停留在它的目光之下，因为有了之前的话，还有这堂课所有以前的话，以及先于这堂课的实践，还有与我们所称呼的过去一样伟大的部分，所以我们对于现在和过去所做的区分如果不是任意的，那么至少也是与我们对于生活的注意力范围的大小有关。“现在”正好与这个努力占有同样大的位置。自从这个特别的注意力放开了某些事物，而以前它是牢牢地看着这些事物的，这个注意力所抛弃的现在的某些东西立刻就成为过去的事实、行为。总而言之，当我们停止向它给予一个实际的利益时，我们的现在就落到了过去。现在的个体就像国家的个体一样：一个事件属于过去，并且它进入了历史。当它并不直接地与当下的政治有关，它还可能被忽略，只要事情不感到有什么影响。只要它的行为能够被感觉到，它就会参与国家的生活并且让它停留在现在。

从此以后，没有什么能阻止我们尽可能往后延迟我们的现在与过去之间的分割线了。一个对于生活的注意力将会足够强大，足够脱离一切实际的利益，它因此将会在一个不可分割的现在拥抱过去的历史，这个历史完全来自于有意识的人——而不是像瞬间的，而是像连续的现在，这个现在也同样是连续运动着的。我再重复一次，这样的东西就是人们所感知到的不可分的音乐，并且它从一个末端延续到另一个末端。如果人们想要展开词语的意义，那么就会有一个持续的现在，尽管这个持续性与不动性没有任何共同点，这个不可分性也与瞬时性没有任何共同点，但这关系到一个持续的现在。

这并不是一个假设。在特殊的例子中，注意力一下子放弃了它在生活中的利益：立刻，就像被施了魔法一样，过去又重新成为现在。在那些看到了突然的死亡威胁出现在他们面前，在那些滑到了悬崖底部的登山运动员中，在那些被淹死和被吊死的人中，似乎可以发生注意力的一个突然的转变——就像意识的定向的一个变化，这个意识直到那时就转向了未来，并且被行动的必要性所吸引，但是突然又不感兴趣了。这足以让成千上万的被忘记了的细节重新被想起来，也足以让一个人整个的历史在他面前发生，并且以一个运动着的全景图的形式发生。

论记忆

因此，记忆并不需要解释。或者，并不存在一个特殊的机能。它的角色是保留住过去，并且把它导入现在。过去保存着它自己，这是自然而然的。的确，如果我们对变化的不可分性闭上了眼，对这样一个现实视而不见，即我们遥远的过去与我们的现实是有关的，并且和现实一起建立了唯一的、同一的不间断的变化，那么在我们看来，过去似乎是对于现在的一种正常的取消，而对于过去的保存则有着某些不同寻常的含义。于是，我们认为必须要设想一个器械，它的功能将会是记录那些可以重新出现在意识中的过去的部分。但是，如果我们考虑到内在生活的连续性，并因此而考虑到其不可分性，那么这将不再是对过去的保存，这个过去需要解释，相反地，这是对过去的明显的取消。我们再也不能觉察到回忆了，而是忘记。此外，解释将会存在于大脑的结构中。自然发明了一个机制来疏导我们在未来方向上的注意力，它让注意力离开过去——我想要说我们历史的这个部分与我们现在的行为无关——也是为了把它带向“回忆”的形式之下，这样的对于之前经验的简化注定要完善目前的经验；大脑的功能就包括这个。

我们不能开始对于这个理论的讨论，这个理论希望大脑服务于对过去的保存，它希望大脑可以存储回忆，就像相片的底片一样，我们可以从样片中获得底片，就像注定要重新成为声音的唱片一样。我们已经从其他方面研究过这个论题了。这个学说的很大部分已经被某些形而上学所吸收，同时代的心理学，心理生理学都充满了这些东西，并且人们也很自然地接受了：人们在那里看到了清楚的线索。但是，随着人们更进一步思考它，人们也看到了堆积的问题和不可能性。我们采用对这个论题最有利的一种情况，即一个物质性的客体在眼睛上留下印象，并在精神中留下了一个视觉的回忆。如果它由此而真正在大脑中导致了由眼睛得到的印象的固定，那么这个回忆会成为什么呢？因为物体移动得很少，或者眼睛移动得很少，这里不是有一个图像，而是有十个、百个、上千个图像，像电影放映机上的电影一样多，甚至还要多。因为物体在一个特定的时间被思考得很少，或者在不同的时间被看到，这些都是关于这个物体的数百万的不同的图像。而我们采用了最简单的情况。

假设虽然有这些存储起来的图像，但是它们有什么用呢？我们将会运动的图像又是什么呢？——承认吧，我们有我们的理由来选择一个，那么当我们察觉到它的时候，我们为什么，以及如何把它丢在过去的？我们仍然要从这些困难上面经过。人们将会如何解释记忆所出现的问题？在这些问题中，那些与大脑的局部病变有关的问题，也就是说在失语症中，心理的病变很少是由记忆的取消造成的，更多的是由于想要重新唤醒记忆的无力造成的。一个努力，一种情绪，可以突然地把人们以为明确消失了的词语带回到意识中。这些事实，加上许多其他的东西有助于证明大脑在这里是用于对过去进行选择，并且把它缩小、简单化、利用它，但不是保留它。如果我们没有养成这么一个习惯，即认为过去就等于取消了，那么我们就可以轻松地考虑这方面的事物。于是，过去部分的再现对我们产生一个特别事件的影响，这个事件需要一个解释。而这就是为什么我们在大脑中想象各种用于回忆的盒子，这些盒子保留了过去的碎片——而此外，大脑还保留了它自身。就好像这并不是取消了困难，而只是简单地推迟了问题！就好像，人们提出把大脑的物质保存起来，让它穿过时间，或者更一般地，所有持续的物质，当人们声称用记忆来解释问题的时候，人们并不把记忆给它们！无论我们做什么，即便我们假设大脑存满了记忆，我们也不能避开这个结论，即过去可能会无意识地保存它本身。

不仅仅是我们的过去，还有任何变化的过去，然而只要它与一个特别的变化有关，并且因此而变成不可分割的，那么过去在现在的保存对于我们来说就不是其他的事物，而是变化的不可分割性。确实，对于在外部实现的变化，我们几乎从来不知道如果我们与一个特别的变化有关，或者与一个或者几个运动的组合有关，那么在这些运动中是否会插入一些停顿（此外，停顿从来都是相对的）。我们应该存在于存在和事物的内部，就像我们存在于自身一样，这样我们就可以在这一点上表态。但是这并不重要，重要的是一次性被说服并且相信现实就是变化，变化是不可分的，并且在一个不可分的变化中，过去因为现在而有了自己的身体。

如果我们深入理解这个真相，我们就会看到，许多哲学难题都融化了、消失了。某些伟大的问题，就像实体的问题、变化的问题，以及它们之间的相互关系的问题，这些问题将会停止出现。所有围绕着这些点而提出的困难——这些困难已经让实体一点点往后退，一直到不可知的事物的领域中——这些困难源自于我们对变化的不可分性视而不见。如果变化很明显是我们所有经验的组成部分，如果它是不可捉摸的事物——大部分哲学家都说到了这点，如果人们看到的不过是一个尘土的状态取代了其他的状态，那么就应该通过一个人为的关系在这些状态之间重建一个连续性。但是运动物体的这个不动的基质不可能拥有任何我们知道的特性——因为一切都是变化——当我们试着接近它的时候，它会往后退：变化的幽灵是不可能被抓住的，所以它需要固定。相反地，在其自然的不可分割性中，为了觉察到变化的样子，我们看到它是事物的实体，既不是运动不再处于消失的形式下——这个形式让它对于思想而言是不可捉摸的，也不是有着不动性的实体让它进不到我们的经验中。于是，根本的不稳定性，以及绝对的不动性就只是抽象的意见，它们是从外部获得的、建立在真实变化的连续性之上的，一方面它们是精神在不同的状态中所得到的抽象，另一方面它们又是事物或者实体。古代人围绕着运动问题所提出的难题，还有现代人围绕着不断消失的实体问题所提出的难题，后一种问题是因为实体是运动和变化，前一种问题是因为运动和变化是实体性的。

同时，理论的晦涩也消失了，人们隐约地看到一个出了名的不可解决的问题可能的答案。自由仲裁者的相关讨论也会结束，如果我们意识到我们本身是真正在一个具体的时间中，在这个时间里，必要的规定性的观念失去了所有的意义，因为过去已经通过现在有了寄存，并且不断地制造出——这只是通过事实而加上去的——某些绝对新的事物。如果我们考虑到状态、质量的真正本质，还有最终考虑到所有以稳定性的面貌而出现在我们面前的事物的话，那么人类与世界的关系就可以逐渐深化。在相似的情况下，客体与主体必须面对面处于一种情景下，这个情景与我们在开始说到的两列火车的情况差不多：这是运动性对运动性的一个特别的标准，它产生了不动的效果。于是，我们深入了解这个观念，永远不会看不到客体与主体之间特别的关系。主体通过事物的一个静态的印象而表达出来：所有我们从一个事物上学到的经验都有助于我们对另一事物的认知，并且另一个事物得到的光可以通过思考反过来照亮之前一个事物。

但是，正如我在开始所宣布的那样，纯粹的思辨不会是唯一一个从这个将来的普遍意象中得益的事物。我们可以把它渗透进我们日常的生活中，通过这个意象，我们可以从哲学中得到满足，这个满足与我们从艺术中得到的满足差不多，但是更频繁、更经常、更能接近人类的共同点。艺术毫无疑问让我们在事物中发现了更多的质量、更多的差异，而这些都是我们在自然状态下很难察觉到的。艺术让我们的感知扩大，但更多的是在表面上，而不是在深处。它丰富了我们的现在，但是它很少超越现在。通过哲学，我们可以让自己习惯于永远不把现在从过去中孤立出来。

多亏了哲学，所有的事物都获得了深度——除了深度以外，还有某种类似于第四维的东西，它允许过去的感知保持与目前的感知的一致性，并且允许最接近的未来本身以部分出现在现在。现实在其存在方式中看起来不再是一个稳定的状态了；它在其倾向的连续性和变化性中，精力充沛地表现出来。我们感知中的那些不动的、冻结的东西将会重新变暖，重新动起来。在我们周围的一切都变得充满活力，一切都苏醒了。一个伟大的生命冲动夺走了生命和事物。因为它，我们感觉到被抬起、被牵引、被支撑。我们获得更好的事物，并且这个生活中增加的部分带来了一个信念，即那些严重的哲学问题可以分解掉，或者甚至可能不必出现。它来自于现实的一个固定的意象，并且用经过思考的话来说，只不过是对于我们的生命力的人为削弱的一个翻译罢了。事实上，我们越是习惯于思考，感知所有持续性之下的事物，我们就越容易沉溺于真正的时间中。我们越是沉溺在时间中，就越容易重新回到原则的方向上去。然而这个原则是超验的，我们具有这个原则的特性，并且其永恒性不一定是一个不变性的永恒性，而是生命的永恒：我们是怎样生存下去的，是如何移动它的呢？在这里，我们的生活在移动着。

第六篇　对形而上学之介绍[①]

如果人们比较一下形而上学的定义和绝对的概念，他们就会意识到，虽然哲学家们有许多明显的分歧，但是他们却约定要区分两种认识事物的不同方式：第一种方式意味着人们要转向这个事物的周围；第二种方式，则是人们要进入这个事物。第一种方式取决于观察点，人们可以处于这个点之上，并且还

① 这篇论文1903年发表在杂志《形而上学与道德》上，从这个时代开始我们已经被引领去更好地精确属于形而上学和科学的含义。当人们想要定义词语的时候，人们可以自由地赋予它他们想要的意思：没有什么能阻止人们称呼“科学”或者“哲学”，就像人类长期以来所做的那样，以及对于所有类型的知识，他们都是这样的。正如我们之前所说的那样，人们同样可以把一切都并入到形而上学中。然而，有一件事是无可争议的，即当知识为了测量而安排自己的对象时，它必须建立在一个确定的方向上，并且当它摆脱了所有关系与比较之后的意图，它走在了一个不同的方向上，而这只是为了与现实一致。我们已经说明了第一种方法有利于对物质的研究，而第二种则有利于对精神的研究。此外，还有两个对象的相互干涉，所以这两种方法必须相互帮助。在第一种情况中，人们与空间化的时间和空间产生了关系；在第二种情况下，人们是与真正的时间发生关系。为了观念的清晰性，在我们看来应该把第一种知识称为“科学的”，把第二种称为“形而上学的”，这是很有用的。于是，正是由于形而上学，我们才建立起了“科学的哲学”或者“科学的形而上学”，它们存在于伟大的思想家的精神中，并且内在于他们的科学中，而且常常是无形的启发者。在目前的这篇文章中，我们仍然把它放在科学上，因为科学已经被证实过了，事实上是被研究者所证实的，人们渐渐地同意称他们为“学者”而不是形而上学家（关于这个，见下文）。

此外，不应该忘记了这篇论文是写于这样一个时代，即康德的批判主义和其继承者的独断主义已经被普遍地认可了，否则作为结论，它至少可以作为哲学思辨的起点。

需要有一些人们可以用来表达的符号。第二种方式不依靠任何观察点，也不依赖任何符号。关于第一种知识，我们说，它达到的结果是相对；关于第二种知识，在其可能的前提下，它达到的则是绝对。

绝对的概念

例如，如果一个物体的运动是在空间中进行的，那么我会根据观察点有区别地感知到这个运动，这个观察点是动的或者不动的，我都可以从这里观察到运动。我也会根据坐标系或者方向点的不同，也就是说根据我用来表达运动的符号的不同而有不同的表达。并且，运动也因为这个双重的原因被称为相对的。在这两种情况中，我是处于物体的外部的。当我说到一个绝对的运动时，我是在把一个内在赋予运动物体，例如灵魂的状态，并且我也是在与这些状态融合，而且是通过一个想象的努力把我自己融入它们。于是，因为物体将会是运动的或者不动的，因为它将会采纳一个运动或者另一个运动，所以我不能体验到同一个事物。[①] 我还要体验到的事物既不依赖于我在对象上所采用的观察点，因为我将处于对象本身中；也不依赖于

---

① 如果一个运动是绝对的，或者它不是绝对的，那么还需要说我们绝不会在这里建议一个重新认知的方法吗？我们只是规定了那些人们精神中有的事物，当人们说一个绝对的运动时，是所运用的词语的形而上学含义。

我表达所用的符号，因为为了占有最原始的东西，我将会放弃所有的翻译。总而言之，运动不会在外部和我自身中被把握住，而是在它自身的内部被把握。于是，我手中就握着一个绝对。

现在说说人们向我讲述的一个小说中的人物的奇遇吧。小说家可以多增加一些人物特征的表达方式，随意地让他的主人公说话做事：所有这一切并不等于我将要体验的简单的不可分的感情，如果我在一瞬间与这个人物本身相契合的话，那么，这些动作、姿势、语言在我看来就像泉源一样，都是很自然的。那将不再是添加到观念上的意外了。这个观念是我从这个人中得到的，这个人物总是不停地丰富这个观念，却永远不会达到完整的境地。这个人物会一下子把它的完整性给我，还有一些能表现它的细节，而不是添加到丰富的观念上。相反地，在我看来它会脱离这个观念，然而不会让本质干涸。所有人们向我讲述的关于这个人物的东西都向我提供了同样多的观察点。所有用来向我描述他的表达方式——并且这些表达方式不能让我们认识他，除非通过和我已经知道的人物和事物的比较——这些表达方式其实就是符号，通过这个符号人们可以或多或少地象征性地表达这个人物。因此，符号和观察点把我放在了人物的外面；它们并没有把他交给我，除了那些他与其他人物有共同点的地方，但是又没有合适地把这些东西归属给他。那些真正属于这个人物的东西是那些构建了其本质的东西，它们不会从外部被意识到，从定义上来说是在内部被认识到的，并且也不是通过符号来表达的，所以他与其他的事物无法类比。描绘故事、分析故事，这些都把我留在了相对性中。只有与这个人物本身的契合才给予了我绝对。

正是在这个意义上，且只有在这个意义上，绝对才是完美的同义词。所有关于一个城市的照片采用了一切可能的观察点，这些照片将会永无止境地相互补充，它们一点也不同于这个突出的样品，这个样品就是我们生活的城市。用所有可能的语言对于一首诗歌的所有翻译，这些翻译将会添加各种细微的差别，通过一种相互的重新装饰被修改，给出了一个越来越忠实于它们翻译的诗歌的印象。它们永远也不会恢复最开始的内在含义。从一个特别的观察点获得的描绘，用某些符号做成的翻译，这些东西与原来的对象相比总是不完美的。但是，绝对在那些无懈可击的事物上则是完美的。

毫无疑问，正是因为同样的原因，人们经常把绝对和无限看作一样的。如果我想要和一个不知道我对于荷马史诗的简单的印象的人交谈，那么我先要给他翻译一下这个诗，然后我再注释一下我的翻译，之后我再说明一下我的评论，再一个解释接着另一个解释，结果我越来越接近我想要表达的东西，不过我却永远也不能达到那个我想要表达的东西。当你们抬起胳膊的时候，你就完成了一个运动，你在心里有对这个运动的简单感知。但是，从外面的角度来看，对于我——看着这个运动的人，你的胳膊只是通过了一个点，然后又通过了另外一个点，并且在这两个点之间还有其他的点，以至于如果我要开始数这些点的话，这个运算将会是没有终点的。因此，从里面看的话，绝对是一件简单的事情；但是从外面考虑的话，也就是说与其他事物相对而言，通过与表达它的符号产生关系，绝对将会成为黄金，人们永远也不能把纸币变成它。不过，那些在同一时间内既能容受一个不可分的感知，也能容受一个取之不尽的枚举的事物，根据定义本身，就是一个无限。

由此可以说明，一个绝对只能存在于一个直觉中，然而所有其他的事物却引发了分析。我们在这里称呼直觉为同感，通过这个同感人们可以设想自己处于对象的内部，以此来与其中特别的难以表达的部分吻合。相反，分析是这样一个操作，即它把对象带回到已知的元素，换言之，这些元素对于这个对象和其他事物是普遍的。因此，分析就在于表达一个事物，并且要根据那些不是这个事物的东西来表达它。因此，所有的分析都是一个翻译，都是符号的展开，都是从连续的观察点上得到的描绘，人们在这些点上标注出新对象之间的关系，人们研究这些新对象，并且认为自己已经认识了它们。在其永远不会满足的欲望中，这个欲望是拥抱对象，并且直觉被迫要在这些对象周围转圈，然后分析不停地增加的观察点，以便于完善总是不完整的描绘；它永不停歇地改变符号，以便于完美那些总是不完美的翻译。因此，直觉总是无止境地继续下去。但是，直觉——如果它是可能的话，应该只是一个简单的行为。

根据这个被提出的事实，人们轻易地就看到了实证科学的习惯功能就是分析。因此，实证科学的工作是在符号之前的。即便是最具体的自然科学、生命科学，它们都遵循生命体，遵循它们的器官以及它们人体构造的元素的可见形式。它们把这些形式作比较，把最复杂的形式归并为最简单的，最终它们研究生活的功能，视觉的符号就在这个生活中。如果存在一个绝对占有现实，而不是相对地认知现实的方式，如果存在一个处于现实中而不是采纳现实上的观察点的方式，如果有一个对现实的直觉，而不是分析现实的方式，最终，它可以在一切表达、翻译或者象征性的描绘之外抓住现实，那么形而上学也就是这个本身了。因此，形而上学就是科学，它声称自己可以免掉符号。

这里至少有这样一个现实，即我们通过直觉而不是通过简单的分析来抓住内部的一切。是我们专有的人格在其流变中穿过了时间，是因为我们的自我，所以我们可以持续。我们可以在理智上，或者是在精神上，不与任何其他的事物一致，但是一定会与我们自己一致。

人类的意识

当我在自己的人格上散步时，假设这个人格是不活动的，那么我首先觉察到我意识内部的注意，因此它是一个对表面的所凝固的表皮，是对所有来自于物质世界的感知。这些感知是清楚的、有区别的、并列的或者是可并列的；这些感知想要聚集在客体上。随后，我觉察到多多少少与这些感知有关的回忆，这些回忆就是用来说明感知的；这些回忆好像是从我的人格深处被剪下，然后被感知带到周围，这些感知与回忆相似；这些回忆安置在我身上，却没有成为绝对的自我。最终，我感觉到某些东西显露出来，这些东西就是爱好的倾向、生理的习惯、大量潜在的行为，这些牢固地与感知和回忆联系在一起。所有这些确定的形式的元素在我看来与其说是和我有区别，还不如说其实它们之间的区别更大。从里面走向外部，它们联系在一起，组成了一个球面，这个球趋向于不断地扩大，并消失在外部世界中。但是，如果我从周围集中到中心，如果我在我的内心深处寻找那些最不变的、最经常的、最持久的自我，那么我将会发现完全另外一件事。

在这些切割得很好的水晶和表面的冻结之下，是一个不断的流溢，这个流溢不能与我所看到的流出的事物相比较。这是状态的一个接续，每个人都预言将会到来的事，并遏制走在前面的事。说实话，这些流溢不能组建多样化的状态，除非我已经超过它们了，并且我再折回到后面以便观察一下之前的痕迹。然而，我体验到它们了，它们是如此牢固地组织在一起，并且就这样被一个公共的生活给激活，以至于我不知道它们中的任何一个是在哪里结束的，其他的又是从哪里开始的。事实上，它们中的任何一个既没有开始也没有结束，但是一切又都延伸到其他事物中了。

如果人们愿意，这是一个滚筒被铺开了，因为这里没有生命体，这些生命体并不会感觉到自己一点点接近了自己角色的末尾；并且活着就在于变老。但是这同样是一个持续的卷，就像一条线在一个球上的卷，因为我们的过去跟随着我们，所以它会在当下不停地扩大，于是它又回到了自己的路上。意识就意味着记忆。

说实话，这既不是一个卷也不是一个铺开，因为这两个图像都让人想起线路或者表面，它们的部分都是均匀的，并且都是可重叠的。不过，在一个有意识的存在里并没有两个同样的时刻。以最简单的感情为例子，假设它是持久的，并且让它渗透进整个人格当中；那么伴随这个情感的意识在两个连续的时刻之间将不能保持与自身的一致，因为除了之前的时刻外，随后的时刻总会包含回忆，而这个回忆是之前的时刻留给它的。

只拥有对两个相同时刻的记忆的意识将会是一个没有记忆的意识。因此，这个意识要不断地死亡、重生。那么无意识又是怎样出现的呢？

由此可见，应该要在万千的变化中让人想起一个波谱的形象，并且伴随着难以觉察的退化。这个退化让人们从变化走向差别。穿过波谱并且不时地检验每个变化的感情之流所拥有的逐渐的变化，而每一个变化都预言了下一个变化，并且用自己概括了上一个变化。但是这些与波谱相连接的色调的变化总是停留在外部。它们是相互并列的，它们占有了空间。相反，那些纯粹的时间则排除了所有关于并列、相互的外在性和广延性的观念。

因此，可以进一步想象一个无限小的、非常紧的橡皮筋，如果可能的话，可以小到一个数学点那样。逐渐地拉着它，以便于可以从这点拉出一条线，这条线将会一直变长。集中我们的注意力，不是在作为线的这条线上，而是在画出这条线的动作上。如果人们假设这个行为是一下子完成的，那么就不管它的持续，把这个动作看作不可分的；还有，如果人们在这个动作中加入一个停顿，那么人们就是做了两个动作而不是一个，并且每一个动作都将会成为我们所说的不可分。并不是这个运动的行为本身永远不可分，而是在这个行为下面的这条线，它作为空间中的一个痕迹是不可分的。我们最终脱离了空间，这个空间是变化的支撑，而这都是为了只考虑运动本身，还有紧张或者延伸的动作，最后是纯粹的运动性。这次我们将有一个更忠实于我们在时间中的发展的图像了。

然而，这个图像仍然是不完整的，并且所有的比喻都是不够的，因为时间的展开在某些方面与发展着的运动的统一性有些相似，在其他方面又与展开的状态的多样性相似，任何比喻都不能不牺牲一个方面就可以把两个方面变成一个方面，换言之，比喻必须要牺牲一个方面以完成两个方面的合一。如果我在万千变化中想起了一个谱，在我面前就有了一个完全完成了的事，然而时间却是连续不断的。如果我想到一个不断延伸的橡皮筋，想到了一个会绷紧会放松的弹簧，那么我就忘记了色彩的丰富多样。这个色彩是真实时间的特征，只是为了看到简单的运动，意识通过这个运动从一个色调的变化穿到另一个。内在的生活同时也是质量的变化、过程的连续和方向的一致。人们不可能用图像来表现它。

但是人们可以用概念来描绘内在生活，也就是说通过抽象的，或者普遍的、简单的观念来描绘内在生活。毫无疑问，任何图像都不能一下子复原最初的感觉，我自己也会涌出这样的感觉。但是，我也不必再尝试着恢复它了。对于那些没有能力让自己投身于自己生命组成部分的、关于时间的直觉的人而言，永远也不会有任何东西赋予他，更不用说概念了。哲学家在这里唯一的目的就是激发一个特别的工作，这个工作有助于在大多数人中间阻碍精神的习惯，而且更有利于生活。不过，图像至少有这个优势，即它可以让我们停留在具体的事物中。没有哪个图像不会替代时间的直觉，但是许多不同的图像会从特别不同的事物中获得秩序，通过这些行为的聚集，就可以把意识引导到准确的点上，而在这个点上有某一个等着被把握的直觉。在选择尽可能不一致的图像时，人们会阻止这些图像中的任何一个去侵占直觉的位置，因为这个图像立刻就会被它的对手们赶走。尽管它们要求我们的精神，尽管它们在外表上有不同，它们有同样一种类型的注意力，以及某种程度上的同样的紧张度，但是人们都会一点点地让意识习惯于一个非同一般的、确定的安排。这个图像必须要接受这个位置，以便于在它自己面前显得没有面纱。①

但是，意识仍然应该赞成这份努力。因为人们并没有向它说明什么。为了想要的努力，为了达到直觉，人们只是把它放在了它必须采用的态度中。相反，那些特别简单的概念的缺陷，以某种相似的方式成为真正的符号，这些符号替代了它们要象征的物体，并且不要求我们的任何努力。靠近它仔细地看，除了那些与这个物体和其他物体有共同点的部分，人们会看到这些符号中的任何一个都没有保留住物体，人们还会看到每一个符号都表达了一个比较，这个比较是客体和与它们相似的东西之间的比较，而图像则没有这样的比较。因为这个比较清除了一个相似性，因为相似性是物体的一个特性，又因为特性看起来是拥有它的物体的一部分，所以我们轻松地以为通过把概念与概念并列起来，我们就可以用这些部分重建对象整体，并且我们将会得到一个理智的对等物。正因为如此，我们相信，可以构建一个忠实于时间的描述。这要通过把统一性、多样性、连续性、有限或无限的可分性等概念排列起来。这准确地说就是幻觉。这也同样是危险。同样多的抽象观念可以服务于分析，

① 当他想要把自己的思想展现给别人的时候，这里质疑的图像是那些可以呈现在哲学家精神前的图像。我们先把图像放到一边，或许可以把它放在直觉的附近，我认为哲学家可能会需要直觉，并且这个直觉常常是不可表达的。

也就是说服务于一个科学研究，而这个研究的对象是处于关系中的物体。

同样，这些观念不可能替代直觉，也就是说对物体的形而上学的研究——物体在其中有其本质和特性。事实上，一方面，这些一个接一个的概念可以提供给我们的，不过是对物体的一个人工的重新排列，它们只能象征某些一般的、平庸的方面。因此，以下的这个想法是徒劳的，即人们以为有了它们就可以抓住现实，而它们仅限于向我们呈现现实的阴影。但是另一方面，从幻觉来说，这里同样有一个很严重的危险。因为概念在抽象化的同时也被普遍化了，所以概念不能象征一个特别的性质，除非把它变得和事物的无限性一样。因此，它总是多多少少地通过延伸歪曲了这个性质。概念被重新置于形而上学的客体中，一个性质会和这个概念相合，至少会以它为榜样采用同样的外形。从形而上学的客体中提取出来的并且作为一个概念出现，这个性质将会无限地变大，它要超越这个客体，因为从今以后它必须要把这个客体和其他事物包含在一起。我们构想的关于事物性质的多样的概念因此在它周围画出了更大的圈，但是没有哪一个圈能精确地适合于它。

然而，在事物本身中性质恰好与它相符，并因此与整体相符。所以我们应该努力寻找某种巧妙的方法来重建巧合。我们将采用这些概念中的任何一个，并且我们会尝试着把这个概念与其他结合在一起。但是，根据我们所开始的对象的不同，这种连接也会以不同的方式进行。例如，根据我们从统一性或者多样性出发，我们将会不同地设想时间的多样的统一性。一切都将取决于我们将会赋予这些概念的分量，而这个分量将会始终是随意的，因为来自于物体的概念并没有分量，它不过是一个物体的影子而已。因此就会冒出一批不同的体系，而且还会有同样多、现实外部的观察点，或者还有更大的圆圈把这些体系关闭在其中。因此，简单的概念不适合把客体的具体的统一性划分为同样多的象征性的表达；这些概念还会把哲学划分为不同的学派，每一个学派都有自己的位置，选择自己的筹码，并且用其他的事物切割出一个永远不会结束的部分。或者形而上学不过是观念的游戏，如果这是精神的一个严肃的工作，那么形而上学为了达到直觉就应该超越概念。

当然，概念对于这个游戏是必不可少的，因为所有的其他的科学通常都是在概念上工作，并且形而上学不能去掉其他的科学。但是只有当形而上学超越概念的时候，它才是它本身，或者至少它应该摆脱所有僵硬的概念和事实，为了创造不同于我们习惯性地运用的概念，我想要说的是灵活的、运动的、几乎是流动的表达，这个表达总是准备好以直觉的飞逝的形式为榜样。我们又重新回到这个重要的点，尽管只要说明以下问题就够了，即我们的时间可以让我们直接出现在直觉中，它可以通过图像间接地启发我们，但是它不能——如果人们赋予了词语其固有的含义——把自己关闭在一个概念性的表达中。

我们试着给它一个多样性。另外还要说，关于这个多样性的术语，它不是作为任何一个多样性而出众的，这些术语会相互侵犯，以至于我们可以毫无疑问地通过一个想象让曾经飞逝的时间凝固起来，然后把它分成碎片。这些碎片相互并列，最后计算这些碎片，但是这个操作是在凝固在时间中的记忆上完成的，是在时间的运动性留下的不动的痕迹上完成的，而不是在时间本身上完成的。因此，如果这里有一个多样性，那么就要承认这个多样性不会与任何其他的事物相似。这样我们就可以说时间有统一性了吗？毫无疑问，会相互延伸的元素的连续性参与了同一性和多样性，尽管界定了纯粹的同一性的概念，但是这个运动着的、变化的、生动的、有生命力的同一性，是不会与抽象的、不动的、空虚的统一性相似的。我们可以由此得出结论说，时间必须同时通过同一性和多样性来定义吗？非常特殊的事是我可以很好地操作这两个概念，给它们定量，把它们以各种不同的方式组合到一起，在它们上面实践心理化学最微妙的操作，我永远也不会得到与我在时间中所有的简单直觉相似的东西；相反，如果我通过一个直觉的努力而把自己置于时间之中，那么我立刻就会发现时间是如何同一的、如何多样的，并且我还会察觉到许多其他的事物。因此，这些多样的概念同样也是对时间的外部观察点。这些概念既不分开，也不统一，它们不能让我们真正深入了解时间本身。

但是我们还是进入了时间，而这大概可能是因为直觉的原因吧。在这个意义上，一个内在的、绝对的对于时间的知识是可能的，这个知识是我的，也是通过我自身而获得的。但是，如果形而上学宣称可以在这里获得一个直觉，那么科学就一点也不需要分析了。而正因为对于分析和直觉的角色的混淆，在这里就产生了学派之间讨论和体系之间的冲突。

论心理状态

事实上，心理学通过分析走在了前面，就像许多其他的科学一样。心理学把自我——这个自我已经被放在了简单的直觉中——分解为感觉、感情、表象等，然后它再分别研究这些东西。因此，心理学用一系列元素取代了自我，这些元素都是一些心理学的事实。但是这些元素真的是自我的组成部分吗？所有的问题都在这里，并且正是为了逃避这个问题，人们才经常把人类个性的问题说成是不可解决的。

有一件事是无可争议的，即所有的心理状态，这里指的是属于一个人的心理状态，能反映出一个人格的整体。并不存在这样的一种感情，尽管它很简单，即这个感情不会潜在地含有一个人所经历过的过去和现在，这个感情通过抽象化或者分析离开或者组建一个其他的“状态”。同样无可争议的是，没有这个抽象化或者分析的努力，在心理学科学上就没有可能的发展。然而这个操作又包括些什么呢？通过这个操作，心理学家就可以把一个心理状态拆分，这是为了把它们建立成为或多或少独立的实体。心理学家是从忽略关于个人的特别的色调而开始的，这个色调不能用已知的、普遍的术语表达出来。然后，他努力地在已经被简化的个人中去孤立这样或者那样的方面，这些方面有助于一个有意义的研究。例如，它是否与爱好有关？心理学家将会把无法表达的色调差异放在一边，这个色调给这个人上色，并且确保我的爱好并不是你的爱好；然后，他将会专心于运动，通过运动，我们的人格走向了一个特定的目标；他将会把这个态度独立出来，而正是这个人特别的方面，这个对于内在生活运动的观察点，这个对于具体的爱好的分析，让他建立起作为独立的事实的东西。

在这里有一个与艺术家相同的工作，这个艺术家穿过巴黎，他对巴黎圣母院进行了一个速写。这个塔楼不可分割地与整体建筑物联系在一起，它也与大地、周围的环境，还有整个巴黎联系在一起，等等。这个艺术家应该通过把它和这些事物分离开开始；人们只会记住一个特别的方面，就是这个巴黎圣母院。现在，这个塔实际上是由石头建成的，正是这些石头的集中赋予了这个塔的形式；但是这个画家并不对这些石头感兴趣，他记录的只是这个塔的外形。因此他用外部的、图示的重建替代了事物的真实的、内在的组织结构。这使得他的画作总体上符合了对于物体的一个特别的观察点。其实还有一个选择，这个选择是对于表达的形式的选择。然而对于操作则是一样的，通过这个操作心理学家得出了这个人整体的心理状态。这个被独立出来的心理状态几乎是一个素描，一个人工重建的开始；这一切都在一个基本的方面被考虑到了，人们对这个方面特别感兴趣，并且想要把它记录下来。这不是一个部分，而是一个元素。它不是通过分裂得到的，而是通过分析得到的。

现在，画家在这些在巴黎所画的速写下面毫无疑问地以标记的形式写下“巴黎”两个字。因为他真的看过巴黎，所以在重新回到最初的直觉时，他将会把这些速写确定在巴黎，并且把它们联系起来。但是并没有任何执行相反操作的方式；即便与人们想要的一样精确的速写有成百上千，即便有“巴黎”这个词来表示应该把它们连成整体，但是也不可能回到一个人们曾经没有过的直觉。如果人们没有看到过巴黎，就不会有一个对巴黎的印象。这完全与部分无关，而是与整体的气氛有关。为了选择一个更能打动人的例子，为了选择一个最能完整地象征事物情况的注释，我们可以假设人们把一些随便混在一起的文字交给我，而这些文字可以组成一首我们不知道的诗歌。如果这些文字是这首诗的组成部分，那么我可以争取通过尝试各种可能的不同安排，用这些文字重组这首诗歌，就像让孩子用碎片拼七巧图一样。但是我不可能用一秒钟就想到结果，因为这些文字组合的部分只是局部的表达，所以这完全是另外一回事了，这就是为什么如果我知道这首诗，我会立刻把每个文字放到它原来的位置，并且我可以毫无困难地用一条连续的线把它们捆起来。然而相反的操作则是不可能的，即便我把这些文字一个挨着一个地放在一起，我也只是描绘出了一个言之有理的意思而已。因此，我产生了一个直觉，这是我试着要回到基本符号的直觉，这些符号将会重建表达一些内容。所以，想要通过这些建立在象征性元素之上的实践活动来重建事物的观念就意味着一个这样的荒谬：如果人们注意到自己与事物的碎片没有关系，那么这些元素就不能回到人的精神中，但是，在某种程度上还是与符号的碎片有关。

然而，这就是哲学家的事业，他们努力地用心理状态重组人格，尽管他们坚持的是状态本身，尽管他们加入了一条线，且这条线就是用来连接这些状态的。经验论的和理性主义的人在这里都被同一个幻觉给欺骗了，他们都把对部分的注释当成真实的部分，因此弄混了分析的观察点和直觉的观察点，也弄混了科学和形而上学。

哲学中的经验论和理性主义

经验论者理直气壮地说，除了心理的状态，心理学的分析在人格当中不能发现什么。事实上这就是分析的功能，甚至是分析的定义。心理学家没有其他的事情可做，除了分析人，也就是记录状态：他最多是把这些状态上专门的“自我”说成是“自我的状态”，就像画家把“巴黎”这个词写在每一个速写上一样。在心理学家所在的领域上，也是他必须在的位置，“自我”只不过是一个符号，人们用它来唤回原始的（此外也是很混乱的）直觉。这个直觉向心理学提供了研究对象：这不过是一个词语，并且一个很大的错误就在于人们相信在同样的领域中，在这个词语背后能发现一件事。这就是这些哲学家的错误，他们不可能甘心仅仅成为在心理学上的心理学家，例如，泰纳和斯图亚特·缪勒。他们通过自己所运用的研究方法而成为心理学家，通过他们推荐的对象他们仍然是形而上学家。他们想要一个直觉，并且通过一个奇怪的前后不一致，他们要求这个直觉要具有分析能力，而这本身就是对直觉的否定。他们寻找自我，并声称在心理状态中找到了自我，而人们却不能获得这些心理状态的多样性，为了在人物中获得一系列的速写、注释，还有多多少少有些图示和象征性的描绘，他们必须离开自我。此外，他们很好地把这些并列在一起，并增加了联系，他们在缝隙中探索，但是自我总是逃离他们，所以他们最后只是看到一个空虚的幻象。同样值得否定的是，“伊利亚特”有一个含义，所以人们以此为借口，在组成它的文字中徒劳地寻找它的含义。

因此，哲学的经验论就产生于一个混淆，即直觉的观察点和分析的观察点之间的混淆。经验论在于在翻译中寻找最初的东西，而这个最初的东西在翻译中不能自然地存在。经验论还在于不承认最初的东西，并以人们在翻译中不能找到它为借口。所以经验论必然导致否定。但是更进一步地看，人们会发觉这些否定只是意味着分析而不是直觉，这本来就是显而易见的。我们来看看最初的直觉与此外的混乱，这个混乱为科学提供了对象，科学立刻就走向分析，而分析给这个对象增加了无数的观察点。所以很快科学就相信，只要把所有观察点组合成一个整体，自己就可以重组对象。这是不是很让人很惊讶呢？科学眼睁睁地看着这个对象在自己面前消逝，就像一个小孩子想要用墙显现出来的阴影制造一个坚固的玩具一样。

但是理性主义也被同一种幻觉欺骗了。它离开了经验论所犯的错误，但是在理解人格方面仍然很无力。就像经验论一样，它把心理状态看作自我的碎片，它认为"自我"能把这些碎片重新聚在一起。正如经验论，理性主义努力地把这些碎片重新连接起来，这一切都是为了重新制造人的统一性。所以它最终就像经验论一样，看到了在一种为了抓住统一性而不断地革新的努力中，人的统一性就像一个幻象一样无限期地躲避开。然而当经验论厌倦了斗争时，它就会通过宣称除了心理状态的多样性之外没有其他的事物来结束斗争。确实，经验论想要在心理状态的领域上寻找统一性，还要被迫把所有它在分析（因为分析通过定义本身也总是导致一种状态）中找到的质量或者规定性放在心理状态之上，而这对于人的统一性而言就只剩下某些纯粹否定性的东西，以及所有规定性的缺失。心理状态在这个分析中必然已经采用和关注了一切呈现出较小物质性现象的东西，"自我的统一性"没有物质是不可能成为一个形式的。这就是不定和绝对的空虚。

对于分开的心理状态，对于自我的这些阴影，在经验论者看来它们与个人是相等的。还有理性主义，它为了重建个性而加入了某些更不真实的东西，例如阴影在其中移动的空虚，人们也可以说这是阴影的住所。那么这个真正无定形的“形式”是如何可能描绘出一个有生命的、活动的、具体的个性，并且区分出皮埃尔和保罗的呢？这难道不令人感到惊奇吗？把这个形式从个性中独立出来的哲学家竟然觉得这个形式无力确定一个人。他们应该一步一步地被引导去给它们空虚的自我制造一个没有底的储藏所，这个储藏所不再属于保罗，而是皮埃尔。而且在这个储藏所中，就像人们所希望的那样，将会留有位置给整个人类，或者上帝，或者是一般的存在。我在这里看到了经验论和理性主义之间唯一的一个不同，即经验论是在缝隙中寻找自我的统一性，并且也在某种程度上寻找心理状态。它被引导用其他的状态去填满这些缝隙，并因此永无止境地继续下去。随着人们可以把分析推得更远，就使得被困在一个总会变小的间隔中的自我也倾向于零。然而理性主义把自我放在了状态所在的位置，它面对着一个空虚的空间，人们没有任何理由在这个空间里停留；它越过了人们给它划定的每一个接续的界限，它总是不断扩大，并且总是会迷失在无限中，而不是在零中。

因此，这个差别没有我们设想的那么大，这是一个所谓的“经验论”。例如泰纳的经验论和某些德国泛神论者的最具超验性的思辨之间的差别。这两种情况中所用的方法是相同的：这个方法在于对翻译的元素进行思考，就好像它们是原始的一部分一样。一个真正的经验论是那种会规定自己尽可能靠紧原始本身，并且钻研生活，而且还要通过一种精神上的听诊来感受灵魂的跳动。这个真正的经验论也是真正的形而上学。这项工作是一个极端的困难，因为这些概念中的任何一个都不可能再有用，而思想却利用这些概念来为自己每天的活动服务。没有什么比说“自我是多样性”更简单的，或者说它是同一性，或者说它是多样性和同一性的综合。同一性和多样性在这里都是一些描绘，人们不需要用这些描绘来裁剪对象。当人们发现它时就已经做好了，并且人们只需要在一种情况下选择完成好的衣服，这些衣服同时适合皮埃尔和保罗，因为他们并没有按照两个中的任何一个来设计。但是一个与这个名字相称的经验论，一个只在标准上工作的经验论，对于它要研究的每一个新对象而言，它必须要提供一个绝对新的努力。它为对象裁剪了一个只适合于它的概念，人们可以轻松地说这仍然是一个概念的概念，因为这个概念只适合于这个唯一的事物。这个经验论不是通过人们在交往中发现的观念的组合而发展的，例如同一性和多样性；但是经验论把我们所导向的一个描绘则是一个独特的、简单的描绘。此外，一旦这个描绘成形，人们就可以很好地理解为什么人们可以把它放在同一性、多样性的框架中了，这一切都比它要大得多。最终，这样定义的哲学就不在于在概念中进行选择，也不在于为学院选择一个派别，而在于去寻找一个独特的直觉，从这个直觉中人们重新回到了不同的概念中，因此人们就处在了学院的划分之上。

尽管个性有同一性——这是肯定的；但是相似的肯定却没有教会我任何关于这个同一性的特别的本质，除了它属于人之外。尽管我们的自我是多样的，我仍然同意这一点，但是这里还有一个多样性，应该要承认它与其他的多样性没有任何共同点。对于哲学而言，真正重要的是要知道什么样的同一性、什么样的多样性、什么样的优于复杂抽象的现实是人的多样化的同一性。哲学不会知道答案，除非它重新通过自我而抓住自我的简单直觉。那时候，沿着这条它为了走下这个顶峰而选择的道路，它将会通向同一性，或者多样性，或者是任何一个概念。人们就是试着用这些概念来规定人的运动的生活。我们再一次表达，在这些概念的混合中没有哪一个会给出与活着的人相似的东西。

给我介绍一个坚固的圆锥，我可以毫不困难地看出它是如何向顶端变小的，以及它是如何慢慢地与一个数学点相混淆的，还有它是如何通过一个底部然后变大为一个无限大的圆的。但是既不是这个点，也不是这个圆，更不是它们在一个平面上的并列给了我对于圆锥的观念。对于心理生活的多样性和同一性也是这样，对于经验论和理性主义把个性所导向的零和无限也是这样。

论分析

正如我们还要说明的那样，概念通过把这两个相反的事物连接呈现出来也就变得平常了。人们几乎不是在具体的现实上一次性采用两种相反的观点，并且这个具体的现实也不会归入两种对立的概念。那是一个论题和一个反论题，人们总是徒劳地从逻辑上调和它们，因为前所未有的简单的原因，再加上一些概念或者观察点，人们将会做出许多事情。但是关于通过直觉而被把握的对象，人们在这两种情况中轻松地就走向了两个相反的概念；并且，因为看到了从现实中出来的论题和反论题，人们一下子就明白了这个论题和反论题是如何对抗的，并且它们又是如何和解的。

确实应该为了这个而进行一个颠覆，即推翻理智通常习惯于的工作。思考通常在于从概念走向事物，而不是从事物走向概念。认识一个现实，我们是从“认识”这个词的一般意义上说的，采用已经有的概念，给它们定量，把它们联合为一个整体直到我们获得一个真正有用的相等物。但是不应该忘记，理智正常的工作离成为一个大公无私的工作还远得很。一般说来，我们不是以为了认识而认识为目的，但我们是为了一个可以获取的利益而认识，为了一个可以收回的好处而认识，最终是为了一个令人满意的利益而认识。我们努力去寻找，要认识的对象在哪个点上会是这个或者那个东西，它会进入哪个已经知道的类型，它必须告诉我们它运用的是哪种类型的行为、手段或者姿势。这些不同的行为和可能的态度同样是我们思想概念的指导，并且是一次性确定了的；剩下的就是跟随这些概念；这其中准确地包含了概念在事物上的运用。把一个概念放到一个物体上去，这就是要求物体做那些我们已经为它做了的事。给物体贴上一个概念的标签，就是用准确的术语标记出物体应该向我们推荐的行为或者态度的种类。因此，所有的知识准确地说都朝向一个特定的方向，在那里人们可以获取一个特定的观察点。

确实，我们的利益常常是复杂的。而这正是为什么我们对于同一个对象的知识会朝向几个不同的连续的方向，并且还会改变知识的观察点。在这些通常的含义上，这其中包含着一个对于对象的“广泛的”和“内涵的”知识，于是，对象不是被带回到一个单独的概念而是几个概念，并且它被认为参与了这些概念。那么，对象是如何一下子参与到这么多的概念中的呢？事实上这是一个没有实际用处的问题，并且也是人们不会提出的问题。因此，它是自然的，它是合理的，我们通过并列和定量把概念置于日常生活中。没有哪一个哲学困难不是来自于日常生活的，因为通过默认的约定，我们避免了研究。但是把这个有效的解决办法运送到哲学上去，在这里继续从概念走向事物，为了这个对于事物的公正的认知，人们这次想要追寻这个认识本身，于是他们就运用一种认知方式——这个认识方式是借鉴于一个确定的利益，并且通过定义它包含了一个从外部对象上得到的观点。这等于把痛转向了人们的目标，给哲学判定一个永久的处于学院中的争执，把矛盾放在对象和方法的中心。或者并不存在这样一种哲学，即它关于事物的所有知识都是以利益为目的实用知识，或者哲学研究就在于要通过直觉的努力把自己放在对象本身中。

为了理解这个直觉的本质，为了精确地确定直觉会在哪里结束，分析又在哪里开始，我们应该回到已经说过的时间的流动性问题上。

人们注意到，分析所导致的概念或者图表在人们思考它们的期间在根本性质上是不动的。我完全从内在生活中独立出这个心理学的实体，我称为一个简单的感觉。然而我对这个感觉进行了研究，我假设它还是原来的样子，如果我在其中发现了某些变化，我就会说那里不是有唯一的一个感觉，而是几个连续的感觉。并且我会把不变性带给这些连续的感觉中的每一个，而这个不变性首先要被赐予感觉的整体。无论如何，通过把分析推得更远，我可以达到我认为不变的元素。正是在那儿，也只有在那儿，我将会发现活动的坚固的基础，而这也是科学自身的发展所需要的基础。

然而，并不存在任何时候都不变的灵魂状态，尽管这个状态很简单。因为没有记忆就没有意识，没有添加就没有一个状态的连续。从目前的感觉到对过去的时刻的回忆，这其中就包含着时间。内在的时间是一个记忆的持续的存在，这个记忆把过去延伸到现在，尽管现在清楚地隐藏着过去不断壮大的图像，尽管现在通过自己质量的不断的变化表明了随着人们不断地变老，它自己的负担也变得很重。如果没有过去在现在的继续存在，就不会有时间，就只会有瞬时性了。

如果有人指责，是我让心理状态摆脱了时间——而我只有通过时间才能分析心理状态，那么我会为自己辩护：我的分析所导向的每一个基本的心理状态都是一个占有时间的状态。我会说："我的分析很好地把内在生活分解为各种状态，每一个状态与它本身都是一致的；只是，因为这个一致性会延伸到确定数量的分或者秒上，所以基本的心理状态不会停止持续下去。同样地，它也不会变化。"

那个有看到这些确定数量的分或者秒的人，没看到我把这些分秒给了基本的心理状态。这个人只具有一个标志的价值，这个标志就是要我想起心理状态。假设它们是一致的，那么它实际上就是一个变化的、持续的状态。状态，从它本身来说，就是一个持续的未来。我从这个未来中提出质量的一个平均值，我认为这个质量是不变的：我就这样建立了一个稳定的、概括的状态。此外，我还提取出一个一般的未来，这个未来将不再是这个的未来，而是那个的未来，这就是我所说的状态所占有的时间。我们再进一步仔细研究，我发现这个抽象的时间对于我而言，和我所处的状态是一样不动的，这个时间只能通过连续的质量的变化才能消逝。如果它只有变化的场地而没有实际的内容，那么它就会成为一个不动的地点。我看到，关于这个同质的时间的假说也只是为了要方便具体的不同的时间之间的比较，它准许我们拥有同时性，也允许我们通过时间之间的关系来测量时间的流逝。最终我明白了，在把一个确定数量的分秒的指示放到一个基本心理状态的表现时，我仅仅是回想起状态已经从一个持续的自我中分离出来了，并且我仅仅规定了一个位置，我应该让状态在这个位置上重新回到运动。这是为了把状态从它已经完成了的简单纲要带回到它之前就有的具体形式。但是我忘记了所有这一切，而只是作了一个分析。

这是说分析对不动的事物产生了作用，然而直觉却处于运动或者时间中。而这就是直觉和分析之间很清楚的分界线。人们从可变性本身中认出现实、过去、具体；人们从不可变中认出元素。从定义上来说元素是不可变的，它是一个纲要、一个简化的重建，通常也是一个简单的符号，在所有情况中它是从消逝的现实中获得的一个风景。

但是，错误就在于相信，有了这些纲要人们就可以重新组建现实。我们不会再重复：人们可以从直觉跳到分析，却不能从分析跳到直觉。

有了可变性，我就可以制造同样多的变化、同样多的质量或者改变，只要我高兴，因为这些都是不动的观点，是通过分析直觉的运动性所得到的观点。这些从头到尾的改变并没有产生任何与可变性相似的东西，因为这些改变不是部分，而是元素，而元素完全是另外一回事。

例如，思考一下与同质性最相近的可变性还有空间中的运动。沿着这个运动，我可以呈现出可能的停顿——这就是我所说的运动的位置或者运动物体经过的点。有了这些无数的位置我将不再运动。它们并不是运动的部分，它们只是在运动上获得的视线；人们也可以说，它们只不过是关于停顿的假设。事实上，运动物体从来不是任何一个点；人们最多可以说它经过了这些点。但是这个通道，它是一个运动，它与停顿没有任何共同点，而停顿就是静止。运动不会出现在一个静止上，因为它会和静止同时发生，而这将会是矛盾的。这些点不是像部分一样在运动中，也不是像运动的地点一样在运动之下。它们只是被我们投射在运动的下方，就像如果它停止就会出现一个假设上不停止的运动物体。因此，准确地说，这些不是位置而是假设、是视觉，或者是精神的观察点。那么，人们又是怎样运用观察点来构思一个事物的呢？

然而这就是我们一直尝试着要做的事情，我们思考运动，也思考时间，而运动则作为时间的代表。由于一个深深地扎根在我们心灵中的幻想，再者，由于我们不能停止把分析当作直觉的对等物，于是沿着运动，我们开始区分一定数量的可能的停顿或者点。不管愿不愿意，我们都把它们变成了运动的部分。在我们想要用这些点重组运动的无力面前，我们加入了其他的点，我们相信这样就可以更加靠近运动中的活动性。然后就像被我们遗忘的活动性一样，我们用一定数量的“无限的增长”替代了一定数量的有限和停顿点——就这样，通过思想永无止境地追逐着一个又一个点的运动，我们试着去模仿运动物体的真实的、不可分的运动，但这是徒劳的。最终，我们说运动是由点构成的，此外它也包含着模糊的、神秘的通道，从一个位置到另一个位置。就好像模糊性并不完全来自于人们所假设的“不动性要比运动性更清楚，停顿先于运动”！就好像神秘并不在于我们所声称的“通过组合的道路从停顿走向运动”，这是不可能的，于是人们毫无困难地从运动走向减速，走向静止！

你们已经在构成诗歌的文字的形式中寻找意义，你们相信通过思考一定数量的文字，你们最终会抓住那个总是在飞逝的意义，并且万不得已的时候，你们看到在每个文字中寻找一部分含义是没有用的，你们假设在每一个文字和它之后的文字之间有神秘意义的碎片！但是，容我再一次说，这些文字不是事物的部分，它们是符号的元素。运动物体的位置不是运动的部分：它们是空间中的点，这个空间被认为是运动的基础。这个不动的、空虚的空间，只是被设想出来的，它从来没被感知，它只具有符号的价值。你们是如何通过操作这些符号来制造现实的？

符号在这里符合我们思想最根深蒂固的习惯，我们通常处于不动中，在这里我们为实践找到一个支撑点，并且我们打算用这个点来重新组织运动性。如此一来，我们得到的不过是一个粗陋的模仿，一个真实运动的赝品，但是这个模仿在没有对于事物的直觉的生活中对我们有很大的作用。不过，我们的精神有一个不可抗拒的倾向，这个倾向就是喜欢把经常服务于它的观念看作最清楚的。这就是为什么不动性看起来比运动性更清楚，停顿为什么先于运动。

时间与直觉

从古代就有的运动的问题所引起的困难就来自于这里，这些困难一直在于人们宣称要从空间走向运动，从轨迹变成路程，从静止的位置变成运动性，并且通过组合的方法从一个穿到另一个。是运动先于静止，并且在位置与一个移动之间并没有部分与整体的关系，但是有这样一种关系，即可能的观察点的多样性与对象真正的不可分割性。

许多其他的问题也来自于同样的幻觉。静止的点都在一个运动物体的运动上，不同质量的概念都是一个客体的质量的变化。因此，一个变化分解而成的概念也成为同样多的现实的不稳定性中稳定的光景。从“思考”这个词一般的意义上来说，思考一个客体，就等于在这个客体的运动性上获取一个或者几个不动的图像。总之，这就等于询问客体在其他地方的时间，并且以此知道人们可以做什么事情。此外，没有什么比这个行事方式更合理的了，只要它只和现实的一个实际的知识有关。

知识由于它指向实践，所以它需要列举我们所面对着的事物的可能的主要态度，正如我们可能的面对它的最好的态度。这就是概念通常的角色，这些站台是我们为未来的路程所标记出来的。但是，想要和它们一起进入到事物的内在本质，那么这就是把一个方法运用到真正的运动性上，这个方法是为了给运动性一些不动的观察点。这等于是忘记了，如果形而上学是可能的，那么形而上学也只是一个努力，这个努力是为了重新回到思想工作的自然道路上去，它是为了通过精神的扩张而可以立刻处于我们研究的事物中。这个努力最终是为了从现实走向概念，而不是从概念走向现实。难道这不令人惊讶吗？哲学家看到了他们声称要把握住的对象是如何在他面前流走的，就像孩子们希望的那样，他们以为合上手就能抓住烟雾。因此学院间的争吵就这样延续了下去，每一个学院都责备其他的学院让现实飞走了。

如果形而上学必须通过直觉而前进，如果直觉对于客体而言具有时间的运行性，如果时间在本质上是心理学的，难道我们不会把哲学家关在特有的沉思中吗？难道哲学仅仅在于关心如何生存吗？“就像一个昏昏欲睡看着河水流过的牧人吗？”所以谈话要回到一个错误的问题上，自从这个研究开始我们就没有停止过指出这个错误。这就看轻了时间独特的本质，同时也看轻了形而上学直觉的本质上活跃的特性。这其实就是没有看到我们所说的可以让我们超越唯心论和唯实论的方法，这个方法可以证明低于我们和优于我们的对象的存在，虽然在此期间从某种程度上来说，这个对象是在我们的内部，这个方法还可以毫无困难地让这些对象同时存在，并且慢慢地驱散、分析堆积在重要问题周围的黑暗。我们还没有达到对这些困难点的研究，我们只能说明我们所说的直觉为何不是一个独一的行动，而是不确定的一系列行动。毫无疑问这些行动属于同一种，但是每一个类别都很特别，我们还要说明行为的多样性是如何与生命的所有等级相符合的。

如果我努力地去分析时间，也就是说把时间分解为概念，那么我就必须在一般的时间上得到两种相反的观点，这是由概念和分析的本质决定的，有了这些观点我之后就可以重组时间。这个联合既不能呈现出等级的多样性，也不能表现形式的多样化：这个联合存在，又或者不存在。例如，我说一方面有一个连续的意识状态的多样性，另一方面又有一个同一性把它们连接起来。时间将会是这个同一性和多样性的“综合”，人们看不到的神秘活动，我再一次说明这个活动是怎样包含细微的变化或者等级的。在这个假设中，仅仅可能存在的就是一个唯一的时间，我们的意识通常在这个时间中活动。

为了确定观念，如果我们在一个在空间中完成的运动的角度下采取时间，并且如果我们努力地把作为时间的代表的运动变成概念，那么我们一方面将会得到如人们想要的轨迹上的点一样多的数，另一方面将会得到把这些点统一起来的一个抽象的同一性，就像一条线把项链上的珍珠串成一个整体一样。在这个抽象的多样性和抽象的同一性之间，这个组合曾经作为可能被提出。它是独特的事物，我们不能在这个事物中找到更多的变化，只能承认这不过是一个算术上的加法。但是，如果人们不打算分析时间（也就是说，实际上，用概念把它变成综合），那么人们首先就会通过直觉的努力而安居在时间之中。人们有一个非常确定的紧张感，这个紧张的确定性本身看起来就像可能的无限时间中的一个选择。从此以后人们发现了无数的时间，每一个都与另一个不同，尽管它们中的每一个变为了概念，也就是在外面面对着两个相反的观察点，但它们总是归并为同一个难以形容的联合——多样性和专一性的联合。

我们应该用更多的精确性来表达同一个观念，如果我把时间看作时刻的多样性，这些时刻通过一个同一性把它们连接起来，就像穿过的一条线一样，尽管时间选择的时刻是很短暂的，但是这些时刻在数量上是无限的。我可以把这些时刻假设为是相邻的，只要我高兴；在这些数学点之间，总会有其他的数学点，并以此无限地增加下去。一方面，面对多样性，时间会消散为时刻的粉末，每一个时刻都不会持续下去，每一个时刻都是瞬间的。另一方面，如果我思考这个能够把时刻连接为整体的同一性，它也不能持续，因为通过假设，时间中的所有变化和适当的可持续的东西都已经被放在了多样性的时刻中。随着我不断深入其本质，这个同一性在我看来就好像是变化的事物的一个不动的基质，就像我不知道的时间的永恒本质，而这就是我要称呼的永恒性——死亡的永恒性，因为它不是其他的东西，而是形成生命的运动物体的空虚的运动。

在进一步审查了对立的学派对于时间的观点之后，人们可以看到虽然这些学派不同，但其实只是分成了两类，这是根据他们赋予这两个概念的首要的重要性而区分的。一类人喜欢多样性的观察点，他们把一个时间中分开的时刻变为具体的现实，这样他们就可以说粉碎了时间；他们把同一性看做人为的，且认为同一性把颗粒变成粉末。另外的人则相反地把时间的同一性变成了具体的现实，所以他们处在永恒之中。但是它们的永恒性仍然是抽象的，因为它是空虚的，因为正是一个概念的永恒性把它从一个相反的概念中排除出来，并且假设这个相反的概念不能看到这个永恒性是如何能够与时刻的一个无限的多样性共存。在第一个假设中，人们有一个悬挂在空中的世界，这个世界将会在每一个时刻结束，然后再重新开始。在第二个假设中，人们有一个抽象的无限的永恒性，人们也无法理解为什么这个无限不停留在自己之内，也不明白它是如何与事物共存的。但是在这两种情况中，并且尽管人们被导向这两种形而上学，时间在心理学的观察点上看起来就像是两种抽象的混合，而这两种抽象既不包含等级，也不包含变化。在任何一个体系中，都只有一个独特的时间，它带走了一切，把它们沉没在没有底也没有岸的大河中，这个大河在人们不确定的方向自由地流淌着。但是这又不是一条河，这条河并没有流动，因为现实从两个学说中得到了这个祭品，它得益于它们的逻辑分析。它们一恢复镇静，就让这个流溢冻结成一层巨大的、坚固的冰，变成一个凝结的无限的尖顶，让它总是成为一个事物，这个事物必然会具有一个观察点的不动的性质。

如果人们通过直觉的努力一下子就处于时间的具体的流动中，那么这就完全是另外一回事了。的确，我们不能找到任何符合逻辑的理由来提出存在一个复杂多样的时间。严格来说，可能除了我们的时间之外，没有其他的时间了，就像世界上可能除了橙色就没有其他颜色了。但是即便是一个对于颜色的基底的意识，这个意识也可以从里面与橙色融合，而不是从外部感知它。这个意识感觉到在红色和黄色之间可以捕捉到或者可能预感到，在这个颜色下面有一个光谱，而连续性就在这个光谱上自然地延伸。这个连续性是从红色到黄色，因此我们的时间的直觉把我们悬在空虚中，就像纯粹的分析所做的那样。我们与时间的连续性取得了关系，我们必须试着继续，要么走向更低，要么走向更高：在这两种情况中我们可以通过一个越来越强烈的努力来无限地发展，在这两种情况中我们超越了我们自己。在第一种情况中，我们走向一个越来越散开的时间，这个时间的跳动比我们的跳动要快，它划分了我们简单的感觉，它用数量冲淡了质量，到极限的时候，将会是纯粹的同质、纯粹的重复，通过这个重复我们规定了物质性。在其他方向行走的时候，我们走向了一个会变紧张、变小，越来越加强的时间：到极限的时候就成了永恒性。但不再是概念性的永恒了，因为这个概念性的永恒是一个没有生气的永恒，而现在的永恒是生命的永恒，有生命力的永恒，并因此也是运动的永恒，我们的时间把我们带回到这个永恒，就像光里面的振动一样，并且这个永恒将会成为所有时间的凝结，就像物质性的分散重新凝结一样。直觉就在这两种极限之间运动，并且这个运动就是形而上学本身。

在这里，要跑遍这个运动的不同阶段并不是问题。但是在呈现出了方法的一个普遍的意见并且已经对这个方法进行了第一次运用之后，再明确提出这个方面基于的原则可能将不再是无用的了，并且要用尽可能精确的术语。现在，说到我们将要说明的提议，这些提议大部分都在目前的工作中得到了证明。我们希望当我们着手其他问题的时候，可以更完整地证明以下这些问题。

第一，存在着一个外部的现实，并且无论如何这个现实会立刻被赋予我们的精神。常识在这个点上有足够的理由来反对哲学家的唯心主义和唯实论。这个现实是流动性，我们认为[①]不存在完成了的事物，而只有将要发生的事物，没有维持原状的状态，只有变化的状态。停顿永远只是表面的，或者是相对的。我们自身中的意识，在其连续的流动中，把我们带进了现实的内部。这个现实在一个模板上，我们必须在这个模板上呈现其

① 再一次，我们绝不因此而离开实体。相反，我们肯定存在的持久性，并且我们认为自己已经使得这个呈现更容易。那么人们是如何把这个学说与赫拉克利特的学说相比较的呢？

他的事物。因此，所有的现实都是一个趋势，如果人们方便称这个趋势是方向的变化，且这个方向是走向新生的状态。

第二，我们的精神在寻找坚固的支撑点，它在日常生活中的主要功能就是重现状态和事物。它几乎瞬间就看到了现实中不可分的流动性。就这样，它获得了感觉和观念。通过感觉和观念，精神用不连续性取代了连续性，用稳定性取代了流动性，通过变化用固定的点取代了趋势，这些固定的点标记出变化和趋势的方向。这个替代在常识上、语言上、实际生活上都是必要的，甚至在我们努力要确定的某种程度上，它对于实证科学也是必要的。当我们的理智跟随它自然的道路时，它一方面可以通过可靠的感知前进，另一方面则是通过稳定的概念而前进。它来自于静止，并且它只能根据不动性来感受和表达运动。它处在已有的概念中，并且试图在其中抓住经过的现实中的某些事物，就像在一个渔网中抓住鱼儿一样。毫无疑问，这不是为了获取一个内在的知识和一个真正的形而上学，这只是为了自我利用，每一个概念（正如每一个感觉）都是一个实际的问题，这是我们的活动向现实提出的问题，并且现实也将会回答这个问题，因为它通过一个肯定或者否定在事物上谈妥。但是，精神却让本质本身在现实中溜走了。

第三，形而上学固有的困难所引起的二律背反，以及它陷入的矛盾、体系之间的对立学派的争斗和不能调和的对立，这些都成为我们运用到与现实无关的知识上的方法的一大组成部分，我们通常利用这些方法是为了一个实际的用处。它们特别成为我们安置在不动中的事物，这是为了监视通道上的运动，而不是为了和运动一起穿过不动的位置而把自己置于运动中。我们想要用它们和这些主要功能——就是固定感知的对象和概念来重建现实，现实是一种趋势，也因而是运动的。有了这些数量巨大的停顿，人们就永远不能创造流动性了；相反，如果人们给予自己流动性，那么人们可以通过思想得到许多想要的停顿。用其他的话来说，人们明白固定的概念可以通过我们的思想成为对流动的现实的提取物；但是没有任何方法，可以运用这些概念的固定性来重建现实的流动性。然而，作为体系的建造者的独断论却总是尝试这个重建。

第四，独断论必须停留在这里。正是这个“无能为力”，也只有这个“无能为力”观察到了怀疑论者的学说，还有唯心主义者、批判主义者的学说，这些学说最终对于我们的精神达到绝对的能力提出了质疑。但是，虽然我们想要用生硬的、成熟的概念来重建一个有生命的现实的努力失败了，但这并不意味着我们不能用其他的方式来抓住现实。因此，那些用来说明我们知识的相对性的论证都粘上了一个原始的缺陷：这些论证假设，就像它们攻击的独断论一样，为了仅仅抓住流逝的现实，所有的知识必须来自于停顿周围的概念。

第五，我们的精神可以跟随运动，它可以处于运动的现实中，并采用不停变化的方向，最终直觉地抓住现实。为了这个目的，我们的精神应该变得强大，它应该推翻它通常说的思考的活动的意义，它应该转变甚至不停地重建一些范畴。但是这样，它就会导致流动的概念，这些概念有能力在所有的转弯中跟随现实，并且能够接受运动，甚至是事物内在的生活。只有这样才能形成一个发展的哲学，摆脱学派所引起的争吵，并且可以自然地解决问题。因为这个哲学将会摆脱人工的术语，而这些术语是人们为了提出它们而选择的。哲学研究就在于要转换思想工作通常的方向。

第六，这种转换从来没有用一个有条理的方式实践过；尽管在形而上学中有能通行的道路，但是人类思想的深远历史说明了我们应该到那些更伟大的科学中去。人类的精神拥有最有效的研究方法，还有极细微的分析，这些都来自于这个转换本身。[1]现代的形而上学准确地说是为了用发生的事物取代已经完成的事物，它是为了跟随伟大的传统，为了把握住运动，而不是在运动的平稳的结果的外部或者里面，而是要在其变化的趋势中，最终是为了采纳事物轮廓的运动的连续性。确实，现代的形而上学遵循着这个轮廓，但是它不过是伟大的科学，并且它不可能达到它最好的应用，除非通过某些符号的发明。此外，如果我们刚刚说到的直觉是这个发明的起源，那么就是这个符号介入了应用之中。但是形而上学，它的目的不是任何应用，它可

① 尤其是在牛顿的对于流动性的思考中。

以并且也应该禁止自己把直觉转变成符号。

因为免去了要产生实际可用的效果的义务，所以形而上学就无限地扩大了自己的研究范围。与科学相比，它将在实用性和严格性上丢失的东西会在意义和范围上找回来。如果形而上学只不过是伟大的科学，如果数学的方法只适用于数量，那么就不应该忘记数量总是新生态的质量：人们可以说这就是极限情况。因此形而上学为了延伸到所有质量，也就是说延伸到一般的现实上，它可以非常自然地采用我们的数学所产生的观念。它绝不会因此而走向普遍的数学，绝不会成为现代哲学的怪物。相反，随着现代哲学走了更多的路，它会碰到用符号更难以表达的对象。但是它至少开始与现实的连续性和流动性接触了，而这个接触就是最完美最实用的。哲学将会在一个镜子中注视自己，这个镜子给了它一个特别狭小的形象，这是毫无疑问的，但是这个形象特别光亮。它将会非常清楚地看到数学向具体的现实所吸取的东西，并且它将会在具体现实的方向继续，而不是在数学方法的方向上继续。因此，假定已经提前缓和公式所带来的一下子特别谦虚和特别有野心的这个情况，那么形而上学的一个目的就是要制造质量的区分与合并。

第七，能够让客体失去视线，并且让科学本身弄混它所使用的某些方法的起源，能做到这些的就是直觉。一旦被捕获了，直觉就必须找到表达和应用方式，而且这个方式还要符合我们思维的习惯，并且能够在非常确定的概念中给我们提供一个坚固的支撑点，我们是非常需要这个支撑点的。这就是我们称为严格性、精确性的条件，这同样是一个普遍方法在特别情况中的无限延伸。不过，这个延伸和这个逻辑的改善工作可能要进行几个世纪，然而方法所产生的行为只能持续一会儿。这就是为什么我们经常把科学的逻辑的工具看作科学本身[①]，而忘记了直觉——其余的一切可能都出自于直觉。[②]

哲学家和学者本身所说的科学知识的相对性都源于遗忘了这个直觉。象征性的知识是相对的，通过已有的概念它从固定走向运动，但不是直觉性的知识则处于运动中，并且接纳了生活甚至事物。这个直觉达到了一个绝对。

因此，科学与形而上学在直觉中重聚了。一个真正直观的哲学会实现期望已久的形而上学与科学的结合。同时，它把形而上学建立在实证科学之上——我想要说这是循序渐进的、无限可完善的——它带领着刚刚所说的实证科学意识到自己真正

---

① 对于这一点，正如在本文中提到的其他几个问题一样，可以看看勒华先生、文森先生和威尔·布鲁斯先生的作品，这些在《形而上学与道德》杂志上出现过。

② 正如我们在第二篇文章的开始所解释的那样，我们很长时间都在犹豫要不要用“直觉”这个术语；当我们决定了的时候，我们通过这个词语确定了思想的形而上学的功能：知识主要是通过精神告知精神，知识只是作为物质中的本质性的东西的辅助，理智毫无疑问是为了控制物质，并且为了认识物质而产生的，但是在达到本质上没有特别的目的。我们在这篇文章中赋予词语的正是这个含义，在之后的几页里面会说得更具体。因为一个不断想要精确性的愿望，我们已经被要求更清楚地区分理智和直觉，同样还要区分科学与形而上学。但是，从一般的方法上来说，当人们每次痛苦地在其特别的词义中定义一个术语的时候，或者只是当文本充分地说明含义时，术语的变化并没有特别严重的弊病。

的能力，这个能力通常优于它自己的想象。这个哲学把更多的科学放到了形而上学中，也把更多的形而上学放到了科学中。它的目的是重建直觉之间的连续性，这些直觉是实证科学在其历史的发展中得到的，并且它们得到的只是天才而已。

第八，尽管并不存在两种不同的方式要认识事物直到其底部，尽管不同的科学都在形而上学中有它们的根，但是这都是古代哲学家一般的设想。这并不是他们的错，他们错在从这种信仰中得到了启发。这个信念对于人们的心灵是如此的自然，以至于一个变化只能表达和说明不变性。这就产生了以下结果：行为成为一个衰退的沉思，时间变成了一个迷惑人的图像，运动变成了不动的永恒。灵魂是观念的跌落，这个观点始于柏拉图，而人们为了走向普罗丁的哲学则发展了另外一个原则，我们是这样表达这个原则的："在静止中比在运动中有更多的内容，并且人们通过一个简单的递减就从稳定走向不稳定。"然而，与这个相反的才是事实，才是真相。

现代科学要回溯到人们把流动性当作独立的现实的那些日子。它起源于这样一个日子：在那一天，伽利略让一个小球在倾斜的面上滚动，并下定决心要研究这个从高处到低处的运动本身，而不是要寻找在高和低的概念中的原则。亚里士多德认为两个不动足以解释流动性。并且这在科学的历史上并不是一个孤立的事实，我们认为有几个这样伟大的发现，有些至少是改变了实证科学，或者创造了新的事物，它们还同样进入了纯粹的时间中进行探究。触碰到的现实越是生动，那么研究也就越是深入。

但是，扔到海底的探测器带回来许多流质，阳光很快就把它们晒干成了固体的、不连续的沙粒。对于时间的直觉而言，当人们把它置于理解力的光线之下，直觉很快就变成了固定的、清楚的、不动的概念。在事物生机勃勃的流动性中，理解力致力于画出真正的或者虚拟的停留，它还记录下出发与到达的时刻；这一切都是引入人类思想中的事物，它们自然地就产生了作用。但是哲学必须为了超越人类已有的条件而努力。

学者们在这些概念上为直觉标志出道路，他们的目光往往也停留在这些概念上。他们越是认为这些剩余物走向了符号的状态，那么他们就越会把一个符号的特征赋予整个科学。[①] 他们越是信任科学的符号特征，那么他们就越会实现并且加强这个特征。很快他们就不再有不同点了，在实证科学中，在自然与人为之间，在即刻的直觉与巨大的分析工作之间，理解力会追随在这个直觉周围。他们就这样通向了一个肯定所有知识相对性的学说。

① 为了完善我们在前面注释中所叙述的内容，假设自从我们写下这些文字的年代起，我们就已经限制了“科学”这个词的含义，而且如果人们想要特别科学地讨论关于惰性物质的知识，那么他们就需要借助纯粹的理智。理智不会阻止我们说生活的知识和精神在很大程度上是具有科学性的——这个知识会需要和惰性物质的知识一样的研究方法。相反地，关于惰性物质的知识可以说是具有哲学性质的，在其历史的某个决定性时刻，它会运用纯粹的时间的直觉。

但是形而上学在那里也同样活动着。

作为现代哲学的导师，同时也是形而上学家、科学的革新者，难道他们没有对于现实的流动的连续性的感觉吗？他们是如何可以不处于我们所称的具体的时间中的呢？他们做的事情比他们不相信的事情要多，尤其要比他们说的事情要多。如果人们努力地通过连续的轨迹去连接所有的直觉，并且在这些直觉周围形成体系，那么在几个其他的聚集或分散的线路上人们就会发现，思想和感觉非常确定的一个方向。而这个潜在的思想是什么？人们又该如何表达这个感觉呢？为了再一次借用柏拉图学派的语言，我们分析词语的心理学含义，把理念叫作对简单的可理解性的保证，把灵魂叫作生活的焦虑，就这样我们说，一个看不见的趋势让现代哲学把灵魂提到了理念之上。因此，现代哲学就像现代科学一样，甚至比现代科学还要厉害，它倾向于行走在与古代思想相反的方向上。

这个形而上学，正如这个科学一样，它已经在自己深刻的生活周围铺开了一个丰富的符号组织，但有时也会忘记，如果科学在其分析性的发展中需要符号，那么成为形而上学的主要理由就是与符号决裂。理解力在这里仍然继续着它的固定工作、划分工作和重建工作。但它是在一个相当不同的形式下继续着工作。因为它没有坚持我们打算要发展的一个点，所以我们只能说理解力的角色是在稳定的元素上产生作用，它可以寻找稳定性，要么在关系中，要么在事物中。由于它是在关系的概念上工作，所以它导致了科学性的符号论。由于它在事物的概念上操作，所以它导致了形而上学的符号论。但是，在这两种情况中，理解力成为一种安排，而它往往以为自己是独立的。与其说它立刻承认了自己对于现实的深刻的直觉的亏欠，还不如说它导致了我们在其所有作品中看到的不过是一个人为的、对符号的安排。这样就使得如果人们停留在形而上学家和学者所说的文字上，就像他们所造成的物质性一样，那么人们就可以相信形而上学家已经在现实底部挖出了一条深刻的隧道，而其余人则在它上面搭建了一个构思巧妙的桥。但是事物流动的河流在这两个艺术的工作之间穿过，却没有触碰到它们。

康德对形而上学的批判

康德哲学批判的一个主要手法就在于向形而上学家和科学家取词，自从理解力要求得到一个充满风险的独立性之后，它就在于把形而上学和科学推到它们可能走向的符号论的极限，或者它们逐步走向的极限。我们曾经不知道科学和形而上学与“理智的直觉”的关系，康德也轻松地指出了我们的科学是相对的，我们的形而上学是人造的。因为康德在两种情况中都加剧了理解力的独立性，因为他已经从形而上学和科学中减去了在里面压着它们的“理智的直觉”，所以科学连同它的关系对于他而言不过是一个形式的表皮，而形而上学连同其事物，也不过是一个物质的表皮。难道这不令人惊讶吗？科学向他展示的不过是嵌在框架中的框架，而形而上学向他展示的不过是奔跑在幻影后面的幻影。

康德给我们的科学和形而上学带来了如此粗糙的切割，以至于它们不再能够完全地回到它们的眩晕状态。我们的精神往往顺从地在科学中看到一个完全相对的知识，在形而上学中看到一个空的思辨。即便在今天，在我们看来，康德哲学的批判适合于整个形而上学和整个科学。事实上，这个批判尤其适合古代哲学，就像适合形式一样——仍然是古代的——现代人常常把这个留给他们的思想。这个批判想要反对这样一种形而上学，这个形而上学宣称我们给出了一个独特的、已经完成的体系，它还反对一种这样的科学，即将会成为关系的一个特别的体系的科学。最终，这个批判要反对的是这样的形而上学和科学：它们带着柏拉图哲学的理念理论的建筑学的单一性出现，或者像希腊的神殿一样的建筑。如果形而上学想要用概念来组建自己，那么我们在它之前就已经掌握了这些概念；如果形而上学由已经存在的观念的一个巧妙安排组成，那么我们已经把这些观念运用成一个建筑物的建造材料；最终，如果形而上学不是我们精神的持久的扩大，而是其他的事物，如果它想要超越我们目前的观念，或者如果还有我们简单的逻辑的努力还在继续，那么形而上学很明显就成为人造的，就像所有纯粹理解力的成果一样。

如果科学完全是分析或者概念描绘的结果，如果经验只服务于检验而不是“清楚的观念”，如果它不是来自于多样的、相反的直觉，这些直觉附着在每个现实的运动中，但是并不是相互嵌合的，如果科学想要成为一个巨大的数学，成为关系的一个独特的体系，而这个体系把现实的全体性束缚在提前织好的网中，那么科学就成为与人类理解力纯粹相对的一个知识。

尽管人们进一步阅读了《纯粹理性批判》，人们将会看到正是这种普遍的数学对于康德而言是科学，并且这个被重新修改过的柏拉图主义对于康德而言就是形而上学。说实话，普遍数学的幻想不过是柏拉图主义的残余。当人们假设理念包括一个关系或者一个自我，而不是一个事物的时候，普遍数学就成为理念的世界。康德把某些现代哲学家的这个梦想看作现实[①]：很好，康德认为所有的科学知识不过是一个松散的碎片，或者甚至是普遍数学的一块等待的石头。从那时候起，批判的主要任务就是建立这个数学，也就是说确定哪些必须成为主体，哪些必须成为对象，这是为了让一个不间断的数学可以把主体与对象连接起来。如果所有可能的经验都可以保证进入严格的、已经由我们的理解力组成的框架中，那么我们的理解力（至少要假设一个先定和谐）就能组成它自己的本质，并且就像在镜

① 人们可以看一下这个主题：“冯特哲学研究”（1894 年第 9 卷），这是勒杜烈库斯·模特鲁写的一篇特别有意思的文章，是对于康德自然哲学的发展的讨论。

子中一样发现自己。科学的可能性就来自于这里，这个可能性的所有效力都归功于它的相对性以及形而上学的不可能性，因为形而上学发现自己没有任何事情可做，除了在事物的假象上模仿概念安排的工作——这个工作是科学在关系上认真继续的一个工作。总而言之，整个《纯粹理性批判》导致了柏拉图主义的建立，如果理念就是事物的话，那么这个主义是不合法的；如果理念是关系的话，那么它就是合法的。并且，已经形成的观念一旦从天上被带回到地上，就会像柏拉图所希望的那样，成为思想和自然的共同的基础。但是整个《纯粹理性批判》还取决于一个假设，即我们的思想除了成为柏拉图哲学的信奉者之外，没有能力成为其他的任何东西，也就是说把所有的经验都熔化在已有的模铸之中。

这就是所有的问题，如果科学知识如康德所希望的那样，那么就会有一个简单的科学，它预先在自然中形成，甚至是预先明确表达出来，亚里士多德就是这样想的：从这个内在的必然关系到事物，那些伟大的发现只是一点一点地照亮了已经提前开辟出的线路，就像人们在一个节日的晚上，渐渐地点着了瓦斯的导火线，而这个导火线已经画出了一个纪念性建筑物的轮廓。如果形而上学的知识就像康德所希望的那样，它在面对所有伟大的问题时都缩小为精神中两个相反的态度的相等的可能性；它的表示也是同样多的任意的选择，总是瞬间即逝的，并且在永恒性潜在形成的两个解决方法之间：它活着，它死去，自相矛盾。但是真相是，既不是现代科学呈现了这个单侧亲缘的单一性，也不是现代的形而上学呈现出不可缩减的反对意见。

一方面，现代科学既不单一也不简单。我非常希望它建立在清楚的观念上；但是，当这些观念很深刻的时候，它们就会随着人们对它们的运用而逐渐地变得更清楚；于是，它们把自己最好的光辉归功于那些发射它们的光线，通过思考它们导向了这些事实与应用，而一个概念的清晰性几乎是其他的事了，尽管曾经定好的保障用利益控制了它。最初，这些观念中的某些应该看起来很模糊，很难与科学中已经被承认的概念调和，它们甚至差点儿成为谬论。这就是说，科学并不是通过概念的有规律的嵌入前进的，而这些概念将会注定准确地相互嵌合。这些深刻的、丰富的观念都与现实的趋势有些关系，这些趋势必定不会聚集在同一个点上。确实，这些观念总是寄居的概念，它们通过相互的摩擦磨圆了棱角，并且这些观念总会在它们之间进行调和。

另一方面，现代形而上学并不是由这样根本的解决方法构成的，因为这些解决方法可以导向不可调和的反对意见。毫无疑问，如果没有任何方法可以在同一时间、同一领域接受自相矛盾的正题与反题的话，那么情况确实会这样。但是哲学研究就在于通过直觉的努力，准确地让自己处于具体的现实的外部，而批判会在这个现实之上采用两种相反的观点，即正题和反题。如果我没有看到灰色，我永远不会想象白色和黑色是如何相互渗透的，但是一旦我看到了灰色，我就可以轻松地理解人们是如何考虑白的和黑的这两个观点的。康德哲学的批判遗忘了一个有着深刻直觉的学说，这是在它们是直觉的范围之内才能成立；并且这些学说是形而上学的全部，只要人们不采用正题中那些固定的、不动的部分，而这些部分在哲学家中生机勃勃。当然，这些分歧在学派中是相当明显的，也就是说在这些学徒的小组之间有矛盾，他们都是在伟大的导师周围成长起来的。但是人们会发现，在这些导师本身之间也有分歧。有几个事物在这里控制着体系的多样性，我们再一次说，是几个简单的、清楚的事物，就像一个探测器，人们感觉到它多多少少触碰到了同一片海洋的底部，它每次都把人们带到特别不同的物质的表面。这些学徒通常就是在这些物质上工作的：这就是分析的角色。由于导师提出问题并发展问题，还要把那些自己提供的东西翻译成抽象的观念，所以在某种程度上导师也是自己的学生。但是，把分析置于运动中并且藏在分析之后的简单行为，其实是源自一个与分析完全不同的机能。从定义本身来说，这将是直觉。

我们可以这样总结：这个机能并没有什么神秘的。任何不停地练习文学作品的人都清楚地知道，当主语被详细地研究之后，当所有的文献都被收集起来之后，当所有的注释被捕捉到了之后，为了到达这个作品本身的工作，人们还应该需要更多的材料，还需要一个更艰难的努力；这都是为了要处于中心，甚至是主语的位置，以及为了尽可能深刻地寻找一个推动力，当完成之后就会放任这个推动力。这个推动力一旦被承认，它就会把精神扔到一个它能重新找到的小路上，并且它还会说出它已经收集到的信息和其他的细节。这个推动力会发展，它会用可以无限枚举的术语来分析自己。人们越是走下去，人们就会发现得越多。人们永远不可能把所有的东西都说出来。然而，如果人们突然转身向着这个推动力，并且为了抓住这个推动力，人们在它的背后进行感知，那么这个推动力就躲开了。因为这不是一件事物，而是对于运动的一个鼓动，尽管它是无限可延伸的，但它就是简易性本身。

形而上学的直觉看起来也是这种类型的事物。在此期间构成这个文学作品的注释和文献都是观察和经验的整体，它们是被实证科学和一个心灵对于精神的思考所收集起来的。因为如果人们没有通过一个与表面说明的长期友情来获得信任，那么人们就不能从现实获取一个直觉，也就是与更内在精神上的同感；这不仅仅关系到要领会明显的事实，还应该积累并且把如此庞大的数量融合为一个整体。在这个合并中，人们被保证的和所有可以预先想到的、早熟的观念，观察者不知不觉地把这些观念放到了他们观察的底部。只有这样天然的物质性才能摆脱已知的事实。对于那些不会把一个特别大数量的心理学分析连接并进行整体比较的人而言，即便是在那些我们用来作为例子的简单的、优先的例子中，即便为了自我与自我的直接交往，清晰的直觉的决定性努力也将会是不可能的。现代哲学的导师已经是那些会领会吸收他们时代的科学物质的人了。形而上学半个世纪以来部分消失的主要是因为一个特别的困难，而在今天，哲学家将要感到与一个散得更开的科学产生联系。尽管人们只能通过物质的知识达到直觉，但是形而上学的直觉完全是另外一回事，它与这些知识的摘要和综合完全不同。直觉不同于这些知识，就像机车的动力与被运动物体经过的道路不同，弹簧的张力不同于挂钟里面可见的运动一样。在这个意义上，形而上学与经验的普遍化没有任何共同点，然而它可以将自己定义为完整的经验。

第七篇 克劳德·伯纳德的哲学

1913年12月30日在法兰西学院举行的克劳德·伯纳德一百周年纪念仪式上发表的演说

克劳德·伯纳德对于哲学的贡献在于他的实验方法的理论。现代科学总是以经验为榜样；但是因为它是从力学和天文学开始的，因为它一开始并没有预料到子物质中居然有更普遍更接近数学的东西，所以很长一段时间它都只要求经验为它的计算提供一个起点，并且要经验在终点的时候对这些计算进行检验。实验科学要回溯到19世纪，实验科学一直跟随着经验，即便在所有的曲折中它也从来没有失去过和经验的联系。而克劳德·伯纳德将会把实验科学方法的公式提供给更具体的研究，就像笛卡儿曾经把物质的形式提供给抽象科学那样。在这个意义上，《实验医学的简介》对于我们而言，对于17世纪和18世纪而言就像是笛卡儿的《方法论》。在这两种情况中我们发现自己面对着一个天才，他从得出伟大的发现开始，就思考为了完善这些发现，他应该怎样做：表面上看起来矛盾的契约却是唯一自然的，而人们从相反的前进方式已经尝试过很多次，却从没有成功。在现代科学的历史上只有过两次这样的情况，并且发明的精神已经对我们用自然知识所获取的两个主要形式进行了反省，他这是为了自我分析，并且确定科学发明的一般条件。这种自发性与反思，科学与哲学的恰当的混合产生了法国历史上的两次科学发展。

克劳德·伯纳德在《实验医学的简介》一书中的思想已经向我们说明事实与观念是如何合作的，它们又是如何配合经验研究的。多多少少清楚地觉察到的事实建议了一个关于解释的观念，而学者们则要求经验证实这个观念；但是，在经验所度过的所有时间中，学者必须要准备好放弃自己的假设或者根据事实重新改变这个假设。因此，科学研究其实就是精神与自然之间的一个对话。大自然引发了我们的好奇心；我们向它提出问题。紧接着，大自然的答案给了谈话一个出乎意料的变化，于是又引起了新的问题，又接着大自然会通过提出新的观念来反驳这些问题，情况就这样永无止境地延续下去。当克劳德·伯纳德写下这个方法的时候，当他给出例子的时候，当他回想起自己用这些方法所做的运用时，所有他展现出来的东西在我们看来是如此简单、如此自然，看起来他只需要把它们说出来就可以了：因为我们认为自己一直都知道这个方法。就是用这样的方式，一个伟大的画家所画的画像才能给我们一种早就认识这个模特儿的幻觉。

然而，即便在今天，克劳德·伯纳德的方法也应该被理解，并且正如它应该的那样被实践。读他的书可以省去50年的研究时间；我们从来没有停止过阅读他的书籍，并且我们也很欣赏这些作品，那么我们能够从他的书中领会出它包含的所有教诲吗？

这个分析最清楚的结果之一应该是让我们明白在获得的观察和建立的概括之间没有不同。我们经常把经验当作大自然要向我们提供的天然的事实；而理智则占有了这些事实，并且把它们接合起来，就这样它升到了越来越高的法则。因此概括是一种功能，观察又是另一种功能。没有什么比综合工作的概念更错误的了，对于科学和哲学没有什么比这个概念更危险的了。这个关于综合的概念让人们相信把这些事实收集起来就能有一个科学的利益，于是他们缓慢地甚至消极地注释这些事实，在此期间出现了一个心灵，它有能力支配这些事实，并且把它们置于法则之下。这就好像一个科学的观察并不总是对一个问题的回应，不管是准确的还是含糊的回应！就好像一个接一个的消极的注释并不是对于随即提出的问题的不连贯的回答，而完全是另外一回事！就好像概括的工作就是在于为不连贯的对话找到一个可接受的意义！而事实是这个对话必须立刻有一个意义，否则它就永远不会有任何意义了。事实的意义会随着人们不断地深入研究它而变化，但是这个对话一开始就应该有一个意义。对于我不知道的压缩工作而言，概括并不是运用已经收集到、记录下的事实；而综合则完全是另外一回事。综合至少是一个特别的操作而不是思想的强力，它不是进入事实内部的一个能力，但人们会猜测这个能力是有意义的，并且人们会发现对于无限数量的事实的解释。总而言之，综合精神不过是分析精神的更高的力量而已。

这个对于科学研究工作的设想主要是缩小了导师与学生之间的差距，这个设想不再允许我们区分两种类型的研究者，其中一种只是操作手段，而另外一种却担负着发明的任务。发明必须处处都有，从最卑微的对于事实的研究，一直到最简单的经验中。在这些经验中没有个人的努力，甚至也没有新颖的努力，更没有科学的开始。这就是教学的伟大格言，而它在克劳德·伯纳德的作品中淋漓尽致地表现了出来。

在哲学家的眼里，这个伟大的格言还含有其他的东西，即对于真相的构想以及对于哲学的构想。

当我说到克劳德·伯纳德的哲学的时候，我并没有暗示关于生活的形而上学，但人们认为在他的写作中发现了这种形而上学，并且这个形而上学可能离思想很远。说实话，人们在他的哲学中讨论了许多问题。一些人引用克劳德·伯纳德用来批判“精气”假设说的方法，他们声称克劳德在生活中没有看到更多的东西，除了一些物理和化学现象的整体。其余的人援引他的“组织和创造意识”，根据作者的意思这个意识控制着生命现象，而人们希望他已经从根本上区分了鲜活的物质与粗糙的物质，并以此给生活一个独立的理由。根据某些人的说法，克劳德·伯纳德最终在这两种设想之间摇摆，或者为了渐渐地达到第二个设想，他会从第一个设想出发。让我们重新专心地读一下他的作品：我相信，你们既不会发现肯定，也不会发现否定，更不会发现矛盾。的确，克劳德·伯纳德曾经多次反对关于“精气”的假说；但是在他所说之处，他都明确地指向医学表面的生机论和生理学家，这些生理学家肯定了在生命体之中存在着一个力量，而且认为这个力量能够与物理的力量相斗争，还可以阻碍人的行动。

现在人们可以自然地想到同样的原因在同样的条件下对同一个生命体产生作用，但并不总是产生同样的结果。人们说，应该对生活变幻莫测的特性予以重视。即便是为生理学成为科学做出巨大贡献的马让迪本人，他也仍然相信生命现象的某种不确定性。对于所有这样说的人，克劳德·伯纳德回答：生理学的事实都应该要经受一个坚定的决定论的检验，并且要与物理学和化学事实的决定论一样严格；甚至在那些动物机体所实现的活动之中，没有哪一个将来有一天是需要被物理和化学解释的，这就是精气。

但是，我们现在要转移到组织和创造意识。我们将会发现，在对他有质疑的地方，克劳德·伯纳德会抨击那些拒绝看到生理学中的特殊科学的人，这个科学不同于物理学和化学。质量，或者说心灵的情绪，它们产生了生理学家，并且它们与那些形成化学家和物理学家的质量不同。生理学家不是没有组织感觉的人，即对于这个特别的协调的感觉，并且这也是部分与那些生命现象的特征的协调。在一个生命体中事物会像一个自己出现的“观念”那样发生，而这个事物并没有注意到这些元素所聚集起来的秩序。此外，这个意识不是一个力量，而是解释的原则：如果它的确是这样工作的，如果它可以阻碍物理学与化学力量的游戏，那么就不会再有实验的生理学了。生理学家不仅必须考虑研究之中的这个形成体的观念，因为它建立了生活的现象；并且在克劳德·伯纳德之后，这个生理学家还必须回想起他所关心的事实已经有一个建立起来的组织结构，并且这个组织的建设，或者就像他所说的那样，这个“创造”是一个有着完全不同秩序的活动。

的确，这个清楚的区分由克劳德·伯纳德建立，是机械的制造与毁坏或者磨损之间的区别，是机械与那些生发在机械之上的事情之间的区别，人们毫无疑问要在另一个形式之下修复克劳德所反对的生机论；但是他并没有这样做，他更喜欢不对生活的本质做出表态。此外，他也不对物质的建造作出判断；他就这样保留了它们之间的关系。说实话，不管是他攻击“精气”的假设，还是他呼唤“直接意识”，在这两种情况中，他唯一担心的是可以确定实验生理学的条件。他更加努力地定义生活的科学，而不是生活本身。他维护生理学，并且反对那些认为生理学事实太过难以捉摸的人，在这些人看来生理学并不适合于实验，他还反对那些不区分物理学的实验和化学实验的人，克劳德认为这些都是可以接近我们的经验的。对于第一种人，他回应“生理学事实被一个绝对的决定论支配着，并且因此生理学也是一个严格的科学”；对于第二种人，他回应“生理学有自己独特的法则和方法，这些法则与方法与物理学和化学的法则与方法是有区别的，并且因此生理学也是一门独立的科学”。

但是，如果克劳德·伯纳德没有给我们指出，也不想给我们指出一个关于生活的形而上学，那是因为在他的作品中存在着一个更一般的哲学，其影响可能会比任何独特的理论更持久、更深刻。

事实上，很长时间以来，哲学家都把现实看作一整个体系，就像一个伟大的建筑物，严格说来我们可以用思想和推理的能力重建这个建筑物，且实际上，我们必须求助于观察和经验的帮助。因此，大自然将会是相互嵌入的法则整体，并且还要依据人类逻辑的原则；这些法则将会处于事物的内部；科学与哲学的努力就在于把这些法则一个一个地从那些掩盖着它们的事实中剥离出来，就像我们用铲子一点点地把埃及的遗迹从沙漠的泥沙中挖掘出来让它重见天日一样。克劳德·伯纳德的整个作品反对的就是这个关于事实和法则的构想。尽管在哲学家强调在人类的科学中可能会有一些约定的东西、象征性的东西之前，他就已经觉察到了这件事，并且他还测量了人类的逻辑与自然的逻辑之间的距离。

根据克劳德的看法，如果我们永远不带着足够的谨慎小心对一个假设进行检验，那么我们就永远不会有胆量进行发明。

在我们眼里看起来荒谬的东西在大自然眼里并不一定是荒谬的。例如，我们做一个实验，如果假设被证实，那么随着我们不断地强迫自己用它来熟悉事实，这个假设就会变得理智并且清楚。但是我们同样想起，从来没有一个足够灵活的观念能有着与事物同样的灵活性。因此，我们应该随时准备好为了另一个观念而放弃已有的观念，且这个新的观念将会和经验靠得更近。克劳德·伯纳德说："我们的观念只是理智的工具，它们可以帮助我们渗透进现象；当这些观念完成了它们的任务，我们就应该改变它们，就像当一把手术刀使用了足够长的时间之后，人们就会换掉这把迟钝的手术刀。"他还说，"这一次，信念在推理中太重要了，因为它把一个生理学家带到了对于事物的一个错误的简化上，并且它坚持自然现象复杂性的感觉缺失。""当我们在我们的科学中制造了一个一般的理论时，我们唯一确定的事情就是所有这些理论都是不自然的，它们绝对有表现力。这些理论只是部分的、暂时的真相，它们对于我们而言是必需的，就像我们为了在研究中前进而踩着的台阶。"

当克劳德说到这些理论时，他又回到了这一点上："这些理论稍后会被其他的理论取代，这些其他的理论代表了问题的更早的状态。这些理论就像连续的台阶，科学在不断扩大自己的眼界的时候，这个台阶也不断上升。"但是没有什么比《实验医学的简介》一书中最后几段中的一些话更有意义了："在人类认知的一般的、自由的道路上遇到的最大的几个障碍物之一是这样一个趋势，即它让多样化的知识在体系中变得具有个性……这些体系想要征服人类的精神……应该要努力地冲破哲学和科学体系的障碍……哲学与科学不必有系统。”哲学不必有体系！这在克劳德·伯纳德写作的年代是一个悖论，在那个年代，这要么是为了哲学的存在而辩护，要么是为了废除哲学，人们都倾向于把哲学精神与体系的精神等同起来。然而这是事实，实际上随着一个可以在所有的弯曲中跟随着具体的现实哲学的不断发展，人们会越来越理解这个事实。于是，我们不再参与学说的接续，每个学说都想要把事物的全体性限制在简单的形式中，不管是获取还是留下这些事物。我们将会有一个特别的哲学，这个哲学一点一点在科学旁边建立起来，并且所有想到它的人都会为它添砖加瓦。

我们不会再说：“大自然是一，我们将要在我们已经有的观念中寻找那些我们可以插入的观念了。”我们说：“大自然就是它本来的样子，正如我们的理智一样，理智是大自然的一部分，它没有大自然那么广阔，所以我们目前的观念没有一个大得足以让我们拥抱。因此，努力让我们的思想变大吧；加强我们的理解力吧；如果必需的话，还要突破我们的框架。但是不要把现实缩小为我们的观念那样的大小，而是我们的观念要以现实为榜样，不断地变大。”这就是我们所说的，这就是我们要努力去做的事情。随着我们在开始行走的路上走得越来越远的时候，我们要始终想起克劳德·伯纳德为开辟这条路所做的贡献。这就是为什么对于他为我们所做的事情，我们永远不能足够地表达我们对他的感激。并且这也是为什么我们会向他致敬，在这个所有时代最伟大的探索者之一兼生理学天才的旁边，哲学家已经成为当代思想导师中的一员。

第八篇　威廉姆·詹姆士的实用主义
——真理与现实[①]

在威廉姆·詹姆士之后，我们应该怎样谈论实用主义呢？我们还可以继续说出那些在詹姆士的激动人心的、有诱惑力的、书中没被说出的东西吗？比詹姆士更好地表达出思想吗？现在我们已经有了这本书的可靠的译文，但我们要避免照搬原话，因为詹姆士的思想常常被人们所提供的解释缩减、改变、歪曲了。很多观念流传开来，这些观念有可能处于读者与书之间，并且有可能在本身很清楚的作品上散发出一种人为的晦涩。

如果人们不开始改变自己平时对于一般现实的观念，那么就不能好好理解实用主义。人们说“世界”或者“宇宙”；而根据这些词语的起源，它们是表明了一些简单的东西，至少是合成的东西。人们说“全球”，而这个词语让人想起了事物可能的统一。人们可以是唯灵论者、唯物论者、泛神论者，就像人们可以与哲学无关，并且满足于常识一样：人们总是会呈现出一

---

① 这篇文章是为了服务于威廉姆·詹姆士关于实用主义的作品的序言而作的，由布龙翻译（巴黎，弗拉马里翁，1911）。

个或者几个简单的原则，通过这些原则，物质和道德事物的整体就可以解释得很清楚了。

于是理智就省下了许多力气，这是因为我们的理智爱好简易性，并且理智希望大自然也可以以这样的方式安顿自己。理智为了成为思想，只会向我们要求最小数量的工作。因此它只专心于那些元素和原则，它是为了用它们来重新组成对象和事件的无限系列。

但是，为了最大限度满足我们的理性，我们并不是理想地重建事物，而是纯粹地、简单地坚持经验提供给我们的东西，我们用一个完全不同的方式思考和表达事物。然而你——我们的理智，有了节约的习惯后，就会把结果和原因按照严格的比例呈现出来，而慷慨的大自然则在原因中放入了过多的东西，这些东西不一定要产生结果。然而，我们的口号是只做刚刚合适的事情，而大自然的口号是要比应该做的事还要多——这样也多，那样也多，一切都太多了。正如詹姆士看到的那样，现实是繁重的、极丰富的。在这个现实和哲学家重新建构的现实之间，我认为建立起了这样一种相似的关系，这个关系在我们日常的生活与演员夜晚在屏幕上呈现给我们的生活之间的一样。在剧院里，每个人都只说他应该说的，做他应该做的事情。这里有被分割的场景；每个场景都有开始、有中间，还有结尾，并且一切都精打细算地安置在世界中。这是为了一个结局，这个结局将会是幸福的或者悲惨的。但是在生活中人说了很多无用的话，做了很多多余的动作，几乎没有直截了当的情况；没有什么能像我们希望的如此简单地发生，也不会如此完整，更不会如此漂亮；这些场景相互渗透；事物既不会开始也不会结束；不会有完全令人满意的结局，也不会有绝对确定的动作，更不会有我们可以停留的语言：一切的结果很糟糕。这就是人类的生活。并且毫无疑问，在詹姆士的眼中，这也是一般的现实。

当然，我们的经验不是不连贯的，它在向我们呈现事物和事实的同时也会向我们说明事物之间的相似性，还有事实之间的关系：根据威廉姆·詹姆士的说法，这些关系同事物和事实本身是同样真实的，同样直接可观察到的。但是这些关系是不稳定的，这些事物也是变化不定的。从这里到枯燥的宇宙还很远，哲学家用分类好的、安排好的元素来写作，这些元素中的每一个部分都不是简单地与另一个部分连接，就像我们所说的经验那样，但是仍然也像我们的理性所希望的那样，它们配合着一切工作。

威廉姆·詹姆士的“多元论”几乎没有意味任何其他的事情。古代人给我们呈现了一个封闭的、确定的、有限的世界，这是一个假设，它符合了我们理性的某些要求。现代人更想到了一个无限的世界，而这又是另外一个假设，它满足了我们理性的其他要求。从詹姆士所处的观点来看，这也是纯粹经验或者“彻底的经验论”的观点，即现实不再是作为有限的出现，也不是作为无限的出现，而只是作为不确定的事物出现。它不断地流逝，只是我们不能确定它是否在一个唯一的方向流逝，也不能确定它是否总在同一条河流中流逝。

我们的理性并不是那么令人满意的。在一个特定的世界中它会感觉到不那么舒服，在这个世界中，它就像在一个镜子中一样，不再能找到自己的影像了。并且毫无疑问，人类理性的重要性在下降。但是人类本身——整个人类，包括意志、感觉，还有理智——感觉到自己在壮大，这还是很重要的！

我们的理性所设想的宇宙实际上是一个无限地超越人类经验的宇宙，理性的特性就是延长经验给予我们的东西，并且通过普遍化的道路把它铺开，最终让我们理解我们以前从来没有察觉到的事物。在一个相似的宇宙中，人类被认为做了很少的事情，也占有很少的位置：他给予理智的东西，他会从意志中重新取回。尤其是，人类因为已经给了自己的思想一个掌握一切的权力，所以人类有义务用思想的术语呈现出所有的事物：对于他的憧憬、他的愿望、他的激情做出说明，但他不可能向它们要求对世界有所说明。在这个世界中，一切可以接近他的事物都已经预先被人类思考过，就像它们可以翻译为纯粹的观念那样。他的感觉不会照亮他的理性，但理智会自己发光。

因此，大部分的哲学会让我们的经验在感觉和意志方面缩小，同时又会让它在思想方面无限地延长。詹姆士向我们要求的是不要加太多假设的观点给经验，还要求我们不要在经验非常坚固的地方破坏经验。我们一下子只能肯定经验赋予我们的东西；我们必须全面地接受经验，并且以我们的感觉和感知相同的名义，因而它们也是与事物相同的名义构成了经验的一部分。在威廉姆·詹姆士的眼中，整个人类都是很重要的。

人类对于那种无边大的世界中的许多人还是很重要的。人们惊讶于詹姆士在其许多书中的一本[①]所赋予费希纳的奇怪理论的重要性，因为这个人让大地变成一个独立的存在，并且还赋予它神性。詹姆士在那个人的理论中看到一个方便的方式用来象征——甚至可能是表达——他自己的思想。构成我们的经验的事物和事实也为我们建构了一个人类[②]的世界，这个世界毫无疑问是与其他的世界相连接的，但是离它们却很遥远，离我们却如此之近，以至于我们必须在实践中把它看作满足人类的需求而有的，同时它也是自足的。有了这些事物和事件我们就有了人，也就是说有了我们已经意识到的存在，以及所有我们经历过的东西。在某个特别优先的时刻可以对灵魂产生作用的强大的感觉其实是真实的力量，这个力量同物理学家所关心的力量是一样真实的；人类不能再创造了，他不能创造热或者光了。

根据詹姆士，我们沉浸在这样一种氛围中，即那些伟大的精神思潮在其中穿流而过。我们中的许多人用力支撑住一些人，

---

① 《多元的宇宙》，伦敦，1909。该书已翻译成法语，收录在《科学哲学丛书》中，书名是《经验的哲学》。

② 这太具有创造性了，安德烈已经指出了詹姆士和苏格拉底个性之间的相似性（杂志《两个世界》，1910年10月15日）。要把人类带回到人类对事物的思考中这件事本身就是某种苏格拉底式的事物。

而其他的人则任由别人支撑着他。是心灵向有益的灵感敞开大门，而它们就是神秘的心灵。人们知道詹姆士是用什么样的同感来研究这些的。当他的《宗教经验》一书出版时，许多东西都转向了一系列特别生动的描绘和特别精辟的分析——许多人说这是宗教感情的心理学。这是怎样地误解了作者的思想啊！事实是詹姆士其实是对神秘的灵魂感兴趣，就像在春季的某一天我们会为了感受微风掠过而走到野外；或者像在海边的时候，注视着来来回回的渔船以及它们的帆布的隆起，以便知道风是往哪里吹的。被宗教热情所填满的心灵是真正被激发了的心灵：我们怎么样做才能让它们没有生命呢？在一个科学实验中怎么样才能让它们没有转移和激发的力量呢？这毫无疑问就是詹姆士思想的源头，这就是威廉姆·詹姆士的“实用主义”给人的灵感。那些他介绍给我们的用以认知的真理，对于他而言其实是在被思考以前就已经被感觉到、被看到了。[①]

任何时候，人们都说存在着属于感觉和理性的真理；并且任何时候，人们还说在我们发现的现成的真理旁边，还有其他的真理需要我们去发现，而这部分取决于我们的意志。但是，应该注意到在詹姆士的思想中，这个观念有一个新的能力和新的

① 在埃米尔·布托献给威廉姆·詹姆士的有名的作品中（《形而上学与道德》，1910 年 11 月），他已经重新得出了英语词汇“亲身体验”的特别含义了，“这个词想要说，不要冷冷地看着一个事物发生在我们之外，而是要去体验，自己去感受，并且以这样的方式生活着……”

意义。多亏了专属于这个哲学家的关于现实的设想，这个观念才会在关于真理的一个一般理论上焕发精神。

那么什么才是真正的判断呢？我们呼唤一个真正与现实符合的肯定。但是这个符合可以包括些什么呢？我们喜欢在这里面看到一些就像肖像与模特儿之间的相似性的东西：真正的肯定将会是模仿现实的肯定。在此期间，我们再仔细想想：我们将会看到的只是在很少的、例外的情况中才会有的，并且这个关于真实的定义找到了它自己的用处。只有在空间和时间中的某一点完成的确定性的东西才是真实的，而这样的情况是奇特的、变化的。相反，我们大部分的肯定都是一般的，并且意味着对象一定的稳定性。我们采用一个尽可能与经验靠近的真理，以下面这个为例："热量可以使物体膨胀。"这个需要什么才能成为对现实的模仿呢？在某种程度上，它有可能是模仿在确定时候的一个确定的物体的膨胀，并且这是通过在其不同的阶段拍照而得到的结论。甚至比喻地来说，我还可以断言"这个铁杆会膨胀"本身就是对我看到这个铁杆膨胀时发生的事物的模仿。但是一个适合于所有物体的真理，不用特别地关涉到我们所看到的任何东西，这个真理不会模仿任何东西，也不会产生任何东西。我们希望在此期间这个真理可以模仿某些事物，并且在任何时候，哲学都努力地在这个点上给我们一个满意的答案。

对于古代的哲学家而言，在时间和空间之上存在着一个世界，所有的永恒性以及所有的可能的真理都存在于这个世界中：

人类的肯定对于它们而言比它们忠实地模仿的永恒真理还要真实。而现代的哲学家则让真理从天上落到了地上；但是他们仍然在其中看到了某些事物，这些事物要先于我们的肯定存在。真理将会被置于事物和事实之中：我们的科学将会去那里寻找真理，把它从暗处拉出来，让它重见天日。一个像“热可以让物体膨胀”这样的断言将会成为一个法则。这个法则统治着事实，它端居正位，否则就是在事实之上，至少是在事实的中心。这是一个真正地蕴涵在我们的经验之中的法则，并且我们仅仅需要把它提取出来就可以了。即便是一个像康德哲学那样的哲学，它也希望所有的科学真理与人类的精神是相关的，这个哲学认为真正的断言已经被提前地放入了人类的经验中；一旦这个经验被人类的一般思想给组织起来，那么科学的所有工作就在于冲破事实坚固的外壳，真理就居住在这些事实中。

真理的概念对于我们的精神和哲学而言都是自然的，因为把现实作为一个完全协调的、系统化的事物呈现出来就是很自然的事情，且这个现实可以支撑起一个逻辑的框架。而这个框架将会是真理本身；我们的科学只是去重新发现这个框架。但是纯粹的、简单的经验不会跟我们说任何相似的东西，并且詹姆士遵循着经验。经验为我们呈现了许多的现象：如果这样或者那样的一个与这些现象中的一个有关的断言允许我们控制住跟随在它之后的事物，或者只是让我们预料这个事物，那么我们就说这个断言是真的。例如像“热可以让物体膨胀”这样的命题，这个命题是由于看到一个物体的膨胀而提出来的，它让我们预见了当其他的物体面对热是如何表现的。这个命题还帮助我们从一个旧的经验走向一个新的经验，这是一条引导之线，而不是其他的东西。

现实会流动，我们也跟着流动；并且我们需要一个完整的断言，它带领我们穿过运动的现实，这个断言让我们把握住它，并且把我们放在了最好的产生作用的条件下。人们看到了这个关于真理的概念和传统的概念之间的区别。我们通常通过真实的东西与已经存在的事物的一致性来定义真实，而詹姆士是通过它与还没有存在的事物之间的关系来定义的。根据威廉姆·詹姆士的观点，真实的东西不会模仿已经存在的某些事物：它会预报那些即将存在的事物，或者甚至它让我们的行为为那些将要出现的事物准备。哲学有一个自然的倾向，它会希望真理向后看；而对于詹姆士来说，真理是往前看的。

更准确地说，其他的学说让真理成为人类的确定的行为之前的某种事物，这个人是第一次表达这个真理。我们说他也是第一个看到这个真理的人，但是真理在之前都等待着，就像美洲等待哥伦布一样。某些事物把真理藏了起来，因此我们也可以说它把真理覆盖住了：而这个人就要去揭开真理。其余的都是威廉姆·詹姆士的设想了。他没有否认现实，至少在很大一部分上独立于我们所说的或者思考的东西；但是，他只关心我们对于现实的肯定的真理，它看起来是被我们的肯定所创造的。

我们发明真理是为了运用现实，就像我们制造机械装置是为了运用自然的力量。在我看来，人们可以把实用主义的理念的本质总结在下面这样一个形式中：即虽然对于其他的学说来说，一个新的真理是一个发现，而对于实用主义来说，一个新的真理却是一个发明。[①]

但这并不意味着真理是随机的。一个机械的发明只有通过它实际的用处才具有价值。同样，一个为了成为真实的肯定也必须让我们的统治在事物上发展。这肯定不是某个个人精神的创造，它也不再比这个精神先存在，例如留声机不会在爱迪生之前出现。毫无疑问，留声机的发明者必须研究声音的特性，而这个特性则是一个事实。但是他的发明就像一个绝对新鲜的事物一样加在现实之上，如果这个发明者没有出现的话，这个发明可能永远不会产生。因此，一个真理为了可以继续存在下去，它必须在现实中有自己的根；但是这些现实只是真理生长的土地，并且如果风带来了其他的种子，那么其他的花朵也会在这里生长。

根据实用主义，真理是一点一点实现的，这还多亏了许多发明家的个人贡献。如果这些发明家没有存在过，如果在他们的位置上有其他的事物，那么我们就会有一个完全不同的真理

① 我不太肯定詹姆士是否用了“发明”这个词，也不太肯定他是否明确地把理论的真理比做一个机械的装置；但是我相信这个比照与学说的精神是相符的，并且这个比照可以帮助我们理解实用主义。

主体。现实明显是它本身，或者更接近它本身；但是其他的东西就会成为我们为了交通方便而画出来的线路。这里不仅仅关系到科学的真理。如果我们不接受某些已经被我们祖先所创造的，并且本来可以成为非常不同的其他的事物的假设，那么我们就不可以构建一个句子，我们在今天甚至不可以说出一个词语。当我说："我的铅笔掉到桌子下面去了。"我确实没有陈述一个经验的事实，因为是视觉和触觉向我指出了这个事实，这只是因为我的手张开了，并且它让自己握着的东西溜走了。绑在椅子上的婴儿，他看着自己玩的对象掉下了，他可能不会想象到这个对象继续存在着；或者他没有关于"对象"的清楚观念，也就是说某些继续存在的、不变的、独立的事物，而这个对象则穿过了所有经过的现象的多样性和运动性。第一个敢相信这个不变性和独立性的是一个假设：当我们运用一个名词的时候，当我们说话的时候，我们采用的就是这个假设。如果人类在其进化的过程中更喜欢采用另一种类型的假设的话，那么我们的语法可以成为其他的东西，其他的可以成为我们思想的关节。

因此，我们的精神结构很大一部分是我们的成果，或者至少是我们中某些人的成果。在我看来，这是实用主义最重要的命题，但是这个命题还没有被指出。正因为这样，实用主义延续着康德主义。康德已经说过，真理取决于人类精神的一般结构。而实用主义则添加到，或者至少暗示到，人类精神的结构是一定数量的个人精神的自由主动性的结果。

这并不是说真理取决于我们每一个人。值得相信的是我们每一个人都可以发明一台留声机。我这句话想要说的是：在各种各样的真理中，那些与对象更吻合的真理并不是科学的真理，也不是常识上的真理，更一般地说也不是理智秩序的真理。真理就是一条穿过现实的道路；但是在这些道路之中，如果我们的注意力指向一个不同的方向，或者如果我们追求的是另一种类型的用处，那么我们就可能会给这个道路指出一个非常不同的方向。相反，这条道路的方向是被现实本身标注出来了的。如果人们可以这么说的话，那么这条道路与现实的流动是一致的。毫无疑问，这些真理在某种程度上还依赖于我们，因为我们可以自由地抗拒这个流动或者追随这个流动，并且即便我们追随着这个流动，我们也可以用不同的方式让它转变方向，它同时既与表象它的力量相联系，也服从于这个力量。

此外，准确地说这些流动并不是我们创造的；它们是现实不可或缺的组成部分。就这样，实用主义就颠倒了我们习惯于放置不同真理的秩序。除了那些表达出自然感觉的真理外，剩下的就是那些在现实中有着深刻根源的关于感觉的真理了。如果我们承认真理是一个发明，那么我认为为了继续忠实于威廉姆·詹姆士的思想，人们应该在感觉的真理和科学的真理中间建立起同样种类的区别，例如帆船与蒸汽船之间的区别。这两种船都是人类的发明；但是第一个不过是让船的一部分变轻了，船是采用风的方向，并且让眼睛对它所运用的自然力量有感觉；相反，在第二种情况中，是人工的机械主义占据了最大的位置；它遮住了自己放在空隙中的力量，并且给予这个船一个我们自己已经选好的方向。

因此，詹姆士给真理所下的定义是根据他的现实的概念而产生的。如果现实不是这个我们的逻辑所爱表达的经济的、体系的宇宙；如果现实不是被理智的框架支撑住，那么理智秩序的真理就会是人类的一个发明，人类是为了结果而运用现实，而不是向我们介绍现实。如果现实没有构成一个整体，如果现实是多样的、运动的，并且制造了相互信任的潮流，如果它是源自和这些潮流的某一个的接触的真理——这个真理在被设想之前就已经被感觉到了——那么这个真理最有资格紧紧抓住并且积累现实本身。

因此，最终实用主义的批判应该首先谋求解决关于现实的理论。人们可以对这个批判提出反对意见——并且我们自身对这个批判保留一些意见，但没有人会对这个批判的深刻性和独创性提出异议。经过进一步检查与之有关系的关于真理的概念之后，也没有人再不承认它在道德上的提升了。人们说詹姆士的实用主义不过是怀疑论的形式，并且它贬低了真理，而且实用主义还让真理从属于物质性的用处，它甚至劝阻或者阻止公正的科学研究。我认为，像这样的一个解释永远不会变为那些全神贯注读书的人的精神。这个解释还会深深地遇见那些刚好有运气了解人类的人。没有一个人对真理有炽热的喜爱，没有人带有激情地去研究真理。于是一个巨大的忧虑就出现了；科学之上的科学，从解剖学与生理学到心理学，从心理学到哲学，在大问题上很紧张的詹姆士逐渐不在意剩下的问题，因此最终忘记了自己。他一生都在观察、在体验、在沉思。就好像他还没有做够，于是他又继续幻想，他沉醉于自己的一个睡梦中，他梦到比人类更奇特的经验和努力，通过这些努力他可以继续和我们一起为了最好的科学，为了真理的最大荣耀而工作，直到他的生命停止。

第九篇 哈维松的生活与工作

生平及其哲学思想

让·加斯帕德·菲利斯·拉西·哈维松（Jean-Gas[①] pard-Félix Laché Ravaisson）1813 年 10 月 23 日出生于那慕尔，那慕尔当时是一座法国城市，是马斯—桑布尔省的首府。哈维松的爸爸是这个城市的国库主计官，他的祖籍在法国南部；哈维松其实是凯勒斯附近的一个小地方的名字，离蒙托邦不远。当 1814 年所发生的事件迫使哈维松的家庭离开那慕尔的时候，他

① 关于菲利斯·哈维松－莫里昂（M. Félix Ravaisson-Mollien）的生活和作品的简介已经出现在 1904 年出版的《关于道德和政治科学学院的报告》上。通过接续哈维松的作者，我们已经阅读了这个大家的作品。这本书作为对菲利斯·哈维松的介绍而重新出版，重新命名为《圣经与片段》，1932 年由戴维斯先生出版。作为丛书的出版委员会成员，雅克·福安先生已经先写下了这些简介；作者只是想要给它一点修饰。然后，他决定重新出版这个书，我们说虽然这些内容已经被批评了，人们说它有点被哈维松柏格森化了。但是柏格森说，这可能是澄清这个话题并且把它延伸的唯一方法了。

多亏了哈维松先生两个儿子的帮助，我们有了许多关于他的传记性的资料：路易斯·哈维松－莫里昂先生，他是图书馆的馆员，还有查尔斯·哈维松－莫里昂先生，他是卢浮宫的馆长助理。

还只有一岁。不久之后，他就失去了父亲。他的启蒙教育应该是由他妈妈和叔叔监督完成的，即加斯帕德－泰奥多尔·莫里昂（Gaspard-Théodore Mollien），稍后我们还会提到他叔叔的名字。1821年，在莫里昂写给自己还只有八岁的小侄子的一封信中，他写道："菲利斯将会是一个完整的数学家，一个古董商人，最后是一个历史学家。[①]"在这个孩子身上已经显现出理智的品质，还有许多其他的品质，例如灵敏。

哈维松是在罗林(Rollin)初中上的学，我们本来希望能够仔细地了解他在那里的学习，但是这个中学的档案里没有保留这个时期的任何东西。不过许多的光荣榜让我们知道小哈维松在1825年进入了六年级，他在1832年离开了学校，从开头到结尾，他都是一个出色的学生。他在竞赛中获得过几个奖，尤其是在1832年获得的哲学荣誉奖。他的哲学老师是波黑先生（M. Pore），这是一位出众的老师，是苏格兰哲学家的弟子。此外，这位老师还翻译了一些哲学家的作品，顾让先生很欣赏他，认为他是索邦神学院的候补者。哈维松先生始终保持与老师之间的联系。我们可以从波黑先生家里非常虔诚地保留下来的某些论文中看到，哈维松是在哲学班级里学习过的[②]；在索邦神学院，

---

① 我们是从路易斯·莱热先生1901年6月在铭文和文学学院朗读的有趣的简介中借用这个细节，还有其他的几个细节。

② 我们把这个消息，还有几个有趣的传记性的细节归功于波黑先生的两个儿子，以及大学里有名的教授，即亨利先生和马塞尔·贝尔内斯先生。

我们得到了一篇论文的消息，这个论文是关于“哲学方法”的，就是这个论文得到了1832年的荣誉奖。这是一个听话的、聪明的小学生的成果，他上了一个很好的课程。但是那些想要在这里寻找哈维松先生的独特记号，以及他与生俱来的哲学使命的痕迹的人，他们最后都感觉很失望。这一切都让我们假设，小哈维松离开中学的时候并没有对哲学有什么特别的偏好，他也没有清楚地觉察到自己的前途在哪里，是你们的学院给他指出了方向。

1832年10月26日发布的皇家法令重新建立起了道德与政治科学学院，在顾让先生的提议下，学院开始了对亚里士多德形而上学的研究的比赛。“章程规定，竞争者必须通过一个扩展的分析让这个作品被人了解，并且确定计划——制造故事，并指出这个计划对今后体系的影响——研究讨论在其中找到的错误的部分和正确的部分，这些都是今天还存在的观念，以及那些可以有效地进入我们时代哲学中的东西。”哈维松先生可能是下定决心要促进自己以前的哲学教授的会议。第一个重建的学院已经被打开，并且给出了更具精神性的结果，这个有着某种功劳的记忆是多么新鲜啊，且其中三个都被判定为高级记忆；学院颁奖给哈维松先生，并且要求部长为了给哲学家柏林·米什莱一个补充的奖项而设立基金；哈维松先生重新建立自己的记忆，并且展开这个记忆、扩大这个记忆、加深这个记忆，然后写出了一本美妙的书。自从《亚里士多德的形而上学随笔》

一书的第一册在 1837 年出现之后，第二册在短短九年之后就发表了。还有其他两册宣称要写，但是却从来没有完成；正如我们所说的，他的作品是对亚里士多德的形而上学，以及这个哲学对于希腊哲学所产生的影响而作的完整的阐述。

亚里士多德是我们之中的一个有体系的天才，但他却从来没有建立一个体系。他通过对概念的分析而进步，而不是通过综合的方法。他的方法就在于采用语言中积累的观念，在于改正或者更新这些观念，在于把这些观念限制在一个定义之下，且根据自然的连接来切割它们的延伸和理解，在于尽可能地推动其发展。但是，他一下子就把这个工作给发展实现了，这是很少见的：他又重新回到一些问题，在不同的论文中在同样的话题上，他再一次走了同一条道路，而且总是前进得更远。那么思想或者存在中所包含的元素是什么呢？物质、形式、因果关系、时间、地点、运动到底是什么？在所有的这些点上以及其他上百个点上，他都深入地挖掘了；在每一个点上他都挖出了一条地下的通道，并且他把这些通道不断地向前推进，就像同时从许多点上开展挖掘一个巨大的隧道的工程师一样。的确，我们很好地感觉到为了让一切再相聚，该采取的措施都采取了，该执行的计算也完成了；但是那些看起来很相近的点并不总是能连接起来，于是我们很庆幸只用铲出一些沙就可以了，但是我们又遇到了凝灰岩和岩石。

哈维松先生没有在任何一个障碍前停下脚步。他在其第一册书的结尾向我们展示的形而上学其实是亚里士多德的重新划一、组织的学说。他把这个形而上学置于他专门创造的语言中，而这个语言中的形象的流动性则让观念显露出来，抽象的概念在这里变得有生机，并且就好像它们活在亚里士多德的思想中一样。人们可以怀疑这些翻译中的某些物质性和准确性；人们对这些解释中的某些也产生了疑问；特别是，人们思考历史学家的角色是否把学说的统一性推得更远，是否不想要思想家们这么好地整合这些碎片，以及让齿轮紧紧地合在一起，使得人们不敢改变它们之中的某些。另一个事实是我们的精神需要这个统一性，而且必须要尝试做些事业，并且在哈维松先生之后没有人敢革新这个统一性。

《亚里士多德的形而上学随笔》的第二册更大胆。他在亚里士多德的学说和一般的希腊思想之间建立起比较，从中我们可以知道哈维松想要解放的是亚里士多德哲学的灵魂。

哈维松说希腊哲学首先通过一个物质的元素，例如水、空气、火，或者某些无限的物质来解释所有的事物。因为被感觉所支配，就像人类理智开始时那样，所以希腊哲学除了可感觉的直觉不知道其他的直觉，除了它们的物质性他们也不知道事物的其他方面。然后是毕达哥拉斯学派和柏拉图主义，他们表明了通过一个单独的物质不能充分解释事物，并且他们把数字和理念当作原则。但是进步比现实更明显，有了毕达哥拉斯学派的数字和柏拉图主义的理念之后，人们就处于抽象之中，尽管他们对元素的操作是艰深的，但人们仍然处于抽象之中。

理智惊奇于自己带给事物的研究的简单化，它把哲学事物分在普遍观念之下，于是它毫无疑问地自以为可以通过这些观念渗透到实体本身，且认为事物在实体中是完成了的。随着理智在普遍性的系列越走越远，它也越来越相信自己在现实的阶梯中上升了。但是它所认为的更高的灵性，不过是它所呼吸到的空气的不断稀薄而已。理智没有看到，一个观念越是普遍，这个观念就越是抽象和空虚，并且是抽象之上的抽象，普遍性之上的普遍，最终人们逐渐走向纯粹的无。同样值得一提的是，要坚持感觉所给的东西，毫无疑问，感觉只能把现实的一个部分交给我们，但是它至少让我们停留在现实坚实的土地上。在这里还要采取另一个主意，这就是通过精神的视野来扩展眼睛的视线。这将不用离开直觉的领域，也就是说它们是真实的、单独的、具体的事物，这就是要在可感觉的直觉下寻找一个理智的直觉。这将是通过一个强大的心理视觉的努力来穿透事物物质的外壳，并且继续去阅读眼睛看不到的公式，而这展现了它们的物质性。然后就出现了把存在联系起来的统一性，这是我们所看到的思想的统一性，从原始的物质到植物，从植物到动物，从动物到人类，这个统一性把这些东西集中在自己的实体上，并且一直不停地集中，最终我们就走向了神性的思想，它可以通过思考自身来思考一切事物。这样的说法就是亚里士多德的学说，就是亚里士多德的学问，它带来了规则和范例。

在这个意义上亚里士多德是形而上学的建立者，也是某种思考方法的开创者，而这个思考方法就是哲学本身。

这是多么伟大、多么重要的观念啊！毫无疑问，人们可以从历史的角度来对作者所给出的某些发展提出异议。哈维松先生有可能有时候是通过亚历山大们来看亚里士多德的，此外他还带有强烈的亚里士多德主义。他还有可能把轻薄的、表面的区别推向更远，为了不从口头上说说而已，他想要把这个区别转换为一个根本的对立点，而这个区别分开了亚里士多德和柏拉图。但是，如果哈维松先生在这些点上给予了哲学史家足够的满足，那么毫无疑问我们就会失去学说中更原始更深刻的东西。因为他建立在柏拉图和亚里士多德之间的对立，其实是一个他一生都没有停止做的区分，这个区分就是哲学方法之间的不同。哈维松认为，哲学方法应该是决定性的，而他们的方法不过是赝品。他放在亚里士多德学派中的观念其实也启发了他大多数沉思的观念。我们应该通过他的整个作品来回应这个肯定，而不是把自己的思想稀释在一般性之中，哲学家必须把这个思想集中在个人之上。

例如，天空中彩虹的所有颜色，有紫色和蓝色、绿色、黄色和红色。我们说有两种方式来确定这些颜色的共同点和研究这些颜色，且我们认为这并不背弃哈维松的观念。第一种方式只是在于说这些都是颜色。颜色的抽象的、普遍的观念因此就成为统一性，颜色的多样性会归结为这个统一性。但是关于颜色的这个普遍观念，我们得到的不过是擦去了本来是红色的红色，本来是蓝色的蓝色，本来是绿色的绿色；我们不能给颜色一个准确的描述，只能说它不是红色，也不是蓝色，也不是绿色；这是从否定中得到的肯定，从真空中得到的一个形式。这代表了仍然停留在抽象中的哲学家。通过不断增加的一般性，他认为自己逐渐走向事物的统一性。这是因为他通过光线的逐渐的熄灭而前进，而这个光线引出了色调之间的差别，并且他最终把这些色调混合在一个公共的模糊性中。其他的就是真正统一性的方法了。这个方法在于采用上千种不同的蓝色、紫色、绿色、黄色、红色，并且让它们通过一个聚焦透镜，最终把它们集中在一个相同的点上。于是在其整个光芒中出现了一道纯粹的白色的光，这个白色看到了把自己分散开的，然后又重新藏在高处的色调，白色的光在自己不可分的统一性中觉察到了多色的光线中的无限的多样性。于是当每一个颜色都被独立分开的时候，就又出现了眼睛在一开始没有注意到的，但是自己又参与了的白色的光以及普通的亮度，最终这个白光也从那里得到了自己的颜色。毫无疑问，在哈维松之后这就是我们必须向形而上学要求的那种视觉。在真正的哲学家的眼中，关于古代的一个大理石的沉思可以迸发出更集中的真理，而这个真理是他在扩散的状态下，在一个哲学的论文中不能发现的。形而上学的目的是要重新抓住个体的存在，并且追随自己的源头。一道特别的光线赋予了每一个颜色自己独特的色调，并且通过这个色调让它与普遍的光线相关联。

怎么样，在什么时候，在何种影响之下，哲学在哈维松先生的头脑中形成，我们对它有了初步的雏形。我们在记忆中没有发现你们的学院加冕的任何痕迹，手稿也并没有放到你们的档案中。而一个如此独特的内容与形式的差异，人们轻易地就认为是出自于同一个作者之手。手稿中对亚里士多德的形而上学只是一本接一本地分析，这毫无疑问是在重建他的体系。在发表了的作品中的古老分析还有修订，这些看起来之所以被保留下来是为了作为子结构建筑而重建亚里士多德的哲学。在手稿中，亚里士多德和柏拉图几乎是在同一谱系中。作者认为柏拉图应该做自己的工作，亚里士多德也该做自己那份，然后把它们两个融合在一个哲学中，这个哲学超越了他们两个各自的哲学。在出版了的这本书中，亚里士多德是明确反对柏拉图的，并且他的学说作为所有哲学必须吸收的源头而呈现在我们面前。最终手稿的形式是正确的，但是客观地说这本书已经告诉我们一种原始的语言，一种有着特别生动的颜色的图像的混合，以及有着特别清楚的轮廓的抽象，还有一个同时知道绘画和雕塑的哲学家的语言。的确，1835 年的记忆值得顾让先生在其报告中赞扬，哈维松也值得学院授予他的奖励。没有人会对“这是一个很好的工作”提出异议。但是这也只是一个好的工作。作者仍然停留在作品的外部。他研究、分析，并且带着洞见去评价亚里士多德；但他并没有振兴其生活，这必定是因为他自己都还没有一个足够好的内在生活。从1835年到1837年，在这两年之间他就有了记忆的写作，还有第一本书的习作，尤其是从1837年到1846年，在第一册书和第二册书的出版期间，哈维松先生意识到自己所处的状态，并且表现了自己的才能。

毫无疑问这激起了外部的兴奋，它们有助于人的潜在能量的发展，以及人格的苏醒。我们不应该忘记1830年到1848年这段时间是一个大量的理智生活的时段。索邦神学院说的仍然是基佐、顾让、威尔曼、提雷尔的话；基内和米什莱还在法兰西学院任教。哈维松认识他们中的大部分人，尤其是最后一个，有段时间他还做了他的秘书助理。在一封米什莱写给儒勒·基舍拉[①]未公开的信中有这么一句话："我只知道法国有四个批判家（很少有人知道所有的这些名字）：勒托纳、比尔努夫、哈维松，还有你。"因此，哈维松发现自己与赫赫有名的老师居然有关系，并且这是在一个高等教育大放光彩的时刻。应该还要说这个时代还见证了政治家、艺术家、文学家、学者之间的连接，最终所有这些人都可以在一个逐渐走向民主的社会中，建立一个理智的贵族体系。某些有特权的沙龙就是这些精英们聚会的地方。哈维松喜欢大众，多亏了他的父母还有他早期的老师莫里昂，他在很小还不知道什么东西的时候就看到了在自己面前敞开着许多扇门。我们知道他经常出席贝尔吉欧加索公主的聚

① 由路易斯·莱热先生引用。

会，在那里他肯定会遇到米涅、梯也尔和阿尔弗雷德·缪塞；在瑞卡梅夫人家里他也认识了许多人，夫人虽然上了年纪但是仍然很优雅，在她身边总是有许多男人，例如威尔曼、安培、巴尔扎克，还有拉马丁。毫无疑问，哈维松正是在瑞卡梅夫人的沙龙上认识了夏多布里昂。经常与这些上等人士的交流对理智产生了作用，就像刺激物一样。

我们还应该注意到哈维松先生在德国慕尼黑度过的一段时间，当时他就住在谢林家附近。人们在哈维松的书中发现了一页多的内容，这些内容从思维方向和类型风格上都可以和谢林的最好的作品相比较。然而，我们不应该夸大谢林对他的影响。或许，如果人们可以这么说的话，他们之间更多的是一种自然的意气相投，一致的启发。还有就是在两个人的心灵中提前建立起来的一致性，这两个心灵都是高高在上的，然后在某些顶峰上它们相遇。此外，这两位哲学家之间想要对话是很困难的，因为他们一个人不熟悉法语，而另一人则几乎不说德语。旅行、交谈、社会关系，这一切都激起了哈维松的好奇心，也让他的精神更完整地展现出来。但是，导致他专注于自己本身的原则的原因还要更加深刻。

第一个原因应该是他长时间地接触亚里士多德哲学，他的已经被加冕的记忆表现出对文本的仔细的研究和渗透。但是在已经出版的作品中，我们发现的更多的是对文本的认知，还有学说的智慧：这既是心灵的赞成，同时也是精神的一致，还有某种整个灵魂的浸渍。于是我们就得到这么一个结论：优越的人随着自己越来越渗透进自己喜欢的人的内心中，他们就会越来越好地发现自己本身。就像铁砂分散开的颗粒在磁化的小棒的影响下会向两极聚拢，并且呈现出和谐的弯曲，因此在自己喜欢的人的号召下，灵魂中沉睡已久的潜力会苏醒、会相聚、会相互商量，这都是为了一个共同的行动。但是，正是通过头脑和心灵一切力量的集中，并且在一个特别的点上构建了一个人格个性。

但是，除了亚里士多德之外，还有另一个方面没有停止过对哈维松产生影响，它就像一个亲密的精灵一样伴随着他的一生。

从哈维松先生的童年开始，他就已经展现出自己对一般的艺术，尤其是对绘画艺术的喜爱。他的母亲，一个有才华的艺术家，可能曾经梦想让他成为一个艺术家。她把他交给画家布罗克，或许还有夏舍里奥设计师，这些人都经常拜访他们家。他学习画画不仅仅是单纯的娱乐，有好几次他以拉舍的名字，在沙龙中展出自己的作品，并且有一些肖像还引起了人们的注意。他非常喜欢画画，他的画作都是精致的优雅。安格尔告诉他："你非常有魅力。"他是什么时候表现出自己对意大利绘画的喜好呢？毫无疑问是在一个很好的时间之前，因为他在十六七岁的时候就已经模仿提香的画作了。但似乎毫无疑问在 1835 年到 1845 年期间，他对意大利文艺复兴时期的艺术做了进一步的研究。也正是在同一个时期，我们还应该提到另一人对他的影响，这个人就是达·芬奇，在哈维松看来他就是艺术的化身。

在达·芬奇的《绘画理论》一书中，有一句话是哈维松喜欢引用的。这句话说到生命体的特征在于其波浪形或者蛇形的轮廓，每个人都有自己蜿蜒的方式，艺术的目的就是要让这些蜿蜒个性化。“绘画艺术的秘密就是在每一个对象中发现其特别的方式，而这个方式会走向它的整个范围，例如一个展现在模糊表面的模糊的中心，一条特定的作为其生产的轴线的蜿蜒的线条”。[①] 此外，这条线可能并不是数字中任何可见的一条。这条线既不是这个也不是那个，但是它是一切的关键。它通过眼睛被感知，但更多的是通过头脑而被思考。“达·芬奇说，绘画是精神性的东西。”而哈维松还添加道，是灵魂让形体变成了形象。他的整幅作品都可以成为这个词的注释。让我们停留在“蒙娜丽莎”这幅画像之前，或者甚至停留在“卢克雷齐娅·克里韦利”的画像前：难道我们没有觉得人物的可见的轮廓又重新回到一个虚拟的中心，这个中心就在画布之后，或者用一个词来说我们发现了一个秘密，即我们永远不会读完它神秘的容貌。画家就是处于这样的位置。正是在开发一种简单的精神视野并且集中到这个点上的时候，他又重新一个一个地发现了自己眼底下的模型，于是他用自己的方式为再生自然造物者而努力。

因此，对于达·芬奇而言，画家的艺术并不在于要采用模

---

① 引自哈维松的文章《绘画的教育词典》。

型的每一个轮廓，并且把它重现在画布上，由此一部分一部分地重建物质性。画家的艺术也不在于弄清楚某种我不知道的客观和抽象，在这里人们看到的、触碰到模型溶解为了一个模糊的理想性。真正的艺术是要还原模型的个性化，并且为此它会在人们看到的运动的线条背后寻找，而眼睛并没有看到在运动本身后面还有某些更秘密的东西，例如原始的意图、个人的根本的愿望，还有等同于形式和颜色无限简单的思想。

如何才能不被哈维松所解释的达·芬奇美学和亚里士多德形而上学之间的相似性所震惊？当哈维松反对亚里士多德是物理学家的时候，因为他认为物理学家只把事物看作物质性的机械，他也不把亚里士多德归为柏拉图主义，因为柏拉图主义把一切的现实性都吸收进了普遍的类型中。当哈维松向我们展示了大师亚里士多德通过一个心灵的直觉，在独立的个体的根本性中寻找使个体有生命力的个性化的思想的时候，他把亚里士多德主义变为哲学，甚至把它变成了达·芬奇所设想和实践的艺术。这个艺术不强调模型的物质轮廓，但也不会让轮廓褪色——而这更有利于抽象的理想，但是他却把这些轮廓集中在潜在的思想和有创造力的灵魂周围。哈维松的整个哲学都来自于这个观念，即艺术是一个形象化的形而上学，而形而上学则是对艺术的思考，并且正是以各种方式被运用的直觉让哲学变得深刻，也让伟大的艺术家哈维松拥有自身，于是他成为自己思想和笔下的老师。当有一天这个身份在他的头脑中变得清楚的时候，当两种不同的潮流加入了的时候，这个身份就完成了。而这两个潮流一个是走向哲学，一个是走向艺术。并且当这个结合在他看来是相互渗透的时候就会产生作用，这个结合还会赋予这两个天才生命力，他们两种天才代表了最深刻的哲学，还有最高的艺术，即亚里士多德和达·芬奇。

哈维松在这个时期的博士论文是对这个方法的第一次运用。这个论文有一个朴实的标题：论习惯。但是这完全是作者所介绍的关于自然状态的哲学。那么自然状态是什么呢？它是如何代表内部的呢？它是否是隐藏在原因和结果的有规律的连续之下的呢？它是否还隐藏着某些东西？或者它没有在总量上减少至运动的表面展开上，而这些运动机械地相互配合。按照他的原则，哈维松是在向一个特别具体的直觉要求一个特别一般的问题的解决方案，当我们养成了一种习惯的时候，我们就会有自己的独特的存在方式。因为具有推动力的习惯一旦被采用就会使一种机制，以及一系列相互决定的运动：习惯是我们插入自然中并且与自然相吻合的部分，它就是自然本身。然而，我们的内在经验通过一个不可感觉的东西向我们展示了习惯中一个从意识穿到无意识的活动，还有从意志到自动性的活动。难道不是在这个形式下我们必须代表自然吗？这就像一个模糊的意识和一个睡着了的意志一样。因此，习惯向我们提供了这个真理的生动的展示，即机制本身是不够的：可以这么说，这个机制不过是精神活动的一个石化的残留物。

这些观念，就像许多我们归因于哈维松的观念一样，都成了经典。因此，这些观念已经很好地浸透了我们的哲学，整整一代人都是这样被浸透的，以至于在今天我们很难重建其原始性，而这些观念打击了同时代的人。关于习惯的论文，就像《亚里士多德的形而上学随笔》一样，它是对哲学世界越来越深刻的回应。作者在很年轻的时候就已经是一个大师了。他好像被委任为教育的高等教授，无论是在索邦神学院还是在法兰西学院，他都想要有一席之地，他也几乎替代了茹弗鲁瓦。他的事业就在这里完全开展。具体而言，他在某些特定的点发展了他的哲学中仍然有点不稳定的原则。他有义务口头解说自己的学说，有义务以真实的问题来证明这些学说，有义务把这些学说应用到科学和生命所提出的问题中，且它们有时候被带到了哈维松喜欢的高度。在哈维松的周围围满了我们年轻人中的精英，他们随时准备着点燃表达在美丽语言中的高贵思想。毫无疑问，很快你们的学院就打开了它们的大门。一所学校将会建立，它的亚里士多德式的起源不会阻止它成为现代化，以及它对艺术的同情也不会离开实证科学。但命运却另有决定，哈维松在40年之后才进入道德科学研究院，并且他从来没有成为哲学教授。

事实上，这个时期顾让先生在哲学教育方面有着不可争议的权威，他是皇家理事会的成员。当然，他也是第一个鼓励哈维松的人。有了他平常的观察，他看到了学院中表现出来的记忆包含的希望。对于这个年轻的哲学家而言这是全部的尊严，在一段时间里他甚至承认这些从卢森堡的漫长的散步而开始的哲学漫谈，并且这些漫谈是通过晚上在附近的餐馆中的晚餐而完成的——可爱的折中主义，在柏拉图主义的宴会上延伸了逍遥派的讨论。此外我们再看看表面的现象，似乎一切发生的事物都必须把哈维松和顾让先生拉得更近。难道这两位哲学家对古代哲学有着同样的喜爱，也同样讨厌18世纪的感觉论吗？难道他们同样尊重伟大的导师们的传统，却同样渴望振兴传统哲学吗？难道他们对内部的观察有着同样的信心，对真与美、哲学与艺术的关系有着同样的观点吗？毫无疑问，是的，但是让这两人一致的东西，至少是他们观点的相似，即他们在理性气质上的相似。

在顾让先生那里，思想完全由语言展开，并且语言又向行动铺开。他需要占据主导地位，需要征服、需要组织。他愿意把自己的哲学称为“我的军旗”，把哲学教授称为“我的团”；并且他走在前面，还没有忘掉在合适的时机吹响军号。但是，他既不是被虚荣也不是被野心所驱动，而是出自对哲学的真挚的热爱。他只是以他自己的方式作为一个有行动力的人而已。他觉得时机已经到来，应该让哲学在世界上产生一些影响。他想要哲学变得强大，想要哲学占据从小孩子到学生的群体，并且引导人们走向生活；他想要在道德的、社会的、政治的困难中为人们提供一个引导的规则，而唯独这个规则不需要原因。为了这个梦想，他通过在我们的大学中制定一个有原则的哲学。

他是一个能干的组织者，谨慎的政治家，无可比拟的能说会道之人，是能吸引人的教授，为了完全配得上哲学家这个名号，他可能只差要知道应该时不时地用自己的思想来支撑对话。

而哈维松喜欢的是纯粹的观念，他为了这些观念而活，与这些观念同在，在一个看不见的寺庙中，他用沉默的崇拜包围了这些观念。人们认为他脱离了剩余的东西，并且对生活的现实毫不在意。他整个人都呼吸着这种极端的辨别力，这是他们之间最大的区别。他有着适当的姿势，没有赘余的话语，对观念的表达形式，他从不依靠别人，说话声音很低，就像他害怕用太多的噪音吓跑了来到它身边的思想。他觉得当人们只发出了特别纯粹的声音的时候，为了使声音扩展得更远并不一定要把嗓音弄得很大。并且人类从来都没有停止过寻找如何对他人产生影响，但是反抗其他人的权威的精神是非常自然、非常平静、非常不可抗拒的。哈维松对此没有任何举措，他用自己的非物质性来逃避。哈维松属于那种不提供足够抵抗力的人，这样人们就可以认为自己永不停止地看到了它们。顾让先生，如果他在这个方面做了些尝试，那么他很快就会意识到自己是在浪费时间和精力。

这两个人物的接触激起了他们的不一致性，于是他们自然地就分开了。40 年之后，顾让先生已经年老了还身患重病，在去戛纳之前（他就是在那里去世的），他表现出了和解的愿望：在里昂火车站，在火车准备出发之前，他伸出自己的手拉住了哈维松；他们交换了感人的语言。有件事很正确，即如果我们可以这么说的话，是顾让先生的态度让哈维松失去信心成为一个专业的哲学家，并且还让哈维松决定追随另一项事业。

当时任教育部长的萨尔文迪和哈维松有私交，他任命哈维松为参谋长。不久之后，他又让哈维松教授雷恩学院的一门课程（不过这只是形式上的，因为哈维松从来没有占有这个职位）。最后在1839年，教育部长委任他为新创建的图书馆的监督员。因此，哈维松就处于一个与自己设想完全不同的道路上。他一直都是图书馆监督员，直到有一天他成了高等教育的监察长，也就是说在15年间他一直是一名监督员。有好几次，他发表了关于自己所负责的重要工作的内容，包括：1841年，关于西方图书馆目录的一份报告；1846年，拉昂图书馆库存稿本目录；1862年，关于帝国档案和帝国图书馆组织的报告。他之所以写这么多，一方面是因为研究奖学金吸引着他，另一方面他对于亚里士多德的形而上学的研究激发了他对古代的更深刻的认识，这个认识很自然地就让他选择了铭文学院。1849年，他被选为这个学院的会员，并取代了勒托纳。

当人们认为一个如此年轻、在如此短的时间之内就创作了两个杰作的哲学家，如果他在之后的20年中没有为哲学贡献任何重要的东西，那么人们就不能否认这是一个遗憾。他1849年和1851年在铭文学院读到的，并于1857年发表的关于斯多葛学派的美好回忆，这个回忆必须是由为了《亚里士多德的形而上学随笔》而收集起来的材料组成。在这个漫长的间隔中，哈维松停止了研究吗？当然不是，他属于那种只有被某些外部的刺激或者专业的工作逼迫才会去写作的人。他为了学术竞争才写了自己的文章，为了自己的博士考试才有了《论习惯》这篇论文。而在他的新工作中没有什么鼓励他去写作。或许，如果他没有被邀请这样做，他永远也不会得出一个他在20年前就已经应该得出的结论了。

帝国政府已经决定在1867年的展览之际人们要为19世纪法国的科学、文学和艺术的进步写一系列的报告。杜辉先生当时是公共教育部长。他对哈维松很熟悉，因为他们在罗林中学时就已经是同学了。早在1863年，当时还正在重新建立哲学的合并，他就已经任命哈维松为陪审团的主席。他会让谁来写关于哲学的进步的报告呢？当时不止一个杰出的哲学家占据着大学的讲台，他们都可能获得这个荣誉。而杜辉先生更愿意把这个机会给哈维松，因为他是框架之外的哲学家。并且哈维松在当时有着非常好的灵感，之后他再也没有这么好的灵感了。哈维松本来只要回顾一下19世纪最著名的哲学家的工作就可以。人们可能对他并没有更多的要求，但是他却对自己的任务有不同的认识。除了没有留心那些对部分思想家而言是重要的，而对其他的人来说则是可忽略的观念之外，他还阅读了其余的一切相关的内容，即关于那些知道这可能会成为真诚的反思的人，以及通过这个工具的力量最谦卑的工人们是如何获取了肮脏的金矿的。在阅读了一切之后，哈维松就尽全力去做好事情。穿过思想的犹豫和曲折，且这个思想并不总是能充分认识到自己想要的以及自己在做的事情，哈维松寻找的是一个点，这个点可能安放在未来的一个很远的位置上，那就是我们哲学所前往的方向。

在重新扩大了他的文章主旨之后，哈维松区分了两种研究方式。第一种方式是通过分析而前进的，这个方式把事物分解为惰性元素，把事物越来越简单化；这个方式希望的是更抽象、更空虚的东西。此外还有一件事情，即这个抽象的工作应该由一个人们称为机械师的物理学家来进行，或者由一个理想主义的逻辑家来进行：这两种情况都属于物质主义。另一种方式是不仅要考虑到元素，还要考虑到它们的秩序，以及它们之间的延伸和它们共同的方向。这个方式不再用死了的东西来解释活着的事物，而是注视生命，这个方式是通过渴望一个更高的生命形式来定义最基本的形式。它不再让高级的事物回到低级去，但是相反，它会把低级的事物带到高级区域上去。这在词语的真正意义上来说就是唯灵论。

现在，如果人们考察一下 19 世纪的法国哲学，那么根据哈维松的观点，我们不仅仅是在形而上学家之中，而且还要在那些把哲学变为科学的科学家中找到法国哲学的特点。心灵是第一个指向唯物主义者并且坚持唯物主义的，这种情况并不少见。当然，心灵会为自己所看到的现象寻找一个机械的或者几何的解释。但是对现象的坚持不过是几个世纪前留下的遗物。法国哲学要回溯到这样一个时代，在那个时代科学几乎完全是几何的，它规定了 19 世纪的科学，以及哲学想要尝试的新事业的特征，是对生命深入的研究。然而一旦处在这个领域上，如果人们希望的话，那么他们就可以再次谈论纯粹的机械；而其他的人则会思考其他的事。

打开奥古斯特·孔德实证哲学课程的第一册书，我们会在里面读到，在生物中观察到的现象和事实有着一样的性质。八年之后在第二册书中，他表达了关于植物的同样的观点，但是也只有植物；他已经把动物生命与植物分开了。在其最后一册书中，他把所有的生命现象清楚地与物理和化学的事实分开。他越是思考生命的表象，他就越是倾向于在事实的各种秩序中建立一个等级的或者价值的区分，而不是简单的混乱。然而，朝着这个方向走下去就导致了唯灵论。

克劳德·伯纳德首先就表示，机械力的游戏给我们提供了一个普遍解释的所有元素。但是，因为他来自于普遍性，所以他喜欢把生命现象描述得更具体，他的工作在这些现象之上投射了如此多的光线，当他这样做的时候他就得到了一个“直接的观念”，甚至是“创造性的”，而这将是组织的真正原因。

根据哈维松的说法，我们将会在哲学家和科学家中看到同样的倾向、同样的进步，而这些都会加深生命的本质。人们可以预见，生命科学越是发展，它们越是把思想融入本质的必不可少的东西中。

那么这又是在什么样的形式下，以及需要哪种操作呢？如果生命是一个创造，那么我们就应该通过分析，并且运用我们所观察到的创造物来呈现生命，也就是说我们要运用这些创造物来完善我们自身。然而，在艺术的创造中似乎有些东西是在一种观念下自发安排好了的，例如作品的材料、诗人的语言和形象、画家的形式和颜色、音乐家的节奏和和弦，这些东西必须以某种方式被更高的理想的魅力所表达、所吸引。当物质元素在生命体上组织的时候，我们必须提供给物质元素的难道不是一个类似的运动和迷恋的状态吗？在哈维松看来，生命组织的力量也就是信服的力量。

但是，遭受这个魔力的材料又来自于哪里呢？针对这个最高的问题，哈维松通过向我们展示物质本来的生产中的一个相反的运动来回答，当物质组织起来的时候，这个运动就完成了。如果这个组织是作为物质的一个觉醒，那么物质就可能不过是精神的一个沉睡而已。这是组织的最后一个阶段，存在的阴影会不断地缩小，可以这么说，它会清空自己的内容。如果物质是“自然存在的基础，在此基础上，通过自然秩序的持续的改善，从一个阶段到另一个阶段，从一个界限到另一个界限，一切都返回到精神的一致性上。相反，我们必须在一开始就代表精神的扩张，以及精神在空间和事件中的扩散，而这个时空延续着物质。无限的思想取消了自己存在的完满性，这是为了要通过一种复兴和复活来引出一切存在的事物”。

这就是哈维松的报告最后一部分提出的学说。可见的宇宙已经作为现实的外在方面呈现在我们面前，而我们从里面看这个现实，并且抓住了它本身，这个现实在我们看起来就像一个免费的礼物，就像自由和爱的一个伟大的行为。没有哪个分析可以给出一个关于这些精彩的文章的观念。有二十几代的学生用心去了解这些内容。在这个报告对我们的宇宙观哲学所产生的影响中，这些内容占了很大的地位；人们不能确定这个影响准确的限制，也不能衡量其深度，更不能准确地描述自然。此外，还有一种我们难以形容的颜色，这个颜色有时会在一个人的生命中撒播对于青春的巨大的热情。我们可以补充吗？即这些内容被它们的夺目的光彩掩盖住了这本书最原始的想法。对生命现象的深入研究必须要让实证科学扩大自己的框架，并且还要超越它三个世纪以来一直封闭在其中的纯粹的机械论。虽然大部分人拒绝承认，但是我们现在开始考虑这个事情也是有可能的。在哈维松写作的时候，应该有一个真正分配工作的，这是为了把这个术语分配到观念的运动上去，因为这个运动似乎走向了相反的方向。

哈维松对绘画教育的贡献

事实究竟是怎样的？导致哈维松判定生命现象可以在物理

和化学的力量上投射某些光线，而不是完全用物理和化学的力量来解释的原因是什么呢？这个理论的所有元素都已经在《亚里士多德的形而上学随笔》和《论习惯》中出现。但是根据这个理论在报告中出现的更精确的形式，我们认为它与某些特别的思考有关，这些思考是哈维松在这个时期对艺术尤其是对同时既有理论又有实践的艺术的思考，还有对绘画艺术的思考。

教育部部长在 1852 年的时候把在学校中进行绘画教育的问题列入了研究。1853 年 6 月 21 日出台了一个决定，即要求委员会向部长提交关于这个绘画教育的纲领。委员会的成员包括德拉克洛瓦、安格尔、弗朗德兰。这个委员会由哈维松主持。是哈维松先生撰写的报告，他让自己的观点占了优势，并且制定了规则，1853 年 12 月 29 日的一个决定让所有的国家机构执行这个规则。这在当时对于绘画教育可以说是一个根本性的改革。激发了这个改革的理论思考其实在给部长的报告中只占据了很少的位置。哈维松之后又重新思考了这个改革，并且在其给教育词典的两篇文章及《艺术与绘画》中充分地展现了出来。这些文章写于 1882 年，但是作者完全拥有了自己的哲学，这些文章向我们展现了哈维松的观念，这些观念与绘画有关，并且是以观念一开始并没有的形而上学的形式（正如人们在读 1853 年的报告时就被轻易说服了）。至少他们把潜在的形而上学从最初的隐含的观点中精确地提炼了出来。他们向我们展示了我们刚刚总结出的哲学的直接观念是如何在哈维松的思想中与一门艺术相联系的，而这个艺术从来没有停止过练习。并且他们同样确认了我们认为是一般的知道法则，在哲学中真正可行的观念都是那些已经首先被作者享受过的，也就是说每天被运用到他所喜爱的工作中，并且从长远来看也被他以特别的技术为榜样塑造过了。

于是人们为了绘画教学而实践的方法就启发了裴斯泰洛奇的想法。人们说，在绘画艺术中应该是从简单到复合。因此，学生首先要练习绘制直线，然后是三角形、长方形、正方形；之后，他就可以画圆了。后来，他可以画出有着生动的形式的轮廓；从可能的角度来说，他还必须为他的画的结构画直线和几何曲线，要么是给它的模型一个想象的直线图形，在这个图形之上他确定了定位点；要么就是用几何曲线暂时代替模型的曲线，在这些几何曲线之上，他稍后会做一些必要的修改。

据哈维松的说法，这个方法不可能得出任何结果。事实上，或许人们只是想要学习绘制几何图形，然后使用适当的工具并且利用几何提供的规则；或者人们想要教授的本身就是一种艺术，但是后来的经验表明模仿生动的形式而有的机械的进步会导致误解和错误的后果。事实上，最重要的是“眼睛的好判断力”。学生首先要确定定位点，然后通过一条连续的线索把它们连接起来，这是从几何的曲线中得到的启发，这些学生学到的只是如何看到错误。他从来没有抓住绘画形式的准确动作。他总是逃避“精神的形式”。在这里，更简单的事情不是要最接近几何，而是要说最好的话，说那些更有表现力的东西：动物会比植物更容易理解，人类又比动物更容易理解，丽城的阿波罗比路边的行人更容易理解。因此，让我们开始让孩子画出最完美的人物，还有希腊雕塑提供的模型。如果我们为他担心采用角度所产生的困难，那么首先就应该用照相的复制来替代模型。我们看到其余的事物将会以添加的部分而出现。以几何为设，只要人们想走多远，他们就可以在混乱的方向上走多远，而永远都不会接近可以表达出生活的曲线。相反，如果人们是从这些曲线开始的，那么人们就会察觉到，在接近几何的曲线的时候自己手上已经握有曲线了。

因此，现在摆在我们面前的就是关于法国的哲学报告中的两个发展起来的论题中的一个：人们不可能通过组合的方式从机械穿越到生命；其实，是生活给出了无组织世界的钥匙。这个形而上学是隐含着的，它在具体的努力中可以被预测和感觉到，通过这个具体的努力，人们的双手开始重新制造人物的有特点的运动。

反过来，要对这些运动和关系的考虑，是这个关系把运动和运动所描绘的人物联系了起来，是这个考虑对于哈维松的第二个论题给出了一个特别的意义，他在事物的起源和“优越感”的行为之上发展，正如他所说的宇宙就是启示。

如果从我们的角度来思考自然中的事物，那么我们就会发现事物最具吸引力的就是它们的美丽。此外，这种美丽还会增加，这是随着自然从无机提高到有机，从植物到动物，从动物到人类的过程而发生的。因此，自然的工作越是激烈，它产生的作品就越是美丽。这意味着如果美丽向我们解读其秘密，那么我们就会通过它深入到自然工作的亲密关系中。但是美丽会把这个秘密交给我们吗？如果我们认为美丽本身只是一个效果，如果我们回到原因的话，那也许会吧。美丽是属于形式的，并且任何形式都在描绘自己的运动中有着自己的起源：形式其实就是被记录的运动。但是，如果我们思考描绘出美丽的形式的运动是什么的时候，我们就会发现这些都是一些很优美的运动。达·芬奇说，美丽就是固定的优雅。于是问题就变成去了解优雅在于什么。但是这个问题更容易解决，因为在所有我们看到的优雅中，我们觉得我们预感到一种从容，就像优越感一样。因此，对于那些用艺术家的眼光去注视宇宙的人而言，这是优雅流露出美丽，这是仁慈显露在优雅之下。在其形式被记录了的运动中，所有的事物都表现出了本源无限的慷慨。并且，人们用同样的名称来称呼他们在运动和自由的行为中所看到的魅力是没有错的，这个自由是神的仁慈的特点：优雅一词的两个含义对于哈维松来说其实就是一个。在追寻形而上学的真理的时候，哈维松始终忠实于自己的方法，他在关于事物的一个具体的视觉中通过潜移默化的方式，从美学转移到了形而上学，甚至是神学。从这个角度来说，没有什么东西比他在1887年发表在杂志《两个世界》上关于帕斯卡尔的哲学研究更有意义的了。在这里，想要把基督教和哲学以及古代艺术联系起来的忧虑很明显，此外，他也不会不知道基督教重新带到世界中的东西。这个忧虑填补了哈维松生活的最后一部分。

在自己生命的最后时期，当哈维松看到自己的思想传播开来，自己的哲学融入教学中，他感到很满足。他认为运动是为了一个学说而显露出来，而这个学说创造了深刻的精神活动，甚至还有现实。1867 年的报告已经确定了世界哲学的方向性的变化：哈维松继承了顾让先生的影响力，正如在他优美的回忆录[①]中写的："哈维松从来没有试图产生影响，但是他以执行圣歌的方式而结束，根据古老的传说，这个圣歌用顺服的材料建立起了城墙和塔楼。"作为陪审团主席，哈维松为这些工作带来了公正的仁慈，他只关心如何区分天赋和努力，无论他们在哪里。1880 年你们的学院要求他担任成员，并且取代佩斯。他给你们学院所写的第一个报告是一个关于怀疑论的非常重要的报告，当时正值比赛之际，就是你们未来的杰出的同事布罗哈德所获得的那个奖项。1899 年，文学学院庆祝了他当选 50 周年。而哈维松永远很年轻，永远带着微笑；他从一个学院转到另一个学院，在这里对希腊考古学进行了简短的回忆，在那里又对道德或者教育发表了意见；他主持了颁奖典礼；他用熟悉的语气表达了最可爱的形式之下最抽象的真理。

---

① 杂志《形而上学与道德》，1900 年 11 月。

晚年哈维松与雕塑艺术

在他生命的最后30年间，哈维松先生从来没有停止过继续发展自己的思想，例如，亚里士多德形而上学随笔和论习惯的论题，还有1867年的报告，这些都是他主要的里程碑。但是这种新的努力，并没有产生一个完整的作品，所以鲜为人知。此外，他发表的研究结果本质上让人觉得有点意外，我觉得几乎是混乱的，甚至那些全神贯注地跟随着他的学生们也觉得有些意外。首先，这是一系列关于米洛的维纳斯的回忆和文章；许多人都对他对一个如此特别的主题的坚持感到惊讶。还有他关于古代纪念碑的工作。最后就是他对当时道德和教育中出现的问题的思考。人们不能觉察到这些不同的问题之间的联系。事实是，他对于希腊雕塑的杰作的假设，他的重建维纳斯的论文，他对陪葬的浮雕的解释，他对于道德和教育的观点，这一切形成了一个连贯的整体，在哈维松的脑海中这一切都走向他自己的形而上学学说的新的发展。在他后期的哲学中，我们在一篇名为《形而上学与道德》的文章中发现了他的一个初步的草图，这个文章1893年发表，是作为同名的杂志的引入而发表的。我们将会在哈维松先生临终之际所写的书中得到一个最终的公式。这项工作的碎片被众人虔诚的双手收集起来，最终以“哲学旧约”的题目发表。关于这本书中的内容，他们给了我们一个满意的答案。但是如果我们想要遵循哈维松的思想一直到最后一步，那么我们就应该至少重新回到1870年，甚至是1867年的报告，并且我们要回到这样一个时代，即当时哈维松先生的注意力开始固定在古代雕塑作品的修复工作上。

我们甚至应该回到他关于绘画教育的思考上。如果对于绘画的研究必须从模仿人类形象开始，以及从更完美的美丽开始的话，那么人们应该向古代雕塑寻求模型，因为古代雕塑拥有了关于人类形象的最高程度的完美。此外，为了免去孩子们的困难，我们说人们将会用摄影复制品来取代雕塑本身。因此，哈维松最先构建了照片的几何，然后是其他重要的事物，他这样做是为了转换希腊杰出的作品和艺术。他的这个收集首先是和坎帕拉的收集放在一起的，它成为查尔斯·哈维松－莫里昂先生在卢浮宫所收藏的古董的起点。通过一个自然的进展，哈维松就可以以一个新的角度来考察雕塑艺术。此前，他尤其关注的是现代绘画，现在他把注意力集中在了古代雕塑上。并且为了忠实于自已的观念，他应该知道技术是一门渗透到心灵的艺术，他拿着凿子开始塑造，然后勤劳地工作，最终他获得了真正的技能。很快，他就可以造福艺术，甚至通过还没感觉到的过渡，就已经造福了哲学。

拿破仑三世曾在不同的时间，包括在卡帕纳博物馆的安装过程中，都比较欣赏哈维松的价值。1870年6月他任命哈维松为卢浮宫的现代雕塑和古代艺术品的负责人。几个月后战争爆发了，敌人已经到了巴黎的城墙下且即将展开轰炸，而哈维松提议铭文学院向文明世界抗议暴力对珍贵艺术品的威胁，同时他还忙于把古代博物馆中最有价值的艺术品转移到地下洞穴中，这是为了尽可能地保护这些文物。在转移米洛的维纳斯的时候，他发现在原来安装的过程中有两块石头安错了，还有放置在石头中的木楔子扭曲了雕塑原始的姿态。他决定自己要重新安置这两块石头的位置；他主持了雕塑的修复工作。几年之后，他还对胜利女神像进行了同样的工作，而且这项工作更为重要。在这个雕像修复的早期本来不可能调整翅膀，而现在我们却发现哈维松所做的一个强大的效果，即在翅膀的右边缺失了一小块石膏，还有胸部的左半边也少了一块。自此以后，雕像的翅膀就找到了附着点，并且女神就像我们今天看到的那样出现在卢浮宫的楼梯上，躯体蜷在手臂中，没有头，只有膨胀的布料和翅膀的展开可以让人看到灵魂充满热情的呼吸。

然而，随着哈维松先生越来越熟悉古代雕像，有一个想法在他脑海中产生了，这个想法适用于所有希腊雕塑，但是它在特别吸引哈维松的一个具体的工作上更具有意义，这个雕像就是米洛的维纳斯。

在他看来，在菲迪亚斯时期，雕塑是以伟大而高贵的人物为模型的，而这种方式已经逐渐退化，并且这个退化必须坚持它所经受的变化，这就普及了神性的经典概念。“希腊在自己的早期崇拜金星上一个叫维纳斯的女神……于是维纳斯当时就是世界的主宰……这是一个上帝，她同时拥有所有的权力和仁慈，她的一般的赋予就是一只鸽子，这表示她统治的是爱和温柔……这些旧的观念会逐渐改变。有一个雅典的立法会委员抱怨群众，因为他们把崇拜的维纳斯安置在床头，而这就变成了一个较低级的维纳斯，它可以被叫作人民。古老而崇高的诗歌逐渐降低来自于无聊的冒险的小说。[①]”而米洛的维纳斯把我们带回到了这个古老的诗歌中，这是利西波斯或者他的一名学生的杰作，根据哈维松的看法，这个维纳斯只是菲迪亚斯的维纳斯的一种改变。本来它就不是独立的；它是组织的一部分。哈维松如此耐心要恢复的就是这个组织。在看到重塑女神的臂膀时，有人笑了。他们知道哈维松想要在这个难加工的物体上获得的东西是希腊的灵魂吗？他们知道哲学家仍然忠实于自己学说的精神吗？当他们在寻找古老的异教的憧憬时，这个异教的古代文化不仅仅存在于哲学的抽象和一般的公式中，还存在于一个具体的人物形象中，甚至是雕塑的形象中。在雅典最美丽的时候，最伟大的艺术家能尽可能地最好地表达美。

从考古学的角度而言，我们并没有权利来评价哈维松所引导出的结论。我们只需要说，他在维纳斯身边放了一个上帝，这个上帝必须是战神玛尔斯，或者是以后将会成为忒修斯的英雄。慢慢地感应之后，最终他在组织中看到了对暴力的成功劝说的象征。希腊神话向我们歌唱的就是这些胜利的史诗。对英

---

① 1890年10月25日，在五个学院召开的会议上所读的论文。

雄的崇拜不过是希腊人奉献给那些最强大的人的礼拜，它们可能成为最好的，它们只会使用自己的力量去帮助受苦的人类。于是，古人的宗教将会是表达了一个可怜的敬意。从一切的起源开始，它把慷慨、大度，还有最高意义上的字，即爱，放在了一切事物之上。

因此，通过一个单一的弯路，希腊雕塑把哈维松带回到了其哲学的中心思想上。难道哈维松在他的报告中不会说宇宙是慷慨、优越感和爱所赋予的原则的表现吗？但是回到古代这个透过希腊雕塑而看到的观念，现在他的脑海中以一个更加广泛和简单的形式形成了。关于这个新的形式，哈维松只向我们描绘了一个未完成的草图。但是他的《哲学旧约》却引起了广泛的关注。

他现在说一个伟大的哲学出现在人类思想的黎明中，并且这个哲学穿过沧桑的历史而继续坚持着：英雄式的哲学，崇高的哲学，强大的哲学，普遍的哲学。这个哲学，甚至在被更高的理智所思考之前，就已经被精英们的心灵所经历了。在任何时间，这个哲学都是有着真正高贵的灵魂的哲学，它的出现是为了整个世界而不是这些灵魂；它们依然忠实于原始的冲动，并且一致同意宇宙最基本的信条，这就是慷慨和爱的信条。首先实行这个信条的应该是希腊所崇拜的英雄们，那些稍后教导这个信条的应该是一些思想家，从泰勒斯到苏格拉底，从苏格拉底到柏拉图和亚里士多德，又从亚里士多德到笛卡儿、到莱布尼兹，这些思想家们组成了一条伟大的线索。无论是预感到基督教，还是预感到一切正在发展的事物，所有的一切都思考了并且实践了一个把整体放在灵魂状态中的哲学；并且这个心灵的状态就是我们笛卡儿所说的“慷慨”这一美丽的名字。

从这个新的角度来说，哈维松在其《哲学旧约》中恢复了他报告的主要论题。他在所有时代中所有伟大的哲学家中都重新发现了这些论题，他用例子重新检验它们。他用一个新的精神激活了它们，制造出一个仍然在寻找真理以及在美的创造中寻找热情的感觉。他坚持艺术是最高的，艺术甚至是生命，是艺术产生了灵魂。他把艺术总结为圣奥古斯丁的戒律：“去爱吧，并且做你想要做的事情。”并且他还补充说，爱和理解存在于我们每个人的最深处，并且它是自然的，我们并没有创造它，当我们扫除反对我们意志的障碍时它就会一直发展：这是对我们自身的崇拜。

他希望我们的整个教育体系都可以让他慷慨的感觉自由发展。他早在 1887 年就写道，“我们所遭受的苦难不在于有那么多的条件的不平等，尽管有时候确实很过分，然而我们遭受的苦难是在人们所加入的不幸的感觉中……”“对这个苦难的补救措施主要必须在一个道德的改革中去寻找，这个改革建立在和谐与同情之间，主要是一个教育问题……”在科学作品中，他很少有这样的情况。他用几句话勾勒出一个真正自由的教育方案，也就是说注定要发展慷慨，要把灵魂从所有的束缚中解放出来，尤其是从自私中释放出来，因为自私是束缚中最坏的。他说：“社会必须依赖于慷慨，也就是说必须依赖于一种定位，社会要把自己看作一个伟大的种族，一个英雄的甚至是神圣的种族。”[①]“之所以有社会分工是因为有丰富的一面，这对于他们而言是富有的，但是对于公共事物则不是富有的；还有贫穷的一面，他们不再相信自己，他们考虑的是富人中那些让他们羡慕的对象。”他依赖于财富和上层阶级来改变工人阶级的心灵状态。“百姓们自然是乐于助人的，他们在不幸与缺陷之间仍然保留了许多无私和慷慨，这些都是人类最初的品质……一些区域高处的信号灯是为了在黑暗中给我们指路，人们跟随着一条道路以恢复、重建帝国往日的恢宏：没有什么能比人民的反应更迅速。亚当·斯密说人民喜欢美德，没有什么能像朴素那样更吸引人。”

在哈维松把慷慨大方作为一种自然的感觉呈现出来的同时，我们意识到我们高贵的血统。此外，哈维松在我们的信念中展示出了对于我们未来的不朽的自然的预感。实际上，他发现这种信念贯穿了整个古代经典。他在希腊人的墓碑上读到了，据他的说法，在这些墓碑上，死去的人又重新向他的家人宣告自己还存在，他在这些喜悦的日子中感觉到了一种纯粹的快乐。他说，古人的感觉在这点上没有弄错，我们在这里也能找到我

---

① 《蓝色》杂志，1887 年 4 月 23 日。

们所珍惜的；还有人一旦喜欢上了这种感觉就会永远喜欢这种感觉。他还补充说，宗教所承诺的不朽是一个永恒的幸福，人们不能也不应该把它想象为其他的事物，或者说幸福不会永远存在于慷慨。他写道[①]：“以正义的名义是与基督教的慈悲精神不符的，常常滥用永恒这个词，而这个词不过是意味着一个很长的时间而已，它不停地把没有悔意的死去的人判为坏人，也就是几乎整个人类。那么该如何理解那些成为上帝的幸福的事物呢？上帝在永恒的同时又发出如此多的呻吟……人们在基督教诞生的国家中发现了一个寓言故事，而这个寓言故事是因为受到其他思想的启发而有的，即关于爱神丘比特和塞姬的故事。丘比特钟情于塞姬，而塞姬就像圣经中的夏娃一样，它有一种不虔诚的好奇心，除了上帝以外它也想要知道如何辨别善恶，而这样一来就否定神圣的恩典。丘比特强加给它很多痛苦的处罚，但这是为了让它重新值得选择，并且丘比特把这些处罚加在塞姬身上之后还是有所遗憾的。一个浅浮雕一手拿着一只蝴蝶（灵魂和蝴蝶是复活的象征，任何时候都是它的同义词）；而另一只手则有燃烧着的火炬；但是他把头转向一边，就像充满了怜惜一样。”

就在他去世的几天前，这些理论、这些语言，哈维松在其《哲学旧约》的最后几页中都记录了。在高度的思想和优美的图

---

①《哲学旧约》，第 29 页（《形而上学与道德》杂志，1901 年 1 月）。

像之间，就像在绿树成荫和充满美丽芬芳的花朵的道路上，哈维松就这样走到了生命的最后一刻，他并不担心即将到来的黑夜，他只关心自己面前的在地平线上要出现的太阳，是这个太阳让我们看到了更好的形式。突然，他染上了一场疾病，但他并没有对此给予足够的重视。1900 年 5 月 18 日他去世了，身边围绕着他的家人，直到最后一刻他都保持着他所有的明朗和智慧。

哲学的历史在我们看来主要是在不断努力地更新已有的思考，这个思考可以舒缓困难、解决矛盾，然后越来越接近事实，这个事实与我们的思想是不可类比的。但是渐渐地最后出现了一个心灵，它看起来以其简单性战胜了复杂性，这是艺术家或者诗人的心灵，它们非常接近其本源，在心灵可感觉的和谐中它与那些可能对于理智而言并不是协调的语言相互协调。当心灵借用哲学的声音来说话的时候，它所说的东西并不能被全世界的人所理解。有些人认为这是模糊的，并且它只存在于它自己所表达的事物中。其余的人则认为它是准确的，因为他们证明了它所提议的一切。对于许多人的耳朵而言，它带来的只是消失了的过去的回音。但是就像在一个梦中一样，其他的人已经听到了未来的欢快的歌声。哈维松留下的作品就给人留下特别多样的印象，就像所有同样归属于情感和理性的哲学一样。虽然形式可能有些模糊，但也没有人提出异议：这是呼吸的形式；这个气息来自于高处，并且其方向是纯粹的。在好几个部分中，他都运用了古代的材料，尤其是亚里士多德的哲学所提供的材料。哈维松喜欢重复这些材料，但是激活这些材料的精神则是一个全新的精神。未来可能会说，他向我们的科学和活动状态所提议的理想，其实在很多方面已经超越我们的思想。还有什么比向物理学家宣告生命可以解释惰性，向生物学家宣告思想可以解释生活，向哲学家宣告普遍性不是哲学性的，向学者宣告一切事物必须在元素出现之前就已经建立了，向学生宣告他们应该从完美开始，向那些比以往任何时候都更自私和仇恨的人宣告人类的运动的自然性就是慷慨，更大胆、更新颖的呢？

La Pensée et le Mouvant

Henri Bergson

图书在版编目（CIP）数据

思想和运动 /（法）亨利·柏格森著 ； 杨文敏译
. -- 北京 ： 北京时代华文书局， 2018.2
ISBN 978-7-5699-2191-5

Ⅰ. ①思… Ⅱ. ①亨… ②杨… Ⅲ. ①柏格森（
Bergson, Henri 1859-1941）—哲学思想—研究 Ⅳ.
①B565.51

中国版本图书馆 CIP 数据核字（2018）第 000957 号

诺奖得主人文译丛：

思想和运动

SIXIANG HE YUNDONG

著　　者 | [法] 亨利·柏格森
译　　者 | 杨文敏

出 版 人 | 王训海
丛书策划 | 邵鹏军
责任编辑 | 周连杰
特约编辑 | 廖　丹
装帧设计 | 格林文化
责任印制 | 刘　银

出版发行 | 北京时代华文书局　http://www.bjsdsj.com.cn
北京市东城区安定门外大街 136 号皇城国际大厦 A 座 8 楼
邮编：100011　电话：010-64267955　64267677
印　　刷 | 三河市祥达印刷包装有限公司　0316-3656589
（如发现印装质量问题，请与印刷厂联系调换）
开　　本 | 880mm×1230mm　1/32　印　　张 | 10　字　　数 | 186 千字
版　　次 | 2018 年 7 月第 1 版　印　　次 | 2018 年 7 月第 1 次印刷
书　　号 | ISBN 978-7-5699-2191-5
定　　价 | 50.00 元